节庆
纵横谈
About Festivals
and Celebrations

□林醒愚 著□

中国海洋大学出版社
CHINA OCEAN UNIVERSITY PRESS

图书在版编目（CIP）数据

节庆纵横谈 / 林醒愚著. -- 青岛 : 中国海洋大学出版社, 2017.8

ISBN 978-7-5670-1579-1

Ⅰ.①节… Ⅱ.①林… Ⅲ.①节日－风俗习惯－研究－青岛 Ⅳ.①K892.1

中国版本图书馆CIP数据核字(2017)第228340号

出版发行	中国海洋大学出版社
社　　址	青岛市香港东路23号　　**邮政编码**　266071
出 版 人	杨立敏
网　　址	http://www.ouc-press.com
订购电话	0532—82032573 （传真）
责任编辑	孙宇菲
印　　制	青岛印之彩包装有限公司
版　　次	2017年9月第1版
印　　次	2017年9月第1次印刷
成品尺寸	170mm×240mm
印　　张	13.75
字　　数	180千字
印　　数	1-1 000
定　　价	53.00元

发现印装问题，请致电 0532–58807218，由印刷厂负责调换。

半生心血　一心为节

作为相识十余年的老友，之前对醒愚先生（后简称作者）的认知仅限于"节庆具体事务娴熟的操作者"的层面。有幸通览本书后，确乎经历了一场不小的恍然，也因之萌生了许多一吐为快的感悟。

感悟之一，呕心节庆半生，从业经历漫长。从1991年青岛国际啤酒节创办至今，作者一直艰辛地伴随这个节日的成长，在我相识的节会人中，还未有如此之长节庆执业经历的人物。而且，作者一直处于节日策划筹办的核心层——负责以往27届啤酒节当中21届总体方案的撰写，27年来除了财务工作岗位未曾履职，其他所有业务处室都曾亲力亲为。所以，本书中的不少理念生成、论说支点和经验借鉴都源于这个享誉中外的啤酒盛会。作者正是汲取着这个节日带给他的磨砺、灵感和激情，才得以在对国内诸多节庆的策划指导中驾轻就熟，源源不断地为读者和聆听者带来鲜活的创意和精妙的点拨，也带去节日管理和运营方面的成熟对策。毫不夸张地说，作者用半生心血养护着青岛国际啤酒节的持续成功，青岛国际啤酒节也用自己的盛名开阔了他的学术胸襟。

感悟之二，研究探查入微，学理视域开阔。如作者倡导的节庆"市场差异论"，主张不应为节日设定统一的市场需求标准和盈利预期，而应根据其不同的属性来区别各自的价值诉求。这一论点及其采用的诸多例证，为提高国内节庆活动整体的市场化运作水平，提供了有益的学理分析和经验背书。再如，作者持守的节庆"文化前置论"，鲜明地指出节庆创办的必要前提——须有足够的文化蓄量，这个"量"不是短时间积存的，而是在长期的历史沿革中有意或无意形成的。进而指出，当今许多城市打造的节庆莫不以追求经济收益，或凸显政绩和宣传效应为目的，并未将文化要素置于创办节庆之前予以慎重考量，结果必然导致根基不牢、特色不彰、魅力不显，节日本身也会因之难以为继。再如，其积极主张的"文化有差异、节庆无国界"的论点，对于拓宽办节人的文化开放心态、提高国内节庆的外向度和促进中外节庆的交流与合作，都产生了积极而深远的影响。

感悟之三，策划幅度开阔，所涉领域宽广。书中的篇篇文章表明，除了年年策办青岛国际啤酒节，作者近20年来还对中国青岛海洋节、中国青岛赏花会、崂山旅游文化节以及大型旅游实景剧等青岛的特色节庆和旅游项目多有研究和策划涉猎。基于在国内节庆界的盛誉，作者还常应邀对国内其他城市的节庆活动进行策划和运营指导，如上海国际艺术节、拉萨雪顿节、大庆湿地旅游文化节、广州民俗文化节、中国（淮南）豆腐文化节、江苏盱眙龙虾节、孔子文化节等，且每到一处都能见解独到、切中命题，为举办城市节庆的决策者提供有价值的专业咨询。与此同时，作者还作为嘉宾经常出席国内知名院校、专业论坛和节庆协会组织的活动或演讲，以来自节庆实践一线的立论，阐发理念、表述观点、解构学理。如此地纵横穿梭于大江南北，必然构筑作者宽幅的学养基础和经验积淀，也为其节庆价值观的生成夯实了基础。

感悟之四，畅言洒脱不羁，文风独具一格。作者对节日的感悟和阐述与众不同，不是靠抽象而枯燥的理论说教说服读者，而是以鲜活的观点和生动表述打动听众。仅从文章标题的立意来看，就给人强烈而新鲜的激赏感。例如盱眙龙虾节的标题"从美味到美誉 从口感到口碑"，将小龙虾的特有味感活脱而出，将人们对节日的期待卓然而立。再如山西清徐醋文化节的标题"文脉醇厚 倚老卖老"，将山西老陈醋悠久的人文情愫和独到的醇厚口感，跃然于赏读文章之前。一句话，作者不愧为国内节庆领域二十余年的奋力践行者，也无愧于自成节庆理论体系的建树者。因为，他摸索到了解析节庆理论的特有肌理，寻觅到了阐发节庆话语的专属氛围。

以上感悟，虽多属中肯的颂扬之词，但仍不足以代表作者在以节庆文化为核心的诸多领域的深厚造诣、深远影响及在国内节庆界的崇高地位。虽是多年老友，但作为后生晚进，借此也斗胆建言，期待作者在严谨性和系统性方面再精益求精，推出更具学术分量和普适价值的作品，对国内的节庆活动发挥更普遍的指导意义。

我和业界的学者们期待着。

柴寿升

于中国海洋大学崂山校区

2017年5月25日

全国现每年举办1万多项节庆，名目繁多，形式多样，有的借助历史资源，有的依托物产优势，有的发掘传统民俗；要么旨在对经济的拉动，要么着力对形象的提升，要么弘扬特色文化，要么倡导开放交融，或者上述多种功能兼而有之。如此之多的节庆于近30年集中创办并非偶然，是改革开放带来的思想大解放和经济大发展，以及促成文化的大繁盛，而文化繁盛的标志之一便是节庆的高密度创生。

就节庆的爆发式涌现而言，现今可谓众节纷繁：既有传统佳节，又有民族节会；既有国家主导的全民性节日，又有大量展演的地方新兴节庆。省有省节，市有市节，县乡村有节，各行业有节，全民大办节，可谓节连节、会接会，你未唱罢我登场。节庆如此大量争创，势必产生良莠不齐、褒贬不一的整体现状：确有许多节庆存在主题立意不明，文化底蕴虚空，发展定位不清，活动内容雷同，甚至节日名称不考究，办节体制不健全，运作方式不正确，以及由此滋生好大喜功、奢华排场、集资摊派和虚假炒作等弊端。

2000年前后是国内新兴节庆创办的高峰期，自那时起，本人应邀为国内多地的节庆做过解析和点评，也发表过不少议论性的文章。其中，有的可视为专业论文，有的只能算主旨演讲；有的是深思而议，有的算即兴发言；有的用于辅导授课，有的呈现散文风格。拉拉杂杂，不成体系；林林总总，难集成册。总的来看，本书多是实践和学理掺杂互融的论述文章，称不上严谨的学术著作。况且，多年的职业经历也提醒自己，新兴节庆创办的历史才30年，大多数节日不过十届八届，缺少丰富的社会实践，难有成熟的理论生成。所以，书中的文论要么是对各地成功节庆的褒奖之辞，要么是对办节弊端的个性针砭。作为个人，我更推崇率真和鲜活的观点，而非貌似系统的陈腐理论和每逢研讨就不绝于耳的正确的废话。

当今时代，文化被假以多种面目频频闪现，三教九流、各色人等，为引发关注和抢占商机而纷纷著书立说。新兴节庆作为人、财、物高度集中和快速流动的社会热点，更容易营造虚华和激起浮躁。为此，作为从事节庆活动20多年的思考者，有感于行业的疏于管理、业内的人事流变和观念的莫衷一是，有责任和义务为业界奉献此书，以自己特有的感悟和期盼、偏颇但不失中肯的论点，与更多节庆的筹办者分享，甚或产生对节庆行业正确走向的积极影响。

我是不会写书更不懂如何出书的人，但知道凡属出版之物，大都需要一番挖空心思和巧作运筹。例如，找几位名人作序题跋可提高作者身价，找大牌出版社或可抬升学术水平，虚构印量和标个不菲的书价以图增值，后记中再说一通感激各方的话以求平衡……这些，我都省了。因为我的书尚未考虑上架售卖，只想赠予需要的人、能看懂的人、有同感的人，何况作品的学术水准和社会价值已真切体现在书中的字里行间。所以，免却这些俗套，便有心灵偶觉之感，就游离和释放于体制之外，就能有感而发，倾情诉说。而且，一不小心还享受了一下宪法赋予公民出版自由的权利。

其实，说了这么多有些后悔。为什么？多余。

节庆纵横谈 About Festivals and Celebrations

In China, about 6,000 festivals are held each year under a host of names and forms. Of these festivals, some are for historical legacy, some are aimed to promote local natural resource or to develop traditional culture. The purpose of these events is the same, which is stimulating local economy, increasing prestige, promoting local culture and/or praising China's economic reform. It is not occasional that so many festivals are annually held over the past 30 years. It is a result of ideological liberation, economic and cultural prosperity after China's reform in the 1980s and more importantly, one of symbols of cultural prosperity is intensively organized festivals.

Over the past few years, festivals erupted throughout China and posed for various significances of traditional feast, folk events, state festival and local celebrations. Many provinces, cities, counties and industries decide their own festivals and organize festivals. As a result, it is inevitable that some are or are not well organized and highly praised. Some festivals were held without legible theme, solid cultural support, eligible orientation, unique style, recherch festival name, functional organization and correct operation mechanism, resulting in excessive scale and cost, irregular fund raising, factitious promotion and false advertising.

Immediately before and after 2000 came the rush hour of modern festivals in China. Since then, I have been invited often to make comments and analysis on festivals and also publish some articles, including theses, speeches, essays and simultaneous statements which are now used to form this book. In general, it is a collection of commentary essays based upon my experiences and doctrine, far less than academic works. In addition, my experiences in over years visually remind me that China's modern celebration has existed for only about 20 years and mature theory cannot be established on such a short period. So, my essays are compiled to praise successes or criticize shortcomings of those celebrating events. I myself would prefer frank and fresh ideas to stale but seemingly systematic superfluous words heard very often in meetings.

In modern times, culture is frequently displayed with various appearances by all kinds of people, books published for commercial purpose, festivals and celebrations followed scrambled with intensified social wealth consumption and public attention attraction and, more easily, flauntiness and fickleness cultivation. As a festival organizer with about 20-year experience, I believe that I am familiar with the situation of festival management, personnel flow and ideological form difference and I have responsibility and obligation to present this book with my unique understanding and expectation and ideas, biased maybe but never fictitious, to influence actively more festival organizers or the trend of domestic festival industry.

I am no expert of book writer or publisher but only know that those who want to publish books used to cudgel one's brains in planning and promoting. For instance, preface and postscript written by a celebrity may increase influence of the author, well-known publisher may improve academic standard of the book, fictional printing quantity and highly pricing may enhance economic value of the publication, and a paragraph of thanking phrases in postscript may achieve balance. In my book, however, none of these are seen because I want to present my book to those who are in need and understand and share my feeling, let alone the academic standard and social value of a book can be seen between lines of words. Without coxcombry and formula, I am relaxed and inspired to write and say what I feel.

In fact, I regret to say so much. Why? They are superfluous words.

Contents
目 录

Contents
目 录

节庆纵横谈 About Festivals and Celebrations

时间 2000年11月12日
地点 中国·上海
事由 2000年上海旅游节
旅游节庆发展战略研讨会

节庆：文化的漠视与呵护
——兼论青岛国际啤酒节

节庆活动是丰衣足食的产物，是对美好生活的祝颂和祈盼。改革开放以来，随着经济发展与社会进步的加快，至20世纪80年代末90年代初，以国家为主导的传统节庆已无法满足人们的热切心境与情感表达，具有明显地域性和个性化特征的地方新兴节庆便应运而生。大到一座准现代化的城市，小到尚未完全脱贫的村镇；从历史人文资源的发掘，到现实产业优势的张扬；从吃、穿、用，到游、购、娱，凡是能寻觅到的主题和便于培育节庆的因素，几乎无一例外利用起来，并尽力地使之发扬光大，神州大地的现代"造节运动"也由此发端。

时至今日，十几载倏忽而过，国内大小节庆在缺少理论规划和行业管理的大环境中究竟创设了多少，确是一个未尽可知的数字。十几年后的今天，更有许多当初红火一阵的节庆活动在大浪淘沙中销声匿迹、不闻鼓噪之声了。可以肯定地说，节庆活动的产生、发展和消歇有其自身的规律，它是以历史作为背景和底色，以文化作为主线来贯穿的重要社会实践活动，因文化基因的确立而生，因文化雨露的滋润而长，也因文化的衰微而消亡。近20年来，对那些在轰轰烈烈中开场又在难以为继中断档的节庆而言，确应得出这样的结论：漠视文化存在和缺少文化呵护，必然导致走向的迷失。本文试从以下三方面加以探讨。

一、文化意识介入的积极意义

国内节庆活动的指导思想或宗旨，总少不了类似的主观诉求——"××搭台，经贸、科技、文化、体育、旅游共同唱戏"。这种提法乍看起来没什么疑点，但在节庆创设之初，这种具有全方位功能调动和总体受益的明确指向中，已隐含着浓重的、一步到位的功利色

彩。随着时间推移，随着办节思路的逐步理顺和功能定位的不断调整，人们渐渐意识到，节庆活动不应是好大喜功的喧闹，也无意急功近利的求索，它的本意应是开掘和利用独特而丰厚的人文资源，盘活社会发展所需的文化存量，亮出足以代表当地形象的主打品牌，赢得来自八方的倾慕和掌声。进而言之，成功的节庆应是改善和提升举办地形象和品位的重点工程，是以政府为主导，以全社会共同参与，以世界为对象开展的大型公关活动。说到底，它是对文化的开掘、延续和弘扬，而非某种特定商品或特定消费的简单促销行为。

青岛国际啤酒节是中国乃至亚洲规模最大、最富生机与活力的啤酒盛会，它的规模、生机与活力是由成熟的文化积淀、鲜明的主题立意和广泛的民众参与构成的。以文化积淀论，几乎与城市同龄的啤酒酿造历史和名扬四海的品牌声誉，为节日的催生蕴积了厚实的人文基础，开拓了巨大的消费空间；以主题鲜明论，建置百余年的青岛尚无任何自然资源和名优物产堪与啤酒媲美，以啤酒作为主题，最具城市的品位象征，最易释放城市的形象张力；以广泛参与论，国内鲜见每届都有近200万之众参与的盛大庆典。

当初选择啤酒作为主题来培育青岛的节日颇费周折，因为十年前青岛啤酒的产量只有16万吨，却扮演着中国啤酒"老大"并担当国内啤酒80%出口任务的重要角色，市民逢年节才能凭票证买到5瓶啤酒。在那种情形下，既想办好享誉中外的啤酒节庆，又无法让人们开怀畅饮，其难度和窘况可想而知。尽管除了啤酒，青岛还有不少地方特产广为人知，但啤酒为这座城市提供的人文基础和显赫名声实在不忍舍弃。换句话说，啤酒已从单纯的商品异化成知名品牌，一种与城市齐名并与之融为一体的文化存在。所以，选择啤酒作为节日的主题是对青岛历史与文化的褒扬，是节日不断获得成功的重要前提。啤酒节至今已举办十届，青岛啤酒的产量也从十年前的16万吨增至160万吨。一个节日举办了十届日臻成熟，一种产品历经十年产量扩大10倍，这之间当然不是偶然的巧合所致，这与节日主办者正确的主题选择、精心的文化呵护是分不开的。一种知名商品与一个节庆品牌在互为依存、相得益彰的合理运作中走向共同的成功，这在当今国内的节庆活动中并不多见。

如果允许拉长文化的焦距摄取啤酒节的未来，这个节日的品牌分量将大大逾越当初主题选择时特指的商品——青岛啤酒的影响力，也就是说，假设青岛啤酒作为商品出现下滑的颓

势，青岛国际啤酒节的文化定位并不会随之动摇。正如西班牙番茄节，每年甚至要从国外进口大量番茄，以供人们狂欢时相互投掷所用，因为它的产地优势已不那么明显，却要用节日之欢来纪念和庆贺那段盛产番茄的历史，以及这段历史中所凝蓄的文化情结。

综观国外知名的节庆活动，人们不难得出这样的结论：节庆是捍卫既定文化传统和生活习俗最通俗、最高级的表现形式。在那些节庆活动中，人们沉浸在简单而又纯粹的娱乐性和体验性中，绝少有大型的经贸展示、科技博览等附属活动与之相伴，因为人们从节庆中亟待获取的是文化的赏读和娱情的享乐。由此可见，文化是节庆之源，吮吸这种文化衍生的艺术形式是节庆呈现的外在形态，而文化意识的全程介入则是节庆活动创设、策办与递升的灵魂所在。

二、大路朝天中走向的迷失

现实中，人们更多关心的是节日的"轰动效应"和可观的经济收益，却不甚在意节日的文化"内存"和发展动因。节日的兴办与传统文化的继承关系，节日主题资源的开掘和可持续利用是否适度等严肃的课题，似乎很少摆到应有的高度加以审视和评述。纵观近20年来国内丛生的节庆现象，许多仅为凑一时热闹，贪半晌之欢。由于缺乏清晰的文化立意和充实的底蕴支撑，或许能大路朝天地火上几把，但火着火着便迷失了去向。许多节庆至今尚未形成完整的品牌概念，也远未汇聚起群体向往的巨大能动。既然没有设定高远的文化立意和明确的发展路径，就很难顺利到达理想的彼岸。

（一）文化主体的迷失

当前国内节庆活动普遍存有追求国际化的趋势，从节日的命名到方案的创意，从内容的设置到具体的实施，都把国际化作为必备的牌位，供奉在相当重要的位置。但"国际化"和"与国际接轨"的诸多说法在实践中却几近虚无，因为国际化不是靠想象和愿望拼凑的蓝图，只有在民族或地方文化特性得以充

分彰显之际，国际韵味才能蕴含其中。

节日能因其冠以"国际"二字，便成为世人普遍关注和广泛参与的国际性节日么？节日能因之邀请几位国际名人或几支外国团队，就顺利地完成国际化的宏伟架构么？于是，这里要提出一个最基本却是许多地方新兴节庆没能准确回答的问题：节庆为谁而办。

以德国慕尼黑十月节（啤酒节）为例，这个饮誉世界的节日已历经190年，从未冠以显赫的"国际"二字，也未开宗明义直奔主题——"啤酒"。"啤酒节"只是尽人皆知的潜台词。节日未做大力度的境内外促销与邀请，却年年来访游客如云，届届八方饮者爆棚。正如节日现场主持人在开启第一桶啤酒后致辞时所说："此时此刻，慕尼黑、巴伐利亚、德国、欧洲，乃至整个世界都沸腾了！"细细地品味十月节，会在沸腾之余蓦然发现，这个节日竟是由当地六家啤酒生产企业联手承办，不邀请任何策划大师前来点化，不允许国外的啤酒在啤酒城内销售。同时，还摒弃现代表现手法，以近乎原始的马拉酒桶花车和

身着民族服饰的市民大巡游来为节日开场（尽管德国以生产奔驰和宝马著称），却不屑于邀请国际级的演艺大腕登台作秀。很多人不理解十月节的"排外"之举，但这正是节日的魅力所在，因为它合理地"排斥"了外来文化的非分之想（这种岸然的文化背后常常埋伏着可以迅速启动的商业行为），而保留着民族和地方特色的纯粹。这种特色恰是本地居民最为热衷，也最令国内外游客赏心悦目。慕尼黑十月节正是以其鲜明的民族性营造出不掺水分的国际化氛围。这就应验了"越是民族的就越是世界的"的说法，也或多或少地为当今国内节庆活动的主办者提了个醒。

从近几届青岛国际啤酒节的发展趋势看，真正由国外啤酒生产厂家直接组团参节的明显减少，而青岛啤酒在占地近千亩的啤酒城中地盘却越来越大。青岛啤酒的产量今年将突破160万吨，重夺中国啤酒产量之冠。东道主强大的经济实力和日渐明晰的自主意识，决定了啤酒节的主角不会轻易让与他人，也决定了这个节日文化根基的扎实和地方特色的延续。这是节日文化主体意识的自觉回归，是节日不断发展的根本保障。

文化主体的迷失还表现在继承性、连续性和创意性缺损而模式化倾向严重上。许多节庆从开幕式到闭幕式，再到活动板块和内容设计，几乎在相互模仿中完成了公式化的大一统。还有开幕式文艺晚会的策划设计，几乎千节一面、陈陈相因，简单的拿来主义和演艺横向

移植现象，充斥原本具有不同文化内涵的节庆舞台，这种雷同化的茫然取向也是文化主体迷失的表现。

由此可见，节庆活动首先是为所在城市及其民众兴办的，当它达到了足够的文化蓄量，产生了应有的感召之时，外面的世界就会不请自来分享它的精彩。

（二）文化品位的迷失

文化就其本义而言应是极具包容性的词汇，这里提到的文化当然是广义的文化，不是形容个别人与事通俗的量化概念。从这层意义上讲，节庆文化并无高低之分，只有与节庆的创设和发展是否协调之别。例如，人们往往习惯性地指望节庆活动加大文化内涵，提高文化品位，但对于提高什么内涵和品位及怎样提高，却没有行之有效的方法。结果是年年都如此这般强调，届届并无明显的实际收效，究其原因，是人们对节庆文化认识存有误区所致。其实，凡是成功的节庆活动都很难见到现代文明的全面介入，越是魅力十足的节庆，越带有鲜明的"精神返祖"现象，如巴西的狂欢节和不久前悉尼奥运会的开幕式。与文明暂别，进入初始的欢庆状态，或许正是这种状态引得四海心动、观者如潮。再如国内以啤酒冠名的节日，大都比青岛的啤酒节场面"斯文"，而这种"斯文"总也不能使节日的情绪燃烧。温文尔雅晚宴式的赴约，相对啜饮款款细语轻歌曼舞的情调，与青岛国际啤酒节成群结队蜂拥入城豪饮狂歌的粗犷相比，形成了强烈的反差。这种反差决定了不同节日的不同活力和走向。说到底，节庆活动既是社会的正向能量，也是民众热望的集中释放。在释放的过程中，人们更渴望以返璞归真的方式宣泄和表达。节庆的主办方应尽可能为这种宣泄和表达创造适度的自主空间，而不必拿内涵深浅和品位高低来规范和评定。因为，只有与当地民情和风俗相适应的情感表达方式，才是真正需要存留和弘扬的特征文化。

（三）对创新与炒作的质疑

节庆不同于其他事业，创新未必是它的灵魂，尤其对业已形成传统特色和规模效应的节庆，一味地强调创新是对原有文化现实的漠视和扭曲。近年来，不少大型节庆活动都存在创意枯竭、策

划无方的困惑，所以，往往对策划的仰慕超过了洞悉自身文化背景的热情，对创意的研磨甚于对节庆文化本质的探求。年年想有大手笔、大制作，却常常陷入无计可施或到处抄袭的境地，有点一鳞半爪的新意立即加以渲染和炒作。然而，好的节庆活动并不怕重复，因为重复即是路——通向未来的畅快之路。美国加州帕萨蒂娜市的玫瑰花节举办了110届，年年岁岁花相似、车相似、人相似、巡游方式相似，芬芳如前却从无人厌倦，这对我们很有启示作用。中华民族的传统节日春节，几千年一贯如此：吃饺子、放爆竹、贴对联、大拜年，从未有实质性的修订和改变。重复是对已有文化存在的强调与再强调，重复得起是生命力旺盛的象征，重复不起是文化根基肤浅的表现。节庆活动发展的归宿应是越来越原汁原味，日久弥香。而国内不少新兴节庆习惯在变数中求发展的结果却总也找不到感觉，久久悟不出真谛，渐渐地迷失了自我。显然，问题的关键不在常办常新而在魅力永驻，在于以自己的文化特征来构建特色与传统，并以此来保持生机与活力。

"炒作"已是节庆宣传推介中常用的术语，担心造不出轰动效应，便借助媒体来夸大声势。这大概与当年群众运动的遗风尚存有关，也与节庆主办方不研究节庆文化发展的规律，惯用搞运动和开大会的方式办节有关。然而，节庆活动首先是文化事业，"炒作"作为信息流动中能量高度集中的现象，原本不应涉足文化领域，因为文化的价值在于追求永恒，目的是成为经典，而媒体则追求即时性、时效性。经历了媒体风风火火的吹打之后，终究还是要由参与者来评判节庆活动的优劣（此时此刻，媒体的兴趣早已转移到另需炒作的"由头"上去了）。这样说的目的无意指责媒体对宣介节庆的作用，只是对某些活动的操办者不切实际的浮夸和不断抛出虚妄的惊人之语表示忧虑。

（四）面对商业利益的迷惑

国内不少节庆都曾有过动听的序曲，但上演不久便游离了文化的主旋律，过早地掺入商业气氛常使节庆的文化功能衰减，有的甚至退化成订货会的性质。"市场运作""以节养节"之说已成当今举办节庆的流行提法和普遍要求，但实现这一要求的前提是节庆活动在文化的滋养中培育到较为成熟，或相关产业的发展已成气候之时。现在常听节庆主办者发这样的慨叹："百姓过节，我们过关"，其中至为重要的一"关"便是资金筹措的难关。其实，资金难筹的真正原因是节庆文化蓄量锐减、艺术品位丧失，引力严重下降，而绝非简单意义上的企业不愿出资、民众不愿参与。青岛国际啤酒节经过十年的呵护与理顺，今年实现了真正意义上的政府财政"零投入"，而节日实际投入的上千万元均来自市场运作。它的成功之处在于：节日所形成的巨大商机和兴旺人气，不仅使青岛啤酒成为最大的受益者和投资者，还引得国内外不同行业

007

知名品牌的青睐，例如家电行业的海尔、海信，食品行业的麦当劳、可口可乐，以及烟草行业的颐中集团等。这些企业从节日中得到的利益回报和社会影响，要远超其投入的广告资金。可以断言，节庆活动要创造的并非是简单的利益体系，它应着重于对社会整体利益和公益事业的推动。成熟的节庆必定文化韵味十足，本土气息浓郁，资金筹措有力，不会让主办方感到手头拮据、举步维艰，正如奥运会从来不会缺少申办国一样。所以，不宜过早地为节庆活动确定具体的效益量化指标，更不能为了实现指标而盲目注入过多的商贸色彩。这种色彩常常是节庆走向迷失的诱因。

三、兼容、竞争与发展

应当允许对现代节庆如何举办有不同的理解和选择，缺乏文化资源和继承优势、平地建高楼式的节庆也有成功的范例。例如，大连服装节所营造的恢宏场面和强大辐射效应，既非得益于服装文化资源的丰厚，也未见坚实的服装产业作支撑，却大张旗鼓地红火了12届。大连人爱美的精神追求和高雅的审美情趣，以及通过对美的追求和展示来张扬城市的形象和品位，或许是创办服装节的主要动因。与之相呼应的宁波国际服装节则是地地道道根植于服装文化的土壤之中，已有百年历史的"红帮裁缝"为之披挂了国内其他城市无法企及的第一：中国第一套西服、中国第一套中山服、中国第一家西装商店、中国第一部西服专著……这些第一的累积，使宁波荣膺"中国近代服装发祥地"的美誉。品味着百年时尚的芳香，宁波人当然要展演世纪霓裳的辉煌。以服装为主题搭建的南北两大舞台，一方老树新花凝香馥郁，一方奇葩绽放色彩艳丽，不同的积淀创造着斑斓的憧憬，文化的多样性正是当今社会发展、文明进步的真实写照。但应指出的是，上述两个城市在节日宣传推介中使用的"北方香港""东方的米兰""中国的巴黎"之说似乎欠妥，这种稚嫩的借喻和迷茫的渴求，实际上是自身文化稚嫩和发展走势迷茫的反映，这就远不如"不同的肤色，共同的青岛"来得贴切、本色和不失气度。

竞争是社会发展的普遍规律，节庆自然不能例外。既有相似的服装节，也有相近的啤酒节，你方唱罢我登场。同一主题的节庆之间存在竞争，不同的主题之间竞争也很明显。于是，便有了创意的竞争，主题的竞争，特色的竞争，视线的竞争，人流、物流、信息流的竞争，但归根结底是文化意识的竞争，这是由节庆活动自身发展规律决定的。因为节庆活动是文化价值再生产的过程，它追求的是巩固和强化原有的文化高地，并从高地获得的优势中，俯视和吸引远近不同文化群体的向往。若缺少一定的高度优势，则不会产生相应的扩张力和吸引力，也就丢失竞争所需的原动力。目前，国内较有规模的近10个啤酒节中，青岛的啤酒节不仅创办最早，而且获得的高度也最为明显，这为它在相同和不同主题的节庆竞争中创造了有利的条件。与此同时，应当看到节庆活动的现代属性正在被赋予全新的理论。比如，新兴节庆活动的目的性已由弘扬初始文化向追求实效性转变，在发展是硬道理的压倒性决策中，许多节庆活动已不关心文化的传递功能，更不在意文化气息的流失，因为现实中人们最热衷的是眼前不断递增的数字和多年来形成的指标崇拜，而很少去探究数字和指标的结构与成分。

对于迅速膨胀的经济社会而言，缤纷的节庆活动和莫衷一是的节庆理论实属阶段性发展的正常，而在兼容中竞争和在竞争中发展，也是现实中的必然。应当以宽容的心境和远阔的期待来关注节庆活动的走势，而不应以三年五年、十届八届作为观察优劣的视域。因为国内创设的现代节庆活动尚没有超过20届的，而20届也只是个起步，是走向成熟的短暂过程而已。

20世纪即将逝去，站在时间的临界点上，我们虽不能为当今的节庆做出完善的规律性总结与前瞻性的准确预测，但应当有理由坚信：节庆活动文化属性的确立与强化，是它在21世纪立于世界节庆之林的重要前提。作为节庆活动主办者，更应小心翼翼地回到对节庆文化探讨的出发点上，在这里细心地自检一下有无对文化的漠视和怎样对之加以呵护。首先，应当关心所在地文化资源的存量是否充足，能否利用这种存量培育出成气候的节庆。也就是说，并非所有的地方都能发掘出创设节庆所需的文化资源。其次，应当知晓哪一类资源易于培育哪一类节庆，而不能牵强别扭地生造节庆活动，力争实现角色与本色的统一，存在与发展的协调。同时，还要合理地把握节庆规模的外延伸张与内涵注入。最后，应该通过节庆活动的开展切实达到呵护所在地文化资源增长的目的，因为这种增长是文化发展的真正独立性标志。一种文化只有可发展才有生命力，只有当它的发展成果可以影响一市一地，甚或一族一国的文化性格和精神世界，而且还有益于人类社会的历史进程，它才是成功和有力量的。

时间 *2003年8月15日*
报刊 *2003年8月26日*
　　　　《青岛日报》
事由 *青岛啤酒创建百年纪念*

啤酒　节日　城市
↘——献给青岛啤酒百年华诞

引子

啤酒，源自北非，大约6000年前的人们几经大胆的尝试，发掘了一道至今未曾断流的畅饮之河。

啤酒，中世纪传入欧陆，是一种发育豪情的醇性饮料，并很快形成亟待燃遍世界的利润之火。

啤酒，在同样古老的华夏仅有百年的生产历史，是紧随坚船利炮而来的陌生情调，那最初的苦涩曾使本土居民丛生疑惑，只满足了殖民者口腹之欲的焦渴。

啤酒，在中国的青岛，经过近百年的悉心酿造，培育出青岛国际啤酒节，这个蕴含城市气质和迸发城市性格的文化硕果。

青岛啤酒，在她百年华诞之际，成为青岛与世界交流最娴熟的语言，是青岛与世界干杯最酣畅的对歌。

让我们一齐倾听历史，一齐对话未来，细辨或许已淡漠的岁月回声，感受点燃激情的时代火热。

一、啤酒物语

其实，今天已无法断定谁是酒的发明者，因为它伴随人类一路走来；翻开世界古老民族的文明史册，每页都有它的芬芳飘过。

其实，如今已很难澄清啤酒真正的源头是古巴比伦，还是两河流域的其他古国，北非或埃及只能算一家之说。

其实，啤酒溢出小作坊的陈窖不过百余年而已，是巴斯德揭开了"有生发酵"的玄机，现代工艺生产的啤酒才汩汩成河。

其实，人们不必潜心对啤酒发源地的追溯，举杯畅饮的快活胜过对源头苦思冥想的求索。

其实，开怀之时无人细究啤酒是何原料酿作，权当它是上天赐予的佳作。

"啤"字首创在青岛，今天读它听它写它确有舒畅的感觉，但百年前中国的任何辞典，都没有它的一席一座。"啤"字是典型的珠联璧合，既符合古汉语的造字传统，也合辙外来语的发音

规则，预支了舶来品演变成本土化的快活。

啤酒是一种人生态度，选择畅饮就是选择爽快的今天而不是来世虚无的漂泊。故此，欢聚今生，饮者长乐。

啤酒不能浅尝辄止，不便自斟自酌，须用欢快的豪饮来表达淋漓，当以群体的宣泄构架场面的宏阔。

啤酒释放出豪迈的肢体语言，无须翻译，无须解说，便能准确传递四海宾朋滔滔盛情的潮涨潮落。

啤酒演绎着艺术的恣肆情态，痛饮一番后须歌之、舞之、纵情之，方能体味尽欢而散的快乐。

啤酒从来就是竞技的酵母，干杯催发起人们挑战，一逞英雄气概，尽显好汉本色。

诗人艾青说，酒会使聪明的更聪明，愚蠢的更愚蠢。因为它有水的外形，火的性格。

的确，啤酒给贪杯者物欲的满足，也给希望之光增亮添色；是谋事求成的美妙佳酿，也是败兴毁誉的导火之索。

啤酒是世界同好的饮品，有"B"字开头的共同音准，有近似的醇香与淡淡的苦涩，更有无法拒之的畅快与炽热。

青岛啤酒是漫漫岁月酿制的煌煌巨作，在百年华诞的历史时刻，再多的夸耀和赞美也不应为过——

她将源自欧陆、蒙有殖民色彩的饮品，神奇转化为民族工业的硕果。

她洞穿百年雾霭、开启世纪之门，而今依然甘醇澄澈、醉人心窝。

她由山雄海阔见证，与一座城市齐名，甚至先于这座城市获得举世的赞誉和认可。

啤酒是上帝的使者，在世界的东方，在东方的中国，在中国的青岛，定格了永恒的福泽……

二、节日铿锵

早在她创生之前，岛城就开始选择：是游园会的五彩缤纷，还是垂钓节的品味鲜活；是艺术节的绚丽展演，还是彩灯会的光焰闪烁……这些虽各具特色，却都不足以彰显城市的洒脱。

此时此刻，潍坊已放飞起风筝飘带，大连也摇曳着霓裳婀娜；此时此刻，已隐约可闻德国慕尼黑十月节干杯的呼唤，巴西里约狂欢节也袭来美艳的震慑。

作为东西方文化的交汇之地，作为敞开胸襟的开放之城，青岛太需要搭建承载全民性情的盛大舞台，展演个性的热舞，欢唱时代的劲歌。

狂欢需要引爆的介质、激越的情怀和氛围的烘托，只有啤酒能扮演这个角色——唤醒集体记忆，催发情感升腾，并以此呈现城市之庆的宏大轮廓。

1991年早春，以"啤酒"为主题的抉择，使所有的犹疑和争议终止，因为没有什么比啤酒更醇厚隽永，更能张扬青岛的海派风格。

1991年初夏，啤酒节终于在城市建置百年的喜庆中脱胎。从呱呱坠地的瞬间，就以久酿的沉醉和绽放的欢腾，为日后的狂欢蓄积了无尽的力与美、情与热。

啤酒节是充满阳刚之气的节日，"翡翡"是它的第一个儿子。他是大海的精灵与化身，当跃出水面的瞬间，人们或许会感到它动作有些生疏，表情也略带羞涩。

从此，这座城市每年都有一次分娩的期待和隆重的诞生，从稚气未脱的

"帅帅"，到喜气盈盈的"洋洋"，每一次生日都给岛城带来盛大的沉醉与祥和。

从此，每个农历年的生肖物都成为追求和热爱，12个属相为原型的创作欲望，引发城市之舞年复一年的欢快动作。

从此，这座城市每年都升腾一份渴盼，从"东方翡翠"到"盛世华诞"，

每一届主题的弘扬都为城市精神注入敞亮与鲜活。

是啊，节日不是平日，她在瞬间诱发集体的精神返祖，并在相互感染中迅速成就节日的恢宏与磅礴。

是啊，节日是一种文化，本无高低贵贱，斯文不必太多，谢绝细腻委婉是她长盛不衰的奇妙法则。

是啊，节日需要重复，重复是路，一路上尽可品味传统，把经典的喜悦通过干杯来收获。

于是，便有群星荟萃、万商云集和每届200万参与的市民和游客，便有了大幕开启之时的四海心动，九州同贺。

节日，满足了百姓与日俱增的文化饥渴，把城市不断增容的精神空间大大开拓。

节日，是对文化的传承、艺术的展播，而不是好大喜功的喧闹，也无意急功近利的求索。

节日，是民众的共同选择，是共享同欢的美妙城市旋涡；只有走向公益和还节于民，才是她最纯正的本色。

节日，是以本土情愫为真谛的踏实依托，是以世界为合作对象的公关举措，是改善和提升城市形象的情感之作。

三、城市轩昂

1891年青岛建置，新鲜的都市概念首次整合起星罗棋布在胶州湾畔的一个个渔家村落。

1892年清兵在此设防，因为这里的天然良港及肥沃腹地刺激了垂涎已久的掠夺者。

可区区2000兵力和老旧落后的兵器，怎能守住这偌大的疆土一片，更何况晚清政府一向昏庸孱弱。

果然6年之后，燃烧着欲望火焰的战舰，轻而易举地成为这片海岸的占领者。

从此，筑码头、修铁路、建工厂、盖洋楼……忙

得不亦乐乎，为的是向威廉皇帝早日兑现掳掠而来的战果。

1903年，英德商人为满足占领军和侨民的需求，在这片陌生的土地上建起神州大地首个规模化经营的啤酒厂房。

1903年，那时似无深谋远虑的商业行为，那种力图满足一时渴欲的投资意念，自然无法预知百年后的繁茂丰硕。

1903年的这份美誉经久的遗存，是无所作为的晚清政府给这座城市无意间留下的被动收获。

1903年投产的比尔森风味啤酒，历经百年风云激荡，至今未曾流失其清醇可人的秀色——

从1906年慕尼黑博览会的金奖，到1963年全国评酒会的国家名酒；从1991年首批中国十大驰名商标，到2002年中国企业管理质量奖……

从年产不过几千吨的作坊式小厂，到超过300万吨的现代化企业；从形单影只占地不过百余亩的一枝独秀，到国内近50个企业倾情加盟、收获广博……

从老元帅的挥毫赞许，到总书记的殷切希望；数不清的奖项接踵而至，载不尽的荣誉似丰碑座座……

是呵，很少有一种产品像青岛啤酒这样，以特有的情韵与创生它的城市在文化上如此紧密地融合着。

是啊，很少有一种商品像青岛啤酒这样，与城市的命运和祖国的盛衰如此紧密地联系着。

是啊，很少有一种品牌像青岛啤酒这样，牵动海内外华人共同的关爱，将民族的情感如此紧密地维系着。

是啊，百年青啤对于我们这座城市具有史诗般凝重的意义，它是百年青岛

由积贫积弱到繁荣富强的见证者，是青岛与世界干杯时奉献的煌煌力作。

四、时空对话

啤酒说：我是一种颜色，渴望与城市的整体色调和谐相融的橙黄色。

城市说：我曾以为红瓦绿树、碧海蓝天组合的色彩并不单调，可与你融合百年后，深感这种色泽不可多得。

啤酒说：我是一种液体，深情依偎着城市坚实的臂膀，体味着山的呵护、海的抚摸。

崂山说：是啊，在你姣好的容颜中，有我优质泉水的滋养和润色。

黄海说：是啊，在你的雄浑博大中，也有我的深挚与壮阔。

太平洋说：是啊，你的希望驾驭着我的浩瀚走遍五洲四海，陶醉八方宾客。

啤酒说：百年前我来自欧罗巴，是利益驱使下大胆而又精心的创作；我有灵感，也有困厄，是复杂背景与现实情感共同修成的正果。

欧陆对青岛啤酒说：百年前我只给了你简陋的雏形和发轫的艰涩，如今你伟岸的魂魄来自养育你的城市和祖国。

城市说：遥远的德意志，你不必谦逊和面带愧色，尽管百年前你的闯入并非与我有约，可你的不期而至毕竟为我调制了异国情调和经典传说。

历史说：一切皆可虚构，唯我不能假设。百年前开启的岁月长河已载着美名与盛誉浩浩荡荡，承载着三万六千五百多个日子的美好承诺。

世界对青岛啤酒说：你产自华夏，权属中国；你既是商品标识，也是文化使者；你是民族的，但也属于我，因为你早已驰誉天下，声名远播。而今，作为商品已没有疆界城郭，作为节日沸腾中有你有我。

啤酒对城市说：我是你的酒窝，哪里有欢乐的盛事，哪里就有我绽放的花朵；我是一种性格，在你的躯干里涌动着炽烈的火热；我渴望多彩的舞台，供我释放，纵我奔腾，让我放歌。

节日对啤酒说：我是你永不停歇的歌者，为你策动，为你搭设，我的舞台宽阔，上演永不落幕的欢乐；因为我深知淡漠了你，远离了你，会使城市失去激情飞扬的依托。

理想说：啤酒是源源不断的灵感，酿造的美学启发了我，狂欢的节庆感动了我，城市将啤酒与节日的美妙组合实现了我。

桂冠诗人维吉尔说："一个民族经典的过去，就是它的真正未来。"青岛啤酒的往昔已载满金灿灿的硕果，在耀眼的闪烁中尽可展望她璀璨的未来——日益强盛，光芒四射。

014

青岛子民林醒愚说：作为你热切的推崇者，我愧疚于滴酒不喝，但心中总盛满你灌输给我的执着；你为这座城市赢得太多太多，对你的精神之恋今生今世未曾割舍。

尾声

啤酒、青岛啤酒、青岛国际啤酒节，共同为这座与大海相拥的岛城披上浪漫的色彩，只要蔚蓝色的波涛不停地涌动，我们的节日就永不褪色。

山城、海城、山海相连的啤酒之城，只要岸边那优美的曲线还在无尽地延伸，城市的交响诗就会在新百年的曙光中，谱写出更加瑰丽的篇章，载入21世纪的辉煌史册。

015

品味十月节 感受慕尼黑
↘——慕尼黑啤酒节的观感和体会

一、慕尼黑及享誉世界的十月节

慕尼黑是巴伐利亚州的首府，是举世闻名的啤酒之城，年人均消费啤酒达230升，居世界第一。慕尼黑十月节的历史已近200年，于每年9月的第三个星期六开始，共16天，是世界最大的民间节日之一。其实，啤酒节是十月节的副标题，由于为节日创造欢乐的主要物质是啤酒，所以人们已习惯非正式地称十月节为啤酒节。节日的正式英文名称为"Munich October Festival"，其由来要追溯到1810年。巴伐利亚王国的路德维希王子与特蕾莎公主举行婚礼，全城放假，狂欢数日。此后，每年9月的最后一个星期和10月的第一个星期，就逐渐演变成以啤酒为主题的狂欢节。节日开幕当天的正午，礼炮轰鸣12响，乐队高奏《畅饮曲》，由慕尼黑市市长用木槌把

铜笼头打进木制酒桶里，醇香清冽的啤酒汩汩流出。市长把第一杯酒敬献给巴伐利亚州州长，然后举起第二杯酒，向参加盛典的来宾和市民敬酒。于是人们纵情畅饮，拉开节日序幕。

节日所在的特蕾莎广场占地40公顷（约合600亩），是十月节的主要活动场所。该广场平日是一片休闲绿地，节日期间，茵茵碧草被气球、彩旗装点得五彩缤纷。十几个巨大的啤酒篷屋，几百个食品、纪念品、玩具货摊，以及海盗船、过山车、摩天轮、鬼屋等几十架各式各样的娱乐设施，组成色彩斑斓的繁华和繁华中狂欢的啤酒城。城中所售啤酒每杯容量为1升，酒的度数要高于城外啤酒20%左右。市民和游客人均每晚可

饮4至5杯之多。

十月节中最吸引人的是一座座巨型啤酒篷屋，每个篷屋每晚可容1至2万的市民和游客。篷屋由慕尼黑市知名的啤酒公司与当地的餐厅合办，内外设计都匠心独运和特色鲜明，并以此达到吸引目光和留住客人的目的。节日期间只允

许销售慕尼黑地区Hofbräu、Augustiner Bräu、HB等七家企业生产的啤酒。

开幕当天和第二天上午举行的盛装巡游是十月节另一项出彩的活动。第一天的巡游活动由慕尼黑当地七家大啤酒厂自行组织，巡游队伍中啤酒厂的厂主和主要家庭成员均身着民族传统服装乘坐马车，披挂各种金属和皮革饰品的高头大马载着啤酒小姐和各种造型的酒桶，以及厂主组织的各种表演方队紧随其后，经过慕尼黑的主要街道向啤酒城进发。节日开幕后的第二天，来自德国各州的人们身着富有民族特色的服装，演奏传统的民间音乐，由市中心浩浩荡荡行进至啤酒城。第二天的巡游活动最初是为了庆祝路德维希王子与特蕾莎公主25周年的银婚纪念，后来演变成盛大的民族服装歌舞秀。人们把自己扮成衣着考究的贵族公爵或身披绫罗绸缎的王妃贵妇，驾着鲜花装饰的古典马车，风度翩翩地从观众的欢呼中走过。也有不少人衣着质朴、农民打扮，肩扛农具、手擎牧鞭，边走边舞，较好地体现了节日的平民化色彩。参加巡游的男女老少皆有，不分高低贵贱，既有政府官员、富商巨贾；也有普通职员、家庭妇女，甚至中小学生和幼儿园的小朋友也在队伍当中。表演中展现的是不同时代各色人物的风采，从阿尔卑斯山下牵着奶牛的牧童，到莱茵河畔的磨坊主；从科隆大教堂的修女，到北德普鲁士的老翁。此外，法国、意大利、奥地利、瑞士等欧洲国家也会组队，身着各具特色的民

族盛装加入载歌载舞的表演中。

每当夜幕降临，十几座万人的啤酒大篷内座无虚席、热闹非凡。人们和着篷内舞台乐队演奏的音乐节拍，站在桌椅上歌之舞之，每隔一段时间舞台乐手会以"prost"（德语"干杯"）的劝酒歌号召大家将杯中啤酒一饮而尽，将篷内气氛推向高潮。

作为全球大约2000个啤酒节的起源，慕尼黑十月节经历了由单纯的民族节日向国际性节日的转型。慕尼黑市政府于1995年将十月节推向国际，欢迎世界各地的观光客来此与当地人分享这份快乐。并为此专门设计了由两个啤酒杯组成的微笑标志，一个呈现的是经典的古朴，一个张扬的是现代的浪漫，以此证明啤酒节的原始品质和与世界接轨的现实意义。

今年正值慕尼黑十月节170届（因战乱停办24届），吸引了630余万人参加，

慕尼黑十月节深受人们喜爱，主要得益于它坚守了巴伐利亚传统文化的阵地，并不断强化鲜明的"狂欢节"特色。慕尼黑是古老又颇具特色的巴伐利亚文化的发源地，自十月节创办以来，近200年岁月的磨砺未曾削减传统文化的成色，而是原汁原味地传承。节日期间品饮的啤酒、品尝的美食、欣赏的音乐、欢聚的篷屋乃至巡游车队和演艺方队，都与几百年前的风格一脉相承，就连参节市民的穿着也与上几辈人的装束并无二致，令前来参节的游客常有时空变幻和回归经典的美妙感受。这种积淀了数百年的传统文化彰显出的独有魅力，赋予十月节强大的生命力，并如磁石般吸引着越来越多来自世界各地的游客。

其中国外游客约100万。据慕尼黑市有关部门测算，十月节创造的经济收益高达9.5亿欧元（约合人民币90亿元），其中啤酒城内啤酒、食品销售和娱乐项目的收入约占1/3，慕尼黑市餐饮、住宿、交通等的收入约占2/3。

二、慕尼黑十月节的有益启发和经验借鉴

启示和借鉴之一：坚守传统、强化特色是确保节日成功的决定性因素。

青岛国际啤酒节仅有13届的举办经历，就文化意义而言，啤酒节的成功更多的是依托百年青啤所蕴蓄的啤酒文化氛围，并在此基础上整合提升了超越商品概念的文化成果，逐渐形成了代表城

市特质和形象与世界对话的自主平台。13届的历史略显单薄，但若认真辨析自身的发展轨迹，也不难寻觅到渐已成熟的规律和传统。例如，每届都开展以当年农历生肖物为原型的吉祥物征集创作活动。作为啤酒节形象载体的一部分，也作为啤酒节延续的文脉，13年每届坚持，确为国内新兴节庆所罕见，已成为特有的文化资源；再如，青岛虽无特色显著的民族服装服饰，却几乎每年都有不同规模和形式的艺术巡游，而且有逐年加强之势，这一盛事若能坚持下去也是啤酒节的传统之一；另如，近年来不断有人提出要更换节徽，拟设计新颖鲜活、凸显时尚的款式。虽然13年前诞生的节徽构图或寓意都有脱胎于青岛啤酒产品标志的痕迹，但它始终未被时尚和

认识的局限，在如何对待传统的问题上很难做到坚守不懈和意见统一，时有游离现象的发生。如几度修改节歌一事，就未充分考虑节日文脉的传承，而过多考虑了节日当今的社会功能和歌词的涵盖幅度。如果因为有了奥帆赛就加进奥运内容，那么将来有了世博会节歌是否还要再做添改，如此添改下去这首包罗万象的节歌就失去了个性特征和节日韵味。我们的国歌之所以对中华民族有强大的凝聚力和感召力，几十年如一日未曾更换和修改当是重要原因。所以，它成了永远的《义勇军进行曲》，不会因为时代进步和时尚流变"每个人"就不再"发出最后的吼声"。

启示和借鉴之二：主旨宽容、还节于民是节日长盛不衰的关键性因素。

流行所左右，为了凝蓄传统和尊重原创，节日的徽标一直沿用未改。道理很浅显：再过13年人们同样不会满意今天重做的设计，又会在时代精神的召唤下剥蚀自己宝贵的遗存，使啤酒节的传统在不断的变数中无法厚重起来。

或许由于节日文化底蕴不足和自身

节日不是平日，它是人们解除约束、敞开心扉和释放情怀的时段。不能用日常的道德标准和行为规范来制衡身处节日中的人们。慕尼黑十月节是个单纯利落的节日，既没有被赋予多项社会功能，也没有复杂的板块设计，主要由巡游、饮酒、娱乐三大主体构成。巡游狂欢的启示和借鉴，是必须促成巡游队伍与观众的呼应和交流，尤其观众不能只停留在被动的观赏，还应有主动参与的强烈愿

望，这就有个如何组织发动和善于现场调动的问题。其核心是巡游队伍应按什么指导思想和艺术标准组织编排，该用怎样的艺术形式和动感组合，表现节日的张力和激发观众的情绪。既然巡游已成为十月节的保留节目且200年恒定不变，这也促使我们反思：国内节庆的艺术巡游活动为何年年都是弱项，而大型文艺晚会却每每总占鳌头？大型晚会除了加重官样化的排场，助长对明星大腕的追捧和扭曲式地刺激消费外，很难给节日和城市留下有品位的文化积淀，而晚会的抄袭和泛滥已成为国内新兴节庆的通病，至少不是啤酒节和青岛所独有。因此，逐步淡化晚会效应和不断培育巡游"强势"，应是国内新兴节庆今后努力的方向之一。

再者，啤酒节作为市民狂欢节的定位是准确的，但不能只在媒体上和口号中强调狂欢，在实际运作时便显得过于审慎和拘谨。例如，不一定非要每晚9时燃放礼花，容易给人以该闭城回家的错觉；也不一定每晚10时便停止一切售酒和音乐形式，至少节日期间的所有周末都可在城中限定的区域内将狂欢进行到底。从慕尼黑十月节中人们看到和感到的并不是精致和典雅，粗犷与豪放才是它的主旋律。例如，开幕之日和第二天的大巡游活动，没有明确限定参游的车数、人数，对参游车队和方队的装束打扮和表演形式不做具体要求，也不进行彩排，所以在巡游过程中也就不拘束、

不刻板。再如，啤酒城中看不到管理的刻意和规整，脏乱差和人流拥堵现象并不鲜见。另如，开幕后对营业时间也不做苛刻的规定，无论停止售酒还是音响停放，都不会令游人产生生冷的逐客感。凡此种种都说明一个简单的道理：这是节日不是平日，具有狂欢氛围的节日可以漠视平日的清规戒律，也非常需要来自主办方最大限度的宽容。

十月节还有一个显著的特征，即由政府操办的痕迹十分淡化，这与节日的成熟度有关，也与政府的有意淡出有关。青岛的啤酒节自第五届就提出"民办公助""政府主导、企业参与、市场运作"的要求，但时至今日一直没能完全实现政府由办节向管节的过渡。"办节"和"管节"虽只一字之差，却反映出节日主办方观念的转变和境界的提升，也能说明节日市场化运作的整体水平。其实，每个参与办节的官员内心都

有"老百姓过节，我们过关"的慨叹，但全面疏通市场化的渠道和加速还节于民的步伐，应是解决过关之难的有效选

择。

启示和借鉴之三：提升资产、加大外延是节日长远发展的保障性因素。

经过13年的培育，青岛国际啤酒节已存蓄相当规模的有形和无形资产，一是它在广大市民心目中具有不可替代的情感地位；二是它在国内外拥有的较高认知度；三是作为节日形式它已脱胎于啤酒文化的狭义范畴，赢得属于节庆文化的宽广视域。但啤酒节无形资产的管理、增值和使用似应继续加强，如节徽、吉祥物、节歌、节日名称的使用，以及分会场的设置和纪念品的扩容等还有不少欠缺。主要表现在对无形资产的控制力、执行力和外延度尚未达到理想的程度。例如，啤酒节分会场的设置和分会场对节日无形资产使用上的随意，似乎并未从节日长远规划的深层学理上探究，而是为了场面而场面，为了热闹而热闹，为了规模而规模，

QINGDAO INT'L
BEER FESTIVAL

其结果可能适得其反，导致拔苗助长或良莠不分，最终将该强化的节日核心聚集效应冲淡了。因为青岛国际啤酒节仅有13年的历史，在这个节日还没有真正定性和定型之时，不应夸大和铺张，仍需悉心呵护，谨慎探求。当它逐渐成熟并找到扩张发展的规律之时，才可负责任地去繁衍它的复制品或替代品。慕尼黑十月节也仅有一个核心会场——啤酒城，其他饮酒场所是个别企业自己辟出的饮酒区域（如Augstiner Brau的啤酒花园）。因此，

在对待应否设立分会场一事上，应采取审慎的态度和稳妥的步骤。

加大外延是青岛国际啤酒节资产运作的宏观性选择，需要考虑的大致有四点：一是啤酒节作为吸引力较强和相对完善的节庆品牌，应研讨其在青岛经济社会发展尤其在旅游事业中的地位和作用，以及如何利用这种地位和作用对节日进行适度反哺；二是啤酒节所彰显的特殊品位和气质，应作为构成青岛城市精神不容忽视的方面加以认真总结和凝练提升；三是啤酒节在城市整体宣传推介中应占更大比重和居显要位置，如大连总是以服装节作为外宣的首席，而未将城市其他硬件作为必选来推介城市；四是啤酒节纪念品的开发和经营应向十月节看齐，让人们从节日的副产品中回味或向往激情万丈的盛大庆典。

鉴于上述四点的前三点涉及面广，

定论难下，仅就纪念品的开发和经营展开来谈。在欧洲，几乎所有城市的纪念品商店都有与酒文化或十月节相关的纪念品，在德国的各大城市更是如此。有大小不同的烧瓷酒壶，有造型各异的玻璃酒杯，有巡游马匹佩戴的各类饰物，有不落俗套的酒瓶启子、钥匙环链等，他们把酒文化和节日文化的载体做到极致，成为欧洲之行常选的标志性旅游纪念品，这一点很有启发和借鉴意义。既然依托啤酒文化和十月节创生的形象载体可以遍布欧洲，我们节日的纪念品为何不可解决或部分解决，青岛长期以来没有城市标志性和特色化纪念品的困境，甚或远而望之作为中国特色的旅游纪念品走向世界呢？所以，尽管有了13届的历程，但啤酒节纪念品的开发和经营还仅限于节日本身和节日期间，没能真正跨出节日时段，接受商业化的遴选，拥有更广阔的市场。因为严格地说，它的特质、传统和系列感尚没有完全形成，也就难言收藏、保值、增值以及起到传播啤酒节和青岛形象的作用。

时间 *2003年12月18日*
地点 *中国·青岛*
事由 *青岛国际啤酒节产业化发展论坛*

节庆产业化路径的考量与探究

节日的产业化是全新的课题，笔者借鉴国内外的办节经验，结合青岛国际啤酒节的实际情况，提出以下产业化发展的初步思路。

一、产业化需要严谨的学术定义和必要的理论求证

产业化是现代社会生产或经营行为发展到一定规模后的必然取向，是一个行业或一项事业在某个区域形成主导性或支柱性地位的集约化要求。新兴节日就其基本属性而言，应是社会公益活动；就其自身的经济性质而言，当属准营利的假日经济；就其产业划分而言，既归类旅游业，也游走于文化和娱乐业之间，这是由节日经济的复合型特征决定的。

做出新兴节日的基本属性是社会公益活动的判断并不困难。一是国内新兴的大型节日活动无一例外由政府主办，而政府通过办节本身创收营利的动机并不明显，总以宣传城市形象、扩大对外开放、丰富文化生活和拉动经济发展等宏观效益为主旨，这就十分明晰地架构了节日的出发点和目的地；二是国内的新兴节日大都改革开放后创办，用20年左右的时间塑造真正意义的节日品牌确有困难，至多是尝试和探索中积累经验的过程，创办时间决定了节日的定位、定性和定型的难度，而成熟度尚欠火候之时自然离不开政府的宏观指导和总体把握，所以不应过早把商业化和功利性作为发展方向；三是节日自身无法完整地实施经营行为，即对节日的投入不是单纯的商业性投资，也不能制定具体的利润指标，其投入和产出不是线性关系，也不是以资金为主要的收益形式，除了

"以节养节"的期望性和补助性直接收入外，节日还将产生更重要的社会意义——城市精神的培育、特征文化的积

淀、市民素质的提升等。

产业化以实体化和企业化为操作模式，任何一项产业都是以利润的最大化作为终极目标，而这样的模式和目标与正在培育的节日是协调渐进的探求关系，不能简单地进行口号式的套用和指望一蹴而就的成功。因为节日的产业化发展至少应具备五个前提：一是必要的产业(资产)基础，二是要有可靠的数理依据，三是能规划出清晰的发展前景，四是能实现完整的产业链衔接，五是产品(节日效应)的系列化和连续性。就目前青岛国际啤酒节的成熟度而言，实现这样的前提还有不小差距。

从资产状况分析，啤酒节的有形资产几乎为零。由于主要办节场所和日常办公用房的产权属外资方，所以节日的有形资产仅为几套简陋的办公设备和相应的文具。无形资产的情况好一些，至少节徽、吉祥物等已有较高的认知度和一定的市场价值，并有成功举办13届所形成的品牌效应。但必须清醒地认识到，单靠无形资产来扛举产业化的大旗显然不够。

从数理依据方面看，由于啤酒节在办节机制和组织形式上曾出现过几次大的调整，使节日一直没能积累完整的数据资料，甚至统计部门都未掌握有说服力的基础数据，总是靠估算为依据的结论极易失准(例如常常习惯引用1∶8的拉动率和相当于几个黄金周的贡献等)，而失准必然给节日的产业化测算带来困难，因为没有"前提"的精准很难确保

"结论"的准确。再者，近年来青岛的节日在缺乏宏观指导和长远理论规划的前提下不停创办，有些符合城市的文化定位和产业发展要求，有些则是生"造"的产物，结果只能是创生速度过快，重复设置过多，节会拥挤无序。啤酒节的前景要乐观一些，但必要的前景探讨和发展规划也一直没能提到议事日程。

产业化是个集合概念，是诸多有规模、有影响的活动，以及相关行业的互动共同组成了节日产业，靠啤酒节自身"单打一"式的彰显，无法实现产业链诸多环节的衔接，最多的是对旅游业、文化娱乐业等服务业起了拉动作用。因为，节日产生的是瞬间热烈的聚集效应，半个月左右的时间显然无法完成产品(节日效应)的系列化、连续化开发和经营，而产业化则不是以短期效应为目的的培育和催发，它必须将自身的充分递进与城市(或更大区域)的长远经济社会发展相关联。也就是说，啤酒节确是青岛旅游产业中耀眼而独特的产品，它与黄金周相似，具有假日经济的特点。所以，如果可以形象比喻的话，节日的优势在于爆发力，而不是耐久力，在青岛旅游业的快车道上它是短跑明星，却很难成为长跑高手。这样说并非敷衍或拖宕产业化的进程，而是节日有其自身的特点和规律，必须根据节日经济的特性加以分析和把握。

时下国内产业化的提法呈现泛化的趋势，各行各业在未经充分论证的前提

下，均以"化"作为对本行业专有名词或形容词的后缀式提升，使其具有动词性和动态性，并以此突出该行业的重要地位。其实除了有限的进取意识可圈可点外，实在应对这种泛"化"现象进行理性的思考，找到解决行业或产业发展中存在的实质问题。

综合上述分析，笔者认为应首先从学术层面对产业化加以论证，只有找到适度的理论支点才能更好地指导节日实践。初步得出的粗线条定义：节日的产业化是政府运用市场经济的手段，在保证节日公益性基调不变和社会公共福利不受影响的前提下，最大限度地实现节日产品的系列化、项目的市场化和

设施的商品化。在此基础上，应对节日产业化的笼统提法加以具体化和精细化，使之具有较强的可操作性，具体说：

第一，要确定节日是产业，还是事业。如果是产业就要理清它是什么产业，这个产业是营利性的，还是非营利性的；如果是事业则应以体现社会公益性为宗旨，以市场运作的方式来辅助这一宗旨的实现。

第二，产业化不是目的，是实施手段，是动态概念，是发展方向。市场化是朝这一方向推进的助力器。就啤酒节的现状而论，按标准的产业化模式操作确实勉为其难，但提出产业化的发展方向，并辅以高水平的市场化运作手段，来实现向产业化的递进似更具可行性。所以，产业化概念的运用不如市场化要求来得真切适宜。

第三，啤酒节产业化的提法超前又单薄，因为节日的单一性和时效性决定其产业链的松散或缺失。所以，应当以宏观的理念对青岛的各类节日加以梳理聚合，并依此提出节庆产业化的完整概念更为妥帖。

第四，要辩证地分析对待节庆活动和与之相关产业的关系，即尽可能清晰地区分节日产业和节日带动产业发展的关系，而不能含混地统而称之。啤酒节办得红红火火，在主客观两个方面都带动了啤酒产业和旅游经济的发展。因此，节日的举办更多意味着相关产业的发展，而不必刻意追求自身是否做成了

产业，或者"化"到了什么程度。

第五，到目前为止国内影响较大的节日尚没有产业化方面的诉求。国外著名的节日也未有产业化概念的表述，究其原因，或许与节日特殊的文化现象和经济规律有关。这一现象和规律对节日蓄积的巨大能量是催发释放，但对节日经济漫无边际的延伸和泛化则是框架制约。因此，将节日经济作为区域旅游产业的重要一环是准确的，让它独立链接和营造一个产业的现实力量尚不具备。

第六，节庆经济属于第三产业范畴，三产作为服务性行业与一产二产不同，不必完全依靠雄厚的物质基础(资产、资本)来提升产业地位，靠品牌来发育产业也是有效的捷径。啤酒节亦然，首先要创设品牌，然后依托品牌来扩展产业。可以断言，品牌化是产业化的基础，而市场化是打造品牌、通向产业的必由之路。

二、啤酒节的市场化作为和产业化探求

青岛国际啤酒节历经13届，赢得交口赞誉的社会效益，也取得维持节日发展的必要经济收益，这些成绩与近年来在市场化方面的不懈努力密切相关。

一是在指导思想上基本实现了由办节向管节的过渡，将原先由政府包办和操办的许多具体工作加以"转让"，只在政策环境、机制理顺和安全保障方面对节日加以宏观指导和协调。

二是积极地将节日的无形资产与市场"对缝"，较好地挖掘和盘活了存量价值。例如，所有的宣传品都实行节日形象与企业利益的契合，所有纪念品都采取了特许开发经营的方式，城内的摊位招商和广告招商也以竞价的形式来优化节日收益。

三是在借助外脑方面也体现了市场运作的原则。从节日总体方案广泛征求意见，到各项单体活动策划设计；从节日运营管理，到对外宣传促销，始终以购买服务的形式汲取外脑智慧。

四是恰到好处的处理直接与间接的关系，使过去由官方和官员直接担当的重任，"转嫁"到更规范的市场行为中，如门票的销售、城门的把守等，都是巧借社会力量换取适度的松绑感。

可以肯定地说，与国内其他节日横向比较，啤酒节的市场化运作水平一直为业界称道。不过，节日的总体成功和良好的外在形象，无法掩饰和根本缓解

办节体制方面存在的矛盾。由于历史遗留和现实困难的多重影响，啤酒节在向产业化提速的过程中存在必须尽早打通的关节。

（一）结构性矛盾亟待调整和理顺

啤酒节创办至今经历一波三折，承办主体由原青岛啤酒厂转为市旅游局，后又转为崂山区政府。作为具体承办的机构，也由设在市旅游局的原青岛国际啤酒节办公室转为设在崂山区的青岛市啤酒节办公室。1996年，为理顺市旅游局协调办节场地等方面的矛盾，市政府做出"城节分离"的决定，即市旅游局仍对啤酒节总体负责，进行必要的指导协调，不直接参与啤酒城活动的筹办。1997年至今，啤酒节进入7年相对稳定的发展时期。1998年，市政府将节庆、会展、赛事作为重点扶持行业，并为此建立市重大节庆活动的组织协调机制，具体办事机构为市节庆办。

如今，提出对节日的产业化要求，不管其学术定义是否严谨，都意味着节日指导思想需要升级换代，节日的发展方向、布局架构和运作模式都要做较大调整，而现存的组织形式、办节机制显然不适应这种变化。进而言之，啤酒节办公室是代表市政府履行承办节日任务的具体职能部门，在办节的大思路和总原则上，须按照市政府的指示和要求去做，但它的组织人事关系又落户崂山区，必然产生办节方式和利益取舍方面的"区属"倾向。所以，并非啤酒节办不作为，也不是崂山区政府不支持，而是两级行政和双重管理，导致对节日理解、办节方式和收益归属等方面出现偏差。

（二）产业化应首先实施资产的净化

作为产业化必要物质基础的啤酒城，其产权为新加坡环宇集团所有，但多年来该企业对啤酒城占而不动，既不投入，也不经营，既不维修，也不开发。这个节日重要的资产若不能变更产权关系或被激活利用，将严重扭曲啤酒节产业化的走向。

（三）探讨以公司形式办节的思路

产业化要按实体化或企业化操作模式来推进，这就需要探讨以公司形式办节的思路。初步想法是，由啤酒节办和青啤集团共同投资组建"青岛国际啤酒节文化传播公司"。公司按规范的现代股份制企业框架构建，市啤酒节办(代表政府方)对公司实施控股管理和经营，最高出资比例为60%；青啤集团作为参与经营和管理方，最少出资比例为40%。双方应取得一致的工作宗旨，并划清相应的工作边界，具体做法另行文详述。

（四）出台扶持产业发展的政策

既然将产业化提到议事日程，就要考虑产业扶持性政策的出台和产业环境的配套，如节日场地的根本解决，节日税收的减免，相关间接产业链对节日的反哺和回报等。

027

时间 2005年3月12日
地点 中国·青岛
事由 青岛赏花会研讨会

赏花归来道花香

——中国青岛赏花会建言

对于建置不过百余年历史的青岛而言，自身的文化典存并不丰厚。处在这个大背景下的李沧区，传统意义上经典的文化符号也无太多鲜亮之处。跨入21世纪后，李沧区以全新的开放姿态，以独具的资源优势，以特有的审美情趣和文化视域搭建节会平台，并以此彰显个性化的城区魅力，与青岛的城市进步相对接，同不断开放的世界来对话。赏花会作为李沧区标志性的节会活动，已成功举办三届，具有相当的公众认知度和社会影响力。在第四届即将推出之际，笔者以多年策划筹办节会的资深经历，结合对赏花会创办以来的总体方案及影像资料的详读，从专业欣赏和学术关爱的视角出发，提出以下建议。

一、应有准确定位和长远规划

国内新兴节会活动的通病是普遍缺少长远的理论规划，有些为图热闹，有些为树形象，有些为显政绩，结果不少节会活动由创设时的红火迅速走向冷落，甚至怨声四起，难以为继。究其原因，主要是节会创办之初即缺少准确定位和长远规划，或是虽有规划却因管理者更换而改变节会原定的价值取向或板块结构，以较大的随意性扭曲规划的严肃性。其实，新兴节会虽然历史不长却有规律可循，更有国内外诸多成功节会的范例可以借鉴。赏花会已举办三届，积累了一些必要的经验，应在第四届结束后着手对规律性的东西加以总结和梳理，对其未来的发展进行探讨和规划，而不是习惯性地摸着石头过河，每年都为如何承办费力劳神。比如说，对赏花会的培育性投入应做出合理规划，论证清楚每年政府该投入多少，投在何处，政府的主导影响和市场的有效回报相互促动的结合点在何时何处。另如，节会的板块设计是否合理，对节会的整体感和互补性是否有益，怎样适时适度地加以调整。再比如，节会的宣传也应有规划意识，每年的主题口号或宣传侧重点应如何设定，使之能更好地配合区里的

中心工作。

另外，国内外成功和成熟的节会都有严格完善的CIS系统，以此作为节会的核心知识产权和保障其健康发展遵循的法典。赏花会是政府主创的大型公益活动，作为社会公共资源，它以行政管理为主要模式，维持着节会总体上升的格局。然而，在行政色彩营造的浓重升腾氛围中也存在不够规范、难尽人意的一面：无法厘清节会真实的经营成本，对无形资产的流失缺少必要的敏感性和控制力。其现象如标志、名称的随意使用，节会无序化的扩张倾向，节会对外表述的信息不对称，节会形象的模糊和异化等。为此，将赏花会的形象设计（CIS）提升到战略高度加以考量是很现实的话题。

029

二、应有更适当和贴切的名称

现在的名称是"××年中国青岛赏花会"，看上去较为宏观大气，细想来有一多一少两点遗憾：一是多"中国"两字，二是缺"李沧"这个关键词。首先，节会是否冠以国家之名并不重要，也不会因有了国字号的称谓就能更好地表达节会的盛大，如国外的慕尼黑十月节、洛杉矶的玫瑰花节，国内的洛阳牡丹花会、南宁民歌艺术节，都没有因为未冠国名而声名不振。其次，由于对"李沧"这个区域概念进行了"隐身"处置，使赏花会缺少应有的地域概念和本土意识，也无益于对李沧的宣传推介，至少外地游客很难弄清赏花会办在何处。在名称中加"李沧"二字不会使

节会显得寒碜，也无损于赏花会的影响和传播。浙江义乌的小商品交易会和青岛崂山的北宅樱桃节，从未因直呼"县级市"或"街道办"的名称而被人小瞧。叫响李沧不会给节会降格，相反，可以更明确和有效地起到宣传李沧的作用。再者，××年的说法并不十分合理，也未与国际接轨，不如按届数称呼和记载来得更清晰准确，更便于人们记忆和认同。综合以上观点，赏花会的名

称拟定为"第×届青岛李沧赏花会"似乎更为贴切到位。

三、进一步廓清赏花会"赏"什么

花是美好的象征，无论视觉上传达的，还是嗅觉上闻知的，甚或理念上意会的。尽管同一品种的花与花大体相似，但李沧区以花为媒营造的节会情韵，使赏花与赏花的心境毕竟不同。应该说除大片的梅花外，李沧区内的杜鹃和桃花在别的区市并不罕见，可每逢春暖花开人们总习惯到李沧去赏花。对于普通民众而言，到哪儿赏花并不重要，重要的是哪里的环境更让人赏心悦目，更易于融入其中。实际上，赏花就是欣赏李沧、品味李沧，欣赏和品味李沧的新气象。赏花会所预设的正是，通过自然的、具体的、民俗化的行为，达到吸引人们用新奇的目光打量李沧、赏识李沧、向往李沧的目的。从这个层面讲，赏花会重要的社会意义还兼有为实现"缩小南北差距，首先突破李沧"的政府宏旨服务。为此，赏花会当为李沧创造比花期更美、更诱人、更利于人们生存发展和投资创业的大环境。

四、开幕式地点不应再游移

今年赏花会的开幕式重回李沧确系

明智之举，去年安排在天泰体育场则不太妥当。因为节会的真

正魅力在于本土化或属地化，将开幕式跨过两个城区定在市南举办，分化了赏花会的中心意识和首位效应。如同将2008北京奥运会的开幕式迁移到上海或其他城市举办，仅把比赛项目本身留在北京，这显然不可思议。进而言之，即使开幕式安排在李沧也应固定举办场所，而不应在区内游来移去。前四届开幕式的举办场地在变数中动荡，极易分散节会的核心凝聚力，对公众的信心也有负面影响，使节会本身显得底蕴不够、定力不足。

五、开幕式表达的内容和形式探求

开幕式要有非常鲜明的主题诉求，这是节会能否办出特色和影响的首要问题。在国内新兴节会活动中，开幕式已大致形成固定的模式，即通过大型歌舞晚会来为节会开张。这种雷同化的借鉴和效仿，使节会与节会之间的个性差异日渐衰减，主题日益模糊。今年的赏花会已决定不请明星大腕助阵，这是非常适时和理性的选择。既然大型晚会作为开幕式不是唯一或必须，就应考虑换一种形式为节会拉开序幕。建议以花车大巡游活动来替代被弱化的开幕式晚会效应。与开幕式大型歌舞晚会相比，花车巡游至少有三个优点：一是便于更广泛

地参与和营造与民同乐的氛围，这种参与有两个层面，第一层面是区内各街道办和驻区知名大企业可以借花车广而告之、宣传扬名；第二层面是区内的市民可以无门槛地就近观赏，将节日高昂的门票和贵族化倾向消弭于巡游的热烈气氛中，何况花车的受众面、参与度和张扬之势要大大优于晚会。二是有利于降低节日的筹办成本，将政府投资（或部分投资）的大型开幕式晚会资金省下，由各街道办和相关企业自愿分担投入。三是既然大型歌舞晚会已风光不再，那么选择花车这个紧扣节会主题的载体，既可满足充实节会内容的要求，又在形式上使节会充满鲜活的动感。

六、节会应有更加宏观的指向

节会活动是开放性的聚会行为，不仅表现在如何吸引市民和游客广泛参与，还应在确保不失个性化的前提下，持有更加宏阔的视点。一是应避免区域性节会活动被边缘化，力争将赏花会列入青岛重大节会活动的盘子，甚至可作为地方特色节会与省旅游局挂钩，以加大整体宣传和捆绑促销的力度。争取再

经三到五年的培育，使赏花会具有与中山公园春季樱花会同等甚至更大的规模和影响。二是应有更开阔的纵横观，积极整合各种有效资源，密切与其他节会活动的关联度。例如，区内的李村大集与赏花会是什么关系；再如，中山公园的樱花会与赏花会是什么关系；另如，国内著名的以花为主题的节会活动（如洛阳牡丹花会、南京梅花节）与赏花会是什么关系。至少可与我市和花有关的节会共同组合打造"青岛花季"这一城市节会的大品牌。

七、应有适度的市场观和产业意识

如同崂山枯桃花会所显示的产业优势和经济效益，赏花会能否培育出花卉产业及其相关联的集群优势，这是应当努力探求和解决的课题。目前，赏花会确实起到了宣传李沧区的作用，也间接发挥了拉动李沧经济社会发展的作用。赏花会举办的目的显然不是为了单纯地赏花，也不是简单地宣传推介李沧，它必须萌发自己的市场观念，通过赏花、爱花、育花、购花来引导和培育花卉市场，促动花卉产业形成。这应是赏花会

举办的目的之一，也是赏花会能否具有长远生命力的重要支撑。

再者，赏花会应开发出更多的副产品，如节会专有的各种纪念品、节会时段广告的特许经营、节会期间指定产品的准入等。

八、节会的宣传促销应不落俗套

目前，赏花会的宣传较为常规化，既缺少高档次的宣传促销品(没有大型纪念画册，也没有高质量的宣传光盘)，网络方面所能查到的图文资料也不够丰实，这与培育特色独具、声誉日隆的节会意愿存有差距。建议应在CIS的框架下做到早、巧、广、统一。首先，应做到提前计划、提前实施。最好在上届结束后就对下一届的宣传工作做出计划，然后着手实施。不要让花谢一年后再重启人们的兴奋点，也就是说谢幕后不要急骤冷却，而要做到余香不断、余温常

在。其次，宣传品的构思和制作要巧，宣传节奏的把握要巧，在节前、节中、节后的不同时段，宣传的焦点、强度和频率要有所区别；再次，要扩大宣传范围，既要充分发动青岛当地媒体，更要选择辐射面广、影响面大的国内知名媒体；最后，宣传工作应当统一，避免按部门条块分散运作，以便集中火力、提高效能、降低宣传成本。同时，要广开促销渠道，提高促销效益。

应进行科学细致的市场细分和目标市场定位，针对不同的市场制定不同的促销策略。

九、闭幕式活动也应别出心裁

建议不要再承袭音乐歌舞晚会的形式，完全可以有一场与花相关的大型焰火晚会为节日画上沸腾而圆满的句号，以此来增加赏花会的参与面和震撼力。焰火即是礼花，而焰火晚会本身也可以通过市场运作的方式来完成资金的筹措。这样，开幕式以花车开场，闭幕式用礼花谢幕，与节日的主题吻合贴切，并行不悖，又改变前三届的开、闭幕的形式，使第四届赏花会充满新意和亮点。

评点和建议之余，偶成拙诗一首，在此以表心迹。

赏花归来道花香，
节会装扮更芬芳；
若得培植要领在，
姹紫嫣红遍李沧。

时 间 2005年11月11日
地 点 中国·青岛
事 由 《中国节庆》杂志

新兴节庆与城市文化形象塑造
——以青岛国际啤酒节为素材和例证

"城市形象"是指沉淀于城市发展过程中的主要元素，经过长期酝酿形成的潜在或直观的反映和评价，它代表城市的身份和个性，既反映城市的自然地理风貌，也折射着传统文化征象，还可表现为优势产业的彰显。"城市文化形象"则蕴涵于城市形象之中，是对城市形象的高度概括和凝练总结，是城市形象的底色、精髓和最传神的部分。青岛的城市形象特征鲜明，集中体现为滨海旅游、欧陆风情、港口贸易和现代制造业等。而青岛的城市文化形象则很难用一句话道明，因为它的生成过程复杂，由多个不同的立面组成，是多元文化烘焙的结果。笔者试以青岛国际啤酒节的创生和发展为例，探析新兴节庆活动与城市文化形象塑造的关系。

一、百年之城的啤酒文化情结

啤酒是舶来品，百年前随着外国侨民的不断涌入而现身青岛。起初，青岛啤酒并没有融入市民生活，只是欧洲侨民和极少数原住民饮用的专属品，更不能称其为"文化"，因为它既陌生又单薄，无力浸透在城市历史的土壤中。但随着产量逐年增长和美誉不断提高，越来越多的青岛人学着试饮啤酒，青岛啤酒也渐为大众所接受和喜爱。不过，在青岛啤酒百余年的生产历史上，只有近十几年才真正能够满足普通市民的饮用之需，因为由来已久的"阳春白雪"形象和供给上的常年短缺，使国人尤其是岛城人对青岛啤酒情有独钟、推崇备至。说青岛啤酒已深深融入青岛市民的精神生活并不为过，人们对青岛啤酒的挚爱，既不能从经济学的意义来解释，也不是由单纯的口感习惯来决定，更不会因啤酒的敞开供应而衰减。因为青岛

啤酒已成为生活的一部分，是青岛人习惯的生活方式。更重要的是，它已成为与城市的进步紧密相融、无法离分的文化。

开放的胸襟。所以，青岛作为移民城市素以文化底蕴深厚和时代特色鲜明而著称。从历史渊源看，青岛所处的胶东半岛地区，历经了

青岛啤酒与创生它的城市几乎同龄，从欧陆引进的麦种播下最初的苦涩却赢得金色的收获——青岛人一如既往、情深意切的追捧与呵护。啤酒节的创生，正是骨子里的啤酒情结适时宣泄的内在需求，而节日引燃的热情之火，又以欢快的色彩填充和渲染了青岛的城市文化形象。因为城市文化形象不是单一和呆板的呈现，啤酒作为商品引入的同时，西方的酒文化也不可避免地随之而来，并与中国传统的酒文化交汇相融。与传统酒文化不同的是，西方人饮酒时并不注重礼数和尊卑，多以放松身心和享受娱乐为目的。青岛作为多元文化的交融之地，啤酒节正是以充满欢愉之情的豪放和不失东方内敛的意韵，注解了自己特有的文化气质。这种气质在城市的表情中越来越生动形象，也越发魅力十足，最终成为代表城市文化形象最具感染力的微笑。

东夷文化、齐文化的影响。齐文化的开放、兼容和务实的特点，对当今青岛文化的形成有较深的影响。青岛建置以来至20世纪40年代末的50多年，政权更迭频繁，长达半个世纪的殖民地和半殖民地历史，使青岛成为外来文化色彩较为浓重的城市，尤其受西方现代文化的影响较深。在现代工业大生产和西方文艺复兴人本精神的双重作用下，青岛逐渐形成自己的海派文化和平民文化，开放新潮、兼收并蓄的城市文化形象也逐渐清晰。

二、文化构筑的青岛城市形象

城市的文化形象既有自然地理风貌的烙印，也受历史人文精神的影响。杏花春雨江南的婉约柔和、骏马秋风塞北的粗犷豪放，无不显示自然因素和人文传统对民众性格的影响。青岛坐落在中国北方的滨海之地，这里的人们拥有典型的北方人性格特征；濒临海洋的地理位置又使其浸润于海洋文化，具有豁达

改革开放以来，青岛众多工业品牌的闻名遐迩并非偶然，它是青岛城市文化的物化形式，既丰富了城市形象，也是海派文化的衍生例证，因为这种文化的核心是不断追求卓越，永不甘居人后。与此同时，青岛培养了为数众多的知名艺术家和企业家，也是青岛城市文化底蕴深厚的有力佐证。啤酒节作为国内屈指可数的大节名节，之所以每届都

产生强大的聚众效应，皆因它贴近城市的文化形象和借助城市的文化膂力。

三、文化形象在竞争中的作用

当前，我国经济持续高速发展，城市是经济发展的主要载体，但这一载体在形象塑造方面存在"千城一面""容貌近似"的弊端。究其原因，必定与城市没有从文化的层面上审视其资源特性和发展潜质有关，在形象定位方面也缺少足够的澄清指数。显而易见，随着经济的发展，各城市之间的竞争也日趋激

烈，那些缺乏鲜明特色的城市将淡出人们的视野，在形象上处于被边缘化的境地。文化是无法复制的城市之魂，而节庆活动则是城市文化的突出表征。新兴节庆活动的举办，对城市经济社会发展具有积极的影响，尤其在提升城市形象方面具有不可替代的作用。节庆的开放性决定了参与者可通过多层面的平台，深入地感知当地历史、人文、经济、城建等，比较容易对城市形象产生直观和感性的认识，提升对参观对象的美感认

可和文化赏析。因此，近年来国内许多城市纷纷创办特色节庆活动，以此塑造城市形象，吸引外界关注，进而提高知名度与影响力，赢取城市之间竞争的有力筹码。

啤酒节是青岛文化形象的首席代言，作为标志性的节庆活动，它合理地继承了城市传统文化的资源优势，也对外树立了鲜明的城市形象特征。在城市间的竞争中，这种优势和特征恰到好处地维护了青岛的城市格调，也恰如其分地凸显了自己的卓然地位。正因如此，才有啤酒节今日之美誉，以及这份美誉为城市文化形象增光添色的功力；才有了在国内节庆繁多之时独树一帜的鲜亮气质，甚或在十几个啤酒节会中不可撼动的领先优势。

四、啤酒节凝塑的文化特征解读

长期以来，国人习惯理性地对待节日，活动的组织者也并不鼓励人们张扬个性，所以节日往往娱乐性缺失，狂欢氛围也无从谈起。特有的传统和国情束缚了节日的愉悦感觉和人们自我表现的真切欲望。通过举办"举城狂欢""万民同乐"的啤酒节，拉近了人与人的距离，模糊了地位之差和贫富之别，有助于释放情绪、消弭隔阂、构建和谐。节

日热闹要靠文化的引信点燃，不同的文化造就不同的节日，不同的节日呈现出不同的文化征象。啤酒节的文化征象可以如是梳理和描述：一是节日成为大众情感和民俗文化的代表，将个人或少数人惯常的饮酒行为组合成群体豪饮的场面，将通俗的表演形式如饮酒比赛、女神评选和花车巡游等在节中热烈呈现，即是对大众俗文化的肯定和褒奖；二是对舶来文化的反串，啤酒作为舶来品不过百余年的时光，但啤酒所承载的文化却有几千年的历史，将啤酒引入的同时，也必定将相应的文化角色加以吸纳，只是扮演这个角色的已不再是啤酒创生之地的人们，成功反串这一角色的恰是当今的普通民众；三是俗文化与舶来文化的汇合，其实在现今的节日舞台上，已分不清文化根源之所属，分不清主角与配角，啤酒作为共同的文化需求融合了国界，也融合了观念，最终会融合东西文化。由此，形成啤酒节的文化特征，这种特征必然对城市文化形象产生作用力。这种力既可强化城市文化形象，也有利于城市文化形象的传播。

五、啤酒节张扬了城市文化形象

啤酒节始创于1991年，经过15届的精心打造，已成为青岛最有代表性的城市名片，在国内外具有较高的知名度和影响力。节日是城市特有的文化气象，啤酒节为城市带来的万千气象源自青岛特有的文化基因，这一基因以青岛啤酒百年的生产历史和相应的品牌声誉为初始酝酿的酵母。从这个意义上讲，啤酒节植根于百年青啤所酿制的城市文化氛围之中，反过来，啤酒节又从文化层面上最大限度地反哺了城市文化的养育。而今，啤酒节之于青岛，既是巨大的商业载体，更是必要的精神需求，已然成为城市文化的滋养者和城市形象的提升者。

啤酒节已举办15届，平均每届参节人数以15%的速度递增，这在国内节庆活动中较为罕见。节日之所以能够日益红火，除政府主导地位强有力的保障和青岛经济发展奠定的物质基础外，市民和游客在文化上对节日的认同感和亲和力至关重要，这成为节日不断走向成功的重要社会基础，也是节日可持续发展的关键因素。啤酒节孕育于青岛的城市文化之中，在不断壮大的过程中，又为城市文化形象添加浓墨重彩的一笔。一个节日与一座城市在互动中共同成长，这既是啤酒节的无上荣耀，也是青岛城市文化的最大收益。

青岛的城市文化形象正呈现多元、动态的构建态势，啤酒节作为国家旅游局向国内外重点推介的节庆之一，集中体现了青岛包容、开放的城市文化内涵和海纳百川、自然和谐的城市形象特征。可以肯定的是，啤酒节将在城市文化形象的强化和提升中，发挥愈加重要而独特的作用，在未来的岁月里为青岛收获难以估量的文化价值。

时间 2006年6月5日
报刊 《中国节庆》杂志

节庆活动与和谐社会
——青岛国际啤酒节的启示与激励

　　"和谐"一词，古已有之。最早出自《管子·兵法》，原文如下："畜之以道则民和。养之以德则民合。和合故而能谐，谐故能辑。"《现代汉语词典》释义："配合得适当和匀称。"节庆就其初始形态而言，大致有三种，且都与和谐的构筑有关。一是祭祀，缘起于茹毛饮血的远古社会，通过对祖先和神灵的祭奠，求福消灾，贯通阴阳两界的平衡与和谐；二是集市，在拥拥挤挤买卖和推推搡搡看戏的过程中，体味相互摩擦的亲和，分享不同收获的喜悦，是农耕文明村际之间人情乡情的和谐交流之所；三是社火，是民间祈福温饱的一种集体膜拜行为，以此实现与苍天对话、与大地沟通的和谐意境。

　　当今，经济快速发展，社会急速转型，由此引致社会贫富差距逐渐加大，地位落差阶梯明显。此时，和谐作为稀缺资源，既表达了社稷高层执政理念的积极嬗变，又顺应了黎民百姓的心底意愿。节庆，作为一种特殊的文化现象，在社会的整体和谐中可以发挥独特的功用。新兴节庆与传统节庆的功能指向虽有不同，但却有诸多一脉相承之处，在构建和谐社会这一基本功能上，二者都有不可替代的作用。笔者试以新兴节庆活动为模板，尤其以青岛国际啤酒节为例证，探讨举办节庆活动与构筑和谐社会的关联和效用。

一、节庆的主题诉求传达和谐旨趣

　　主题是节庆活动灵魂的外烁，既凝蓄节庆深刻的内涵，又凸显节庆张扬的形态。它的设定直接或间接地反映所在城市的文化背景、形象特征、产业优势和经济实力。青岛啤酒作为世界级的著名品牌，在国内外享有广泛的声誉，其百年来所形成的啤酒文化，已成为青岛城市文化的重要组成部分。啤酒节萌生于青岛啤酒百年浸润的沃土，它的创办实质上是从文化的层面上，嫁接了青岛啤酒久负盛名的品牌知

名度和影响力，进而以更加开阔的视域与世界进行爽快和透彻的交流。"青岛与世界干杯"作为节日主题是2001年确定的，此前啤酒节有多个主题，如"东方翡翠""品饮百家啤酒，参与万众狂欢""扬起风帆"等，但都不足以表达节日的气度和风采。"干杯"是庆典席间最生动简练的语言，是酒类节庆中极易风行的词汇，无须翻译，也不必解读。"与世界干杯"近乎完美地表述了在"地球村"宽广的席间，青岛与世界展开的热烈而不失亲密的接触，既没有把青岛兀立于世界之外，也没有把世界与青岛遥遥相对，两者的距离被"干杯"瞬间拉近，宏大却不虚妄，热情而不过分，充分体现了青岛与世界之间和谐共融的关系。"青岛与世界干杯"的推出，呈现了辽远宏阔的开放意境和盛情相邀的真挚情愫，精准地阐发了青岛加速走向世界的愿望。

二、节庆的时段安排体现和谐节律

节庆活动需要人气的聚集和恢宏的场面。为了营造浓郁的喜庆气氛，吸引公众的踊跃参与，节日多选在适宜户外出行的时节举办。这个时节要结合举办地的实际情况，依照节庆活动的特殊规律进行分析，综合平衡，慎重做出最有利的选择，这个"有利"集中体现的即是和谐的活动安排节奏。比如，青岛作为风光优美、气候宜人的旅游城市，每年吸引国内外游客近3000万，而游客多半选择夏季游览青岛，从而形成青岛旅游鲜明的季节性和典型的旺季特征。这就引发了对啤酒节时段选择的战略思考：如在旅游旺季巅峰时段举办必定异常红火，但同时会带来交通、餐饮、住宿等方面的"紧张"状态，况且青岛海洋节、时装周等其他大型活动也大致在此时段举办。因此，必须通盘考虑、兼顾其他、合理安排、和谐运作。若选择8月中下旬，旅游旺季开始出现下滑，虽然人流相对减少，节日的举办却可维持和拉长旺季，再现旅游高峰时段的热烈与精彩，也使青岛经济尤其是"第三产业"在淡季再获收益。据统计，近年来每届啤酒节对青岛经济的贡献都超过30亿元，相当于"五一"和"十一"两个"黄金周"相加之和。如此丰厚的贡献足以说明，节庆活动时段的选择十分重要，因为它既决定节庆能否最大限度地实现自身价值，又关涉节庆活动的节奏和韵律在社会大舞台上和谐功能的发挥。

三、节庆的场地规划体现和谐意蕴

场地是节庆活动的载体，办节场地的选择和规划是节日能否顺利举办的重要前提之一。目前，国内节庆活动拥有固定并专用办节场所的还不多，而青岛国际啤酒节早在13年前就拥有500亩的专属和永久办节场所——青岛国际啤酒城。这一地点的选择，无论从宏观上还是细微处，都体现了节日的科学发展观和与城市和谐共进的意愿。同时，13年未曾游移办节场所这一事实本身，既是啤酒节不同于国内许多节庆的显著标志，也是其历久日盛的重要保障。

从宏观布局上看，合理的节庆活动场地应选在距市中心远近适宜的地点设置，既不能紧邻繁华之地，对市区交通、治安、环保等造成压力，也不能地处偏远之所，不利于人气的聚集和氛围的营造。同时，节庆举办场所还应包括道路、绿地、餐饮设施、停车场、公厕等公共空间。与之相衔接的是便捷的交通——便于大量人流、车流的聚集和疏散；良好的周边环境——优美的自然风光起到烘托办节场所的作用。青岛国际啤酒城选址相对偏远的市区东部，位于石老人国家旅游度假区和风光旖旎的崂山脚下，既切合青岛城市总体规划对节庆会展中心的定位，又构成节庆活动与周边环境的优化相谐，还达到与崂山旅游客源互动共享的目的。

节庆场所的具体规划也要体现和谐的主旨。一是要把握整体布局的合理性和超前性，处理好为节日短期服务与场地长期经营的关系；二是要考虑节日期间提供通透敞亮的参节环境，让人们置身其中感到宽松舒适，没有封闭和局促

感；三是功能区划和项目设置要科学合理，让展演、娱乐、游玩、观赏、消费、休憩各得其所。

四、节庆的服务管理体现和谐精神

服务和管理是节庆的"软件"系统，也是节庆活动成熟与否的考量指标。从宏观环境保障方面看，节庆活动的举办需要公交、公安、城管、工商、物价、环卫等部门的配合与协助。公交车要延长线路、增加班次，为人们参节提供方便；公安部门要增加警力、调控交通，做好安全保卫工作；工商和物价部门要区别真伪、平抑物价，维护正常的市场秩序；城管和环卫部门要整顿环境、清运垃圾，提供干净整洁的节庆场

所……这些都表明，节日的服务与管理需要各相关方面通力协作，共同构建安稳和谐的办节环境。

细节决定成败，节庆亦不例外，服务与管理的细微之处恰是节日的精妙之点。从导向牌、导游图的设置，到参节

指南、工作手册的编制印发；从"游客服务中心"和"青年志愿者服务站"的设立，到为旅游团队开辟参节"绿色通道"；从公交IC卡、银行ATM机进入办节场所，到面向国内外预订返程客票；从多语种的导游服务，到向特殊群体提供赠票；从消费品的层层把关，到垃圾弃物的打扫清运；从多处移动环保公厕的安放，到路边太阳伞和休息椅的设置……无处不以小见大、细节取胜，为参节游客提供便利和舒适。此外，节庆期间的各类易耗物品要么可回收利用，要么使用可降解的环保材料，将节日的物耗和对环境的污染降至最低，以节约型和环保型的办节模式，为和谐社会的构建做出贡献。

五、节庆的开放包容彰显和谐气象

和谐社会是多元文化并存的社会，节庆更应搭设不同国家和民族文化聚汇相融的平台，以此彰显开放、包容的特性，进而达到保持文化生态平衡的目的。啤酒不仅是商品，也蕴含着文化，作为舶来品移植中国的土壤后，经过百年的培育早已情感同化，青岛啤酒更是将外来的饮品异化为民族工业的骄傲和城市文化的象征。植根于青岛啤酒的节日，在继承和发展民族文化方面作用独特，在吸纳和提升优秀外来文化方面功不可没。节日期间，既有民族的经典艺术和传统习俗展演，又有现代时尚的大型巡游活动；既有世界知名啤酒厂商在啤酒城中安营扎寨，又有国外表演团队登台献艺……啤酒节以其强大的兼容并蓄之力，铸成不同国家和民族文化的大熔炉，在炉中融汇的正是节庆活动的精髓——和谐的文化气象。从这个意义上说，节庆活动的举办不仅可以传达城市的文化气质，而且有利于保持文化的多样性，提高举办地的开放度和文化生态的平衡。

六、节庆的终极目标在于服务和谐社会

社会是矛盾的集合体，矛盾是事物发展的普遍规律，作为影响面广、参与性强的社会活动，不管承办者的意愿如何，节庆本身即承担着缓释情绪、化解矛盾、构建和谐的责任和使命。虽然新兴节庆可以承载诸多功能，但其终极目标却是为公众提供宽松的社会环境和优沃的精神土壤，进而保持社会稳定和促进人的全面发展。在实现上述目标的过程中，节庆活动以其特有的"释放""教化"和"融合"功能，提升了社会

的和谐度。

首先是释放功能。研究表明，与物质需求相比，人的精神需求有更明显的多元倾向；人的情绪变化曲线受外界影响而波动，往往难以做到自我调整与修复。现实中忙碌的工作状态和紧张的生活节奏，易使人们产生焦虑心理和厌烦情绪。节庆作为体验旅游，既是欢娱汇聚之所，也是情绪宣泄之地，投身这种体验，参与娱乐之中，能在不知不觉中释放压力、消除紧张、抛却烦恼。

其次是教化功能。节庆彰显的特色文化和艺术魅力，是举办地精神文明的重要体现。人们通过参节了解相关知识，感受多样文化，融入欢快氛围，无形中实现节庆特有的教化功能。在啤酒节期间，百年积淀的啤酒文化得到传承弘扬，节日的感召力得到充分显现，"诚信、和谐、博大、卓越"的城市精神得到集中展示，市民的自豪感得到满足和提升……潜移默化中增强了城市的凝聚力和人们干事创业的信念。

最后是融合功能。节日以民众为参与主体，在这个特定的公共活动空间里，没有等级之分、没有主次之别，人们平等地分享快乐。这对于消除等级观念，模糊贫富差距，营造与民同乐的情景，甚至消弭可能的对立情绪都大有裨益。至少青岛国际啤酒节呈现了这样的和谐形态——啤酒城中无论来者高低贵贱，都喝着同样的啤酒，吃着同样的美食，穿着同样的节服，听着同样的音乐，感受着同样的氛围，人们忘情相

拥、举杯欢庆，所有关于地位、身份、贫富之类的概念，都与这个欢乐的空间和时段不再相干，这就是节庆在潜移默化中构建的和谐场景。

节庆活动是当今中国社会一道独特的人文景观。面对景观的日益昌盛，主办者更应谱写优美舒心的旋律，因为欣赏者们期待聆听和谐的音韵。这个景观若想长久地上演璀璨，离不开演奏者们厚实的精神功底和强硕的文化质地。只有具备丰沛的创造力和坚韧的耐久力，新兴节庆活动才能以时代希求的音韵和节律，奏响社会进步的和谐乐章。

节庆，让城市更精彩，让经济更繁荣，让民族更兴盛，让世界更和谐！

时间 2006年11月15日
地点 中国·宁海
事由 徐霞客开游节研讨会

始于宁海 游动中国

——中国（宁海）徐霞客开游节浅议

043

关注国内的节庆活动已有十年，听说徐霞客开游节在半年之前。来后上网查了宁海的资料，今上午又实地体验了这里的风土人情。我觉得宁海集合了三大优势，才开创出今天这样的局面。首先，是最宝贵的人文资源优势；其次，是自然山水的生态优势；再次，是业已形成经济强县的财力优势。时间这么宝贵，赞誉的话不多讲。既然来了，就谈点粗浅的看法。

一、节日举办日期应固定下来

5月19日是具有特定意义的时间概念，是徐霞客开游的日子。开游节应将此日固定为今后每年节日的启动日。

二、要有不落俗套的启动仪式

开游节应有启动仪式，开幕式的叫法似无必要。因为"启动"具有起点意涵，从393年前的这天开始，外出旅游对于中华民族有了特殊意义和纪念性。所以，开游节需要具有历史人文含量的启动仪式，要形式独特、别开生面。

三、开游节不须闭幕或闭幕式

开游节不应设简单的终点。像徐霞客先生一样，经过大致30年艰辛的旅游探索，才结出正果，写出真经，所以不要轻易地搞闭幕式活动。开游节的结束可以泛化地理解，而不要做成仪式感的东西，应使之融化在公众旅游的氛围中，这样也符合国内外许多大型旅游活动的惯例。

四、相对固化板块和活动内容

节庆活动在内容设置方面要提倡简约，摒弃复杂。不要赋予开游节太多的使命，尤其是经济使命。而要下大力气让节日显得更有文化，更能引起公众别样的旅游情趣。比如说"十里红妆风情大巡游"就很有魅力，比较震撼，这一独特的文化景观要得到强化和固化，坚持下去，形成传统。

五、不要过早过多地导入市场

开游节要打造的是文化产品及其超然的品质，它需要非常坚实、异常深厚的文化底蕴。过早过多地引入市场运作方式，把节日物化成高产的经济作物，仿佛撒下这粒种子，就能收获滚滚的财源，这会影响它的正常发育和健康成长。

成熟节庆活动的标志，在于它对创生它的城市，在文化方面传承了什么，弘扬了什么，开游节恰恰在它的人文精神方面感动了大家，让人们觉得这个节日很亲切可爱，很有特质和魅力。

六、应着力把握好四个诉求点

一是首位效应的诉求点，第二是生态治理的诉求点，三是探险精神的诉求点，四是逐步外向的诉求点。

七、几项亟待破解的课题建议

第一，宁海旅游的差异性价值怎样体现；第二，宁海旅游总体的精致度尚有欠缺；第三，旅游产品的组合优势还未能凸显；第四，节日的附加效能没得到充分发掘；第五，办节体制和运作机制仍不够顺畅；第六，应制订节庆长远发展的整体规划。

八、应该有更长远的规划目标

明年是第五届开游节，五年一小庆，这个节日应有所提升。怎么提升？搞哪些活动？邀请谁来？2013年是徐霞客开游400周年纪念，节日在这一年应该怎么搞，也应该有基本的目标预期。

如果沿着正确的方向，按照科学的规划，开游节定会成为享誉国内外的节日，因为它性情独特，充满魅惑。

时间 2006年12月2日
地点 中国·北京
事由 清徐醋文化节研讨会

文脉醇厚　倚老卖老

——山西清徐醋文化节品读

山西是国内著名的资源大省，也是文化大省，传统文化蕴载丰厚。"十一"长假应邀去山西时乘车路过清徐，在东于镇西高白村的老乡家住了一宿，因此对清徐印象颇深。坦率地说，印象有正面也有负面的。深刻之处有两点：一是文化的厚重仍在积淀中典藏，没有很好理顺和释放，也未能形成强大的文化生产力，或为经济社会发展提供足够的动力；二是当地煤焦化、建材、铸造、运输等产业过于发达，造成的污染从天空到地面，从车容到脸面，严重地弥漫在清徐原本洁净的空间，对旅游业的发展和节庆活动的举办构成威胁。

所以，关于清徐的节庆不应做一般意义的战术谋划，即不单是对具体、琐碎的策划事项进行探讨，而应以高度的战略规划眼光，用具有审视力、预见性的开阔视域，为清徐醋文化节的启动和走向把脉。这里着重谈三方面的见解和建议。

一、提问与拷问

作为节日创办并主办者的政府，必须在节日隆重推出之前认真回答五项提问，即经受住五个"W"的拷问：为什么办节？办什么节？谁来办节？怎样办节？谁需求这个节？

（一）为什么办节

新兴节庆一般具有六个方面的办节动机：其一，实现城市形象的再造和提升；其二，创造对外开放的良好契机；其三，搭设宣传推介的有力平台；其四，加大对旅游及相关产业的拉动；其五，加速对原有产业优势的强化；其六，加强特色文化的传承与弘扬。对清徐而言，这六个方面的动机可能都真实存在，只是侧重点有所不同。

（二）办什么节

通常而言，节日的创设与资源的稀缺性有密切关系。醋作为产品就其产地的宽泛而言，显然不是清徐的独一资

林醒愚

源，如江苏镇江香醋、四川保宁药醋、浙江米醋和清徐的老陈醋并称中国传统"四大名醋"。近年又加上天津天立独流老醋、北京王致和醋，与传统的四大名醋并称"六大名醋"。但是在醋前冠以"老"且加上"陈"的，却只有山西，正本清源的只属清徐。而这个"陈"不是陈旧的陈，是陈香的"陈"。所以，山西清徐的醋虽然不是独一资源，但作为承载4000多年历史，且被演绎出品质感较强、带有文化征象的特殊商品，醋对于清徐确乎是稀缺和珍贵的资源。以老陈醋的特有醇香及其数千年形成的专属文化形象和口碑声誉，发育一个远近闻名的节庆活动，既正宗地道，师出有名；又膂力十足，前景可观。

就醋类节事而言，目前国内有点知名度的只有四川阆中名醋节，但这个节似乎只办了一届就偃旗息鼓了。正因如此，以醋及其相应的文化蓄存来"膨化"节日，具有较高的新鲜度和观赏点。

为此，建议清徐的醋节要办出独有韵味——文化的韵味。而不能像国内曾经和现有的一些新兴节庆，一开始就强调"文化搭台，经济唱戏"之类，这样太窠臼、太俗套，太没有气质和勇气。文化搭台为什么就不能文化唱戏？新兴节庆尤其是政府办节，一定要明确它对当地的发展意味着什么，要将节日的公益性和文化使命大加彰显，使之大张旗鼓地显性化；而将经济的、商业的动机不显山不露水地隐形化。道理很简单，只有公益的、文化的形象高大了，内容瓷实了，才会由内向外产生"溢出效应"，而这种效应必然对经贸起到巨大的推拉作用。一句话，政府办节必须娴熟地把握明晰的规划感、步骤感，把先后顺序、孰重孰轻理清摆正。

（三）谁来办节

国内的新兴节庆走到今天约有20年左右的历史，但并没有很好地解决谁来办节的问题。具体而言，就是主办、承办、协办，现在还有支持单位、战略合作单位等说法。其实，说白了就是办节主体是谁。相关研究表明，节日的初创阶段，大约在三至五届期间，政府要牢牢掌控办节的主导权。甚至，部分关键性活动的具体承办事宜，也有必要由政府亲力亲为，这是方向性和原则性问题。不能在办节之初就让刚刚诞生的节日走样、变形、夭折，因为节日刚性的成熟度和理性的运作机制还远未形成。

应说明的是，强化政府的主办主导地位并不是给节日增加束缚，而是为了在初始阶段方向正确，步履稳健；也不

是为了强调"权利"意识，而是凸显办节的权威性和宏观调控性。因为政府是当今社会唯一少有信任危机的政治实体，它的号召力和可信度在办节之初不可替代。当然，上述观点并不意味着所有的事都应由政府来做，许多单体活动的承办权在方案合理、信用可靠的前提下，可交由社会团体和有运作能力的企业来承办。还有，政府主办主导的前提是政府本身必须做到：办节理念先进，办节机构健全，办节队伍专业，方案制定科学，工作作风清廉。所以说，政府主办和主导也不是无条件和无限期的，随着时日的推进和节日的成熟，必要的角色转换是完全可行的。

（四）怎样办节

虽然不同的节日有不同的办节机理，但规律化的东西必定存在。比如旅游类节庆有不少相同之处，食品类节庆也有大致相似的诉求。通常而言，节日在确定主承办组织体系和办节机制外，大致有这样几项要素构成。

1.名称——个性别具，简单易记；

2.主题——特色鲜明，传播便利；

3.时间——最佳时机，长短适宜；

4.地点——远近适中，便于散聚；

5.内容——简约单纯，健康多趣；

6.规模——体量适度，松紧有序；

7.宣传——形象凸显，魅力持续；

8.保障——缜密周全，安全第一；

9.其他——经济社会，全面收益。

（五）谁需求这个节

看似简单却不易回答，这关乎节日的定位和出发点。首先，它不是卖醋的节日，不是简单的富民节日，不是一般意义上百姓需求的节日，不是要办成订货会式的节日。再者，当地民众消费醋的能力和通过短暂节期销售醋的收益毕竟有限，所以节日现阶段的价值取向很明确——为外面的世界和外来游客而办，通过办节，当地百姓和商家的收益显而易见，只是不能使之过于显性化。否则，缺乏旅游价值的体现，缺少文化综合优势的考量，这个节日的魅力会大打折扣。

二、名称与内容

节日叫什么名字非常重要，繁杂的、冗长的、重复率高的、不易识别的名称不能起。比如旅游文化节，国内不下400个，尽管前面加了限定的地域名词，如北京、上海、广州、黄山等，但没有把各地的旅游之魂提炼出来。三年前青岛创办崂山旅游文化节时，就错选了这类名称，因为国内此类名称的节日太多。到底能凸显什么？还是仅仅来个一锅煮，一筐装。崂山区办这个节的初衷是想把4个街道已有的节庆整合起来，做成更大的蛋糕。但事与愿违，1＋1的结果不是等于或大于2，而是小于1，原因是它最具标志性的关键词被模糊处理了。比如，北宅街道的樱桃节是因北宅的特产樱桃而催发的，成功举办5届后有人头脑发热欲改名为崂山樱桃节、青岛樱桃节等大而空的名称。而被忽略的"北宅"是著名的地理名称，恰恰最具品牌标志性和产地特征性。

目前，醋文化节的名称还有待商榷，一是似无新意，不够抢眼；二有重复之嫌，"文化"二字加得勉强。"名不正则言不顺，言不顺则事不成"，因此，有必要做进一步的深入推敲和严谨调整，万不可在今天的会议上即活脱推出。

再说内容，应当是丰富前提下的单纯，常常是越单纯、越简单就越有生命力，越有竞争优势，越有独特魅力，越便于媒体聚焦和公众参与。比如慕尼黑啤酒节就是喝酒的节日，由喝酒引发的狂欢是节日的主要基调，并没有附加经贸、科技、旅游等方面的功能。

首先，必须清楚是什么介质发育了节日。醋是食品，用于佐餐的调味食品，一种便宜易得的食品，对于相当一部分人来说未必是生活必需品。说它简单是真简单，说它不简单也很不简单，因为经过4000年岁月的流转，它已由单纯的物质存在神奇地转化为精神产品——从特殊的角度成为代表山西和清徐的形象载体，并在今天扮演了文化使者的角色，走向现代生活，并预支着未来的希望。所以，面对这样一位具有神圣感的使者，在节日内容的设置上应考虑"打四牌"而"抑四派"。

一是打"醋老香陈"牌，抑时尚流行派；二是打特色文化牌，抑商品买卖派；三是打宏观效益牌，抑微观赢利派；四是打科学养生牌，抑简单调味派。

具体而言，仅举两例。一是打醋老

香陈牌，就是要"倚老卖老"，不要被眼下时尚的说法做法蛊惑和误导，因为玩时尚永远玩不过北京、天津等大城市。所以最大卖点就是一个"老"，老即传统，即优秀。美国科技发达，创意领先，但没听说美国人做的醋比山西的味道更好。世界上有两样东西最不怕老：古董和节庆。二是打造宏观效益牌。不能就醋论醋，也不能就清徐论清徐，而应在老醋陈香的熏染下，构建旅游与节庆的互动，把握文化与商业的共赢。比如，清徐不但醋有名，葡萄也很出色。另外，还有旅游资源，如罗贯中故居等。再者，宏观效益还包括与周边的良性互动，比如与平遥古城、乔家大院、王家大院的互动等。

其次，为了给自己正名和扬名找说法，可以考虑节日期间举办论坛研讨，主题可以是"醋与养生""食醋与现代生活方式"。今年，青岛通过承办"第九届国际茶文化研讨会"，为崂山茶赢得多项国家级荣誉，如"江北名茶第一""茶中新贵"等。通过举办高水平的"醋坛"，正儿八经论说古人、今

人、中国人、外国人食醋的益处。青岛的啤酒节，虽然人称国内老大，但毕竟已有十几个名声不小的啤酒节接踵而来，为了固化领先优势，今年创办了"世界知名啤酒企业CEO高层论坛"，反响良好，别的城市若再办此类论坛便有"邯郸学步"之嫌。因此，要通过办节和在节中的敢想敢为，来树立自己节庆的别样风采。同时，有作为才能有地位，清徐的论坛真要办起来，无可争议的如潮好评和权威点评也会随之而来。

再次，开幕式要淡化晚会的分量，歌星云集的晚会能不办就不办，能不给所谓大腕捧场就不给他们捧场。应独辟蹊径地创造专属的欢乐形式，因为节庆活动的主要功能就是创造感动，没有欢乐的载体不行，所以要添加必要的娱乐性元素。但从目前的方案中，看不出将

要推出的醋文化节有哪些活动能够营造公众的兴奋点。为此，应重点考虑采取更新颖的形式来替代人们司空见惯且已生厌倦的歌舞晚会，更不能像四川阆中，请了一批大腕，被"星"们席卷走很多钱，结果仅办一届便没了下文。

再次，方案中还缺少必要的亮点设计，亮点需要很强的支撑力。节庆活动的最大特点就是对寻常活动的仪式化、传奇化和神圣化，比如寻找并修缮最有历史追溯价值、最为学界共识和最受公众推崇的传统陈醋生产地，成为每年办节期间人们瞻仰追怀的必去之所。

另外，可以考虑在节日期间平行办一个农副土特产品的交易会，只要不影响节日的整体形象，不冲淡节日的主旨诉求即可。

三、规范与持续

没有规范就难言持续。醋文化节虽然还处在积极酝酿、潜心探求之中，但已存在是否可持续发展的问题，可持续的前提就是要拥有清晰的发展思路、规范的运作程序，而清晰和规范体现在两个主要方面：一是节日的理性规划；二是节日的形象设计。比如，慕尼黑啤酒节近200年了，成熟得很，但从不摸着石头过河，对自己过去的总结和未来的勾画非常细致明了。再比如，青岛国际啤酒节的CIS战略集成和相应的节日管理工程，是目前国内最完善的节庆资料。

关于节庆活动的市场化运作是近年的热门话题，也是具有普遍意义的困扰性话题，对此，建议不同地方、不同节庆、不同资源、不同文化和产业背景、不同经济发展水平，可以采取不同的运作模式。一般而言，不要过早地将节日市场化，因为市场化的前提是节日主旨是否正确、节日框架是否合理、融资条件是否成熟、办节队伍是否专业。

最后，作为对清徐、对陈醋、对醋文化、对醋文化节已有一定感性认知和初步导入学理分析的人，我希望清徐能按科学发展观的要求，大力实践经济增长方式的转变，珍惜并治理自己千古遗存的美好环境。办节也好，办旅游事业也好，如果缺少大环境意识，今天的研讨就是做出再宏远的战略构想、再精妙的创意策划，也会归于平淡，索然无味，不会像清徐的老陈醋那样历经4000年而弥香，令国人回味久长。

时 间 *2007年1月18日*
报 刊 *《青岛日报》*

探求青岛节庆活动的提升空间

20世纪90年代初至今的十余年间，青岛创办了多项在国内外具有较高知名度的节庆活动。这些节庆或以城市的文化背景为资源，或以既有的产业优势为支撑，或以发展特色经济为动因，开展得轰轰烈烈、有声有色，既丰富了青岛的文化生活，又拉动了城市的经济发展，还营造了开放的鲜活气息。尤其是个性特征鲜明的青岛国际啤酒节，作为国内节庆活动的典范，在为青岛经济社会发展做出独特贡献的同时，还广为国内旅游节庆业界所关注，多次被授予殊荣。

青岛是国内公认新兴节庆活动开展较为活跃和富有成效的城市，作为全国十大节庆城市之一，除啤酒节外，还拥有包括海洋节、时装周等多个正在形成品牌的节庆。在连续多年取得骄人业绩的同时，必须清醒地审视所获业绩的真实成色，严谨地考量业绩评价体系的学理质地；必须以科学发展观为指导，从学术关怀的理性高度出发，参照和借鉴国内外节庆活动成功的经验抑或衰微的教训，使青岛的节庆活动沿规律化的路径健康前行，并与城市的总体发展定位

和品牌战略实施紧密结合，进而更好地彰显其特有的魅力，焕发出日益蓬勃的生机，赢得更加广阔的发展空间。本文所涉不限于我市的节庆，也不仅对过去一年的活动进行评价，而是在多年综观、考察和分析的基础上，对国内外节庆活动的现状集约而论、有感而发，概而言之为"四个提升"。

一、提升特色文化传承和弘扬空间

古今中外的节庆活动大都是丰衣足食的产物，是经济社会发展到一定阶段，人们物质生活需求得到基本满足后萌生的对精神释放的渴求。新兴节庆活动不同于传统或民族节庆，尤其是改革开放以来国内各地兴办的节庆，创办初

About Festivals and Celebrations

衷主要有三大动因：推广城市形象、扩大对外开放、促进经济发展。毋庸讳言，当这些节庆走过近20年历程之时，在不断强调国际化、开放化、市场化的同时，往往忽略了节庆最本质的诉求——对文化的传承与弘扬。换言之，在节庆的发展过程中，缺失了对创生地特色文化的呵护与褒奖。一般而言，凡是

媒体和企业最大的关注点，而对节庆活动承续文化的功用和缔结文化成果的能量未予以足够重视，也忽略了它的终极使命——通过节庆创造文化的繁盛，长此以往必然导致节庆形象的磨损和力度的衰减。例如，青岛是中外闻名的啤酒

053

较成功的节庆在文化谱系上与传统总是一脉相承，而文化的优秀部分又常常依托节庆来承继。如中国曲阜的孔子文化节和西班牙潘普洛那的奔牛节，前者以2000多年的历史文化为背景，吮吸着"万世师表"永不枯竭的根脉，张扬着礼仪之邦传颂千古的儒雅；后者在寻求刺激的追逐中，体味着西班牙人500年前无畏的探险精神，鼓舞当今人们面对未来的奋争勇气。因此，节庆常常体现着精神的返祖和文化的溯源，通过节庆的形式把一个国家或一座城市的特色文化相对完整地保存下来，传导下去，是节庆活动最主要的社会功能。

然而现实中，节庆活动极易成为政绩效应的形象筹码，也常被当作高产的"经济作物"，其经济效益、拉动作用以及市场运作水平的高低，成了政府、

之城，在没有城市市歌的前提下，啤酒节的节歌应成为重要的城市文化承载广为传唱，可现实是市民几乎无人能完整合辙地唱出已创作10年的节歌，更不要说人人耳熟能详、游人争相传唱。除节歌自身在艺术上缺少简约和激情难为公众接受外，歌中负载了过于宽泛的社会题材更加大了传播的难度。1988年汉城奥运会的主题歌《手拉手》，至今仍是那届奥运会成熟的文化遗产，为人们所深刻记忆，并在记忆中凝为经典。道理在于，它恰如其分地把握了奥运文化的精髓，又十分得益于歌曲本身的简洁。慕尼黑啤酒节的饮酒歌更是简单到不断重复"干杯"的畅饮境界，正是这种几近原始的性情令世人向往并为之陶醉。所以，应当汲取和借鉴中外节庆在文化上的成功作为，而不应将具有地方特质

的文化不断稀释。在今后办节的指导思想上要植入"文化聚合"的功能，以此培育节庆文化根须的扎深和文明枝干的成长。只有这样，才能枝繁叶茂、硕果累累，才能更具魅力和张力，并由此引得四面八方的广泛参与。

二、提升整体规划和节律安排水平

旅游业发展需要规划，旅游业中最活跃的因素——节庆的发展也需要规划。良好的规划有助于节庆沿着可持续的健康轨道前行，对经济社会发展做出源源不断的贡献。比如，青岛具有一定知名度和影响力的节庆活动大概20余项，这些活动目前大致处在各自为政的状态，在时间安排、地点安排、主题安排、活动内容安排，以及节与节之间的呼应、互动与衔接方面，存在某种程度的规划无序、章法失度和调控乏力。

再比如，节庆活动的基本定义是，在特定时间、特定地点，由相对固定的特定人群，围绕特定主题开展的聚会性活动。但近几届啤酒节人为打破这种规律化的"特定"现象，出现明显的"泛化"倾向，而泛化的直接意义是增加参与、扩展规模，进而为亚洲最大啤酒盛会的确立，乃至三五年后与慕尼黑十月节比肩，创造必要的"量化"前提。然而愿望不能替代现实，更不能僭越规律，何况节事活动的成熟和成功并不仅以规模作为衡量前提，而青岛国际啤酒节与慕尼黑啤酒节的真正差距也不会单靠数字递增便能赶超。啤酒城之外另设两个会场，在迅速扩大规模和提高影响的同时，也带来负面效应。主要表现在：一是导致节日功能定位和精神定位的恍惚；二是造成人、财、物的严重浪费；三是存在无形资产贬值和流失现象；四是带来管理上的脱节和失序。

又比如，开启第一桶啤酒作为节日重要的闪亮点和新闻点，应作为城市的标志性事件和独一无二的节日符号，却被一分为三地派生到各个会场。再者，开启第一桶啤酒的仪式每年只能举行一次，就是啤酒节开幕之时在啤酒城门前的开启，这是包括CCTV、CNN和BBC等全球数百家传媒共同聚焦的盛事节点，是通过十余年办节后被固化、礼仪化和经典化的城市行为。从规划学的意义上讲，如果在同一城市再创办以酒为主题的节日，再实施类似开启第一桶啤酒的行为是不可思议的。青岛首次举办的赏酒节有许多值得商榷之处，原因是题材近似、卖点陈旧，且有刻意造节之嫌。说得重一点，它淡化了每年一度青岛国际啤酒节的首位效应和核心价值，弱化了啤酒节的特有元素在公众视听中的审美效果和期待心境，散乱了节庆通过长时间蓄积才能产生的凝聚功效；说得轻一点，冬季办赏酒节，似乎难以引发公众的兴致，其实质是啤酒在消费淡季的促销行为。所以，节庆活动既要有策划的观点，更需要规划的意识，因为对青岛而言，啤酒早已不是简单意义上的商品和消费品，经过百余年的浸润，啤酒已然升华出文化的征象——与城市的性格休戚与共、互为依存的文化。赏酒节以啤酒为题材自然属于文化类的节事庆，而文化类的节庆更应讲求文化内质的锻造，而不能误导自己的使命，让本应充满文化意蕴的节庆在公众心目中认同为"喝酒"或"餐饮"的节日。

最后，人为拉长节日的时段也不可取，"365天不落幕的啤酒节"，只是概念炒作和促销意愿，天天不落幕可能会造成日日无激情，也得不到公众的激赏和企盼。作为节庆的主办者和规划者，应当为城市的兴奋点寻找"可燃、可爆、可控"的节律，合理把握公众的精神需求和心理节奏，这种节奏和需求与城

市的经济社会氛围、自然气候条件和大众生活习性都有密切关联。仅仅通过想象和激情就创办节庆，是对规律的游移和违背，也是对青岛宝贵的啤酒文化资源的漠视和挥霍。实践证明，国内有许多不经求证、不做规划、只图新鲜热闹的节庆，几届过后顿显乏味，要么无以为继靠摊派求生，要么销声匿迹不复红火情景。尽管如此，当规划缺失和节律紊乱之时，节庆产生的负面作用仍会使外界产生纷纭的混淆感，无法知晓青岛到底有几个啤酒类的节庆，哪个最具代表性。所以，以酒为主题且由政府主办的节庆活动，青岛宜全力打造啤酒节，而不应分心于其他酒类节庆，并以此来调准世界关注青岛的焦距。慕尼黑是世界闻名的会展城市，也是尽人皆知的奥运之城、足球名城，BMW、SIEMENS等许多世界顶级品牌企业的总部也设于此，但世人更认可其为啤酒之城。慕尼黑对外推介城市形象时，也总以啤酒节作为主打品牌一以贯之、决不旁骛。如此，营造出享誉天下的世界啤酒之都。

055

希望青岛的节庆活动也能做出具有科学理性的规划，通过有机的整合与梳理，分出类别和档次，遴选出哪些应予大力培育，哪些需要政策扶持，并甄别那些应当自生自灭或逐步"退市"的节庆。

三、提升无形资产保护的意识

由于国内新兴节庆多由官方主办且以社会效益为主要诉求，所以普遍存在产权意识淡薄、无形资产放任的状况。其实，节庆在筹办过程和延后效应期内，会产生大量的伴生现象，它是节庆核心意义和衍生价值的体现。

青岛国际啤酒节1991年创办至今，16年的历程中积蓄了相当可观的无形资产，这些资产作为不同凡响的节日符号，传递着节日的个性化信息，也储备了今后长远发展的内在动力。啤酒节是政府主创的大型公益性活动，它是在计划经济背景下创办的。作为社会的公共资源，它以行政管理为主要模式，维持着节日总体上升的格局。然而，在行政色彩营造的浓重氛围中，也有不够规范、难尽人意的一面：不太在意节日的经营成本，对无形资产的流失缺少必要的敏感和控制。例如，节徽和名称的随意使用，分会场的一再辟设，并由此导致节日对外表述的信息不对称、节日形象的模糊和异化，进而削弱节日的品牌影响力。

为此，首先应将啤酒节无形资产的整饬、管理和保护上升到战略高度，规范节日的名称、标志物和表述用语。要以城市百年啤酒文化为背景资源，以16届凝蓄的节庆文化为依托主线，以国内外节庆活动的成功典型为经验借鉴，以诚信、博大、和谐、卓越的城市精神为主要诉求，通过精心策划、创意包装和优化整合，提炼节日鲜明的形象特征，打造节日独有的内涵分量，为节日长远有序的发展奠定坚实的理论基础，提供鲜活的参照模板。

其次，多年来青岛未有特色独具的旅游纪念品，节庆活动应通过创意设计来填补这项空白。然而，我市节庆衍生的相关产品没能引起足够的重视，比如节庆活动纪念品卖点短促，节日过后便鲜有问津；节庆活动相关的动漫产品尚未出现。啤酒节有很多令人喜爱的吉祥物，完全可以进行符合现代欣赏情趣的系列化深度开发。这方面，可多学国外的经验和做法，比如日本的阿童木和一休、美国迪士尼的米老鼠和唐老鸭，它们不仅作为简单的文化产品为人们所熟知，而且还形成了有效的商业模式，具有巨大的利润空间。中国有许多优秀文学作品被国外动漫所擅用，像《花木兰》《梁祝》等，导致我国优秀传统文化衍生财富的大量流失，颇值深刻反思。其实，在我们不知情或太大意的情况下，韩国将发源于我国的端午节，向联合国教科文组织成功申遗为该国的端午祭；青岛国际啤酒节在日本的宫崎市设置了分会场且已举办两届；韩国玛格利酒节的主办方也通过对啤酒节的考察，产生了浓厚的"移植"兴趣；慕尼黑啤酒节的主办方也向青岛国际啤酒节提出在门票设置、活动设置等方面看齐与合作的愿望。青岛国际啤酒节无形资产价值的提升空间如此之大，恐怕让人始料不及。

鉴于节庆活动时段短促和无形资产易于流失，有关方面应在清晰节庆活动产权的基础上，建立管理和保护的长效机制，应像奥运会一样重视自身的产权，将我市节庆活动的无形资产采取有偿转让和使用的方式，最大限度地提升无形资产给节日带来的产权价值和市场价值。

四、提升宣传推介的运作水平

成功的对外宣传是节庆活动顺利举办的先决条件之一。以啤酒节为例，它的对外宣传推介总体上是强势和成功的，但也存在可以更加优化运作的可能。

一是启动的时间较晚。比如，近几届的吉祥物和当届的主题口号，常常是距开幕一两个月才推出，主流媒体的声音也是临近节日才能比较集中地听到，而迟滞的宣传必然弱化节日的影响力和竞争力。

二是宣传的平台不规整、聚合力不够。近几届啤酒节由于设置多个会场，各会场宣传的启动时间不一，对外传达的信息也不对称，无法形成节日统一的声音、齐整的基调。而各行其是的宣传，必然发生误导公众的现象，也容易导致外来游客注意力的分散和混淆感的产生，影响了节日形象的塑造。

三是在大力营造"迎奥"氛围的同时，不应将啤酒节作为"配角"处置。去年帆船测试赛期间，许多中外运动员在参加赛事之余，对青岛正在举办的啤酒节产生了浓厚的兴趣。一些媒体除了对赛事进行必要的采访活动外，也对啤酒节做了较深入和全面的采访报道。因为节庆活动的趣味性往往更引人入胜，通过节庆来洞悉一座城市的文化背景和体验其性格特征更具旅游价值。无独有偶，在青岛颇具人气的某媒体新近评出的"青岛生活标点大型征选活动"中，啤酒节在公众中的认知度和影响力位列十大标点事件的次席，超过2008年奥帆赛。当然，该媒体是一家之言，但也从侧面说明啤酒节的公众美誉度和事件影响力，也为今后有机地安排啤酒节与奥帆赛的互动宣传，提供了具有说服力的前置条件。因为奥帆赛之重大和显要不容置疑，而啤酒节之历久和延续也无法忽略。

针对上述不足，期待青岛节庆的对外宣传推介有相对完善、长期奏效的计划，使宣传推介工作具有策略性、整体性、系统性，以及轻重缓急和远近扬抑的有序运作之感。

国内的新兴节庆在不到20年的快速发展进程中，一直存在着规划缺位或理论无法指导实践的状况。作为求索，本文希冀的是以宽广的城市立场而不是狭窄的本位需求，从符合学理主旨的学术层面出发，去寻找自身存在的缺憾和探求今后发展的路径。只有这样才会欣喜地发现，节庆只有植根于民众，才会赢得最本源的生命力；只有站在科学发展观的高度，实现指导思想的转变，才能遵循客观的运行规律，走向青岛节庆活动更加璀璨的明天。

时间	2007年5月16日
地点	中国·青岛
事由	崂山茶品牌 发展战略研讨会

名山 名水 名茶 名节

——崂山茶品牌价值的缺憾与养护

经过近50年的培植，崂山茶已成为中国江北知名度最高的区域性名牌产品之一。从时间的延展意义上看，崂山茶已年近半百，但对于拥有5000年种植历史的国度而言，崂山茶还年轻，虽充满朝气与活力，但其声誉在快速升腾中，却也难免稚嫩和缺憾的显现——品牌形象模糊、竞争日趋无序和价值链条受损等。尤其是品牌塑造上缺少整体感，无法形成高度的市场认可和回馈。近年来虽出台一些扶持政策，但从品牌整合高度出发的有效措施还比较稀缺，相关的投入比例也不尽合理。崂山茶作为"南茶北引"的典范长期以来一枝独秀，但在周边胶南、日照等的迅速兴起和不断围夹中却步入困境、失色不少。究其原因，关键是崂山茶缺乏标志性的文化形象，不可替代性的品牌定力发生游移。可以断言，崂山茶若继续因循既往的发展途径，凭借自然消长的方式，就永远攀不到人们所期望的光辉顶点。为此，本文从品牌形成、现实缺陷和养护路径三方面展开论述，期望对崂山茶的品牌构建有所裨益和激励。

一、崂山茶品牌及其形成条件

大凡优秀品牌的形成需要四个基本条件：一是存续时间长度，二是公众认知度，三是必要的文化蓄量和张扬指数，四是适度的宣传推介和给养维护。没有时间，就无以形成积淀；没有积淀，就无以生成厚重，就不会产生相应的认知度，如果缺少富有张力的文化内涵作为支撑，其品牌同样缺少持久的生命力，至少不会形成卓越品牌的构架。同样，虽有时间和认知度，也有必要的文化内涵支撑，而未做适度的宣传推介，也不会产生宏远的品牌影响和可观的市场效应。崂山茶从时间上考量不过50年历史，50年所形成的知名度，自然无法以厚重来形容和概括。从市场知名度的角度来讲，它只能称得上地方品牌，其最高的褒奖就是"江北名茶第一"这一较

059

高品牌定位的形成依托了两个环境。

（一）生态优越的自然环境

崂山素有"海上名山第一"的美誉，其连绵山脉雄奇伟岸，楔入三面环海的独特地理环境之中，形成了宜于植被生长的特有小气候。对茶叶培育而言优势有三：

其一，尽享水源清冽、海风轻拂、云雾缭绕、土壤湿润微酸的地利呵护；

其二，受益于地处山区、距城较远、交通受限，与外界联系少，远离尘嚣和污染；

其三，种植面积小，地块较零碎，有利于精心养护，对化肥和农药的依赖程度低，使茶叶的有机性和生态性得到保障。

上述优势从自然环境的意义上涵养和维护了崂山茶的卓越品质。

（二）卓而不俗的人文环境

人文环境之一：历史意境。

历史意境由两方面构成，一是历代文人墨客翩然造访时，赞叹崂山秀美神奇的千古名篇、墨迹刻石，成为崂山取之不竭、用之不尽的丰厚文化资源；二是崂山作为青岛传统文化的沉淀处和承载地，即使在城市化进程快马加鞭的今天，依然大量存蓄着青岛文化的原生态。"千难万难，不离崂山"眷恋的不仅是单纯的生活场景，还有被浓缩的文化情结。

人文环境之二：宗教意蕴。

崂山曾是儒、释、道三教并存的宗教名山，尤其是道教渊源，以道教全真

天下第二丛林称誉。道教文化的核心诉求便是无为以求心绪宁静，养生以求健康长寿。在千百年道家长生理念的浸润下，"神仙窟宅"坐落崂山便不足为怪，连这里的岩石沙砾、草木花卉和山泉雾露也都具有超凡的灵韵。如今崂山茶自诩的"仙山、圣水、名茶"，正是其市场营销理念与宗教文化意蕴巧妙嫁接和有力借助的产物。

人文环境之三：帝王意象。

"泰山虽云高，不如东海崂。"秦皇汉武诸帝在东巡齐鲁或封禅泰山途中也常常顺访崂山，在山魂海韵之间究竟隆重上演了哪些惊世骇俗的篇章，史书

势，但在与对手的竞争中却没有发挥出来，在无奈中常常选择以短击长——与对手比拼价格和总量，与对手共享原本只属于自己的文化风景，这就必然会陷入"虽有好茶，却没有茶文化；纵有商品意识，而缺乏品牌意识的尴尬境地"。其实，外地茶对崂山茶的仿制和依傍，是崂山茶品牌个性不强、形象特征不够鲜明的必然结果。

中未做详解，却留存了许多颇具震撼力的传说。正是传说的魅力耸起人们对曾经君临崂山的帝王气象的倍加推崇和向往，也为崂山茶的高端定位傍上至高无上的传奇意象和极品色彩。

以上三重环境因素彼此渗透、相互浸染，共同营造出崂山茶超凡脱俗的人文境界，这种境界正是茶类产品最稀缺和最需求的精神资源。

二、崂山茶品牌塑造的明显缺憾

毋庸讳言，崂山茶在近年不得已参加的混战中失却不少亮泽，除去客观原因的袭扰，在主观诉求上也存有明显的误区，品牌塑造的缺憾明显。

（一）缺乏战略规划 品牌之路维艰

作为区域性品牌，崂山茶已具有较高的知名度，但关涉品牌战略高度的规划感依然不够，总体上缺少长远和清晰的目标设定，缺乏既妥实又跳跃的品牌发展主线。尤其近几年，虽然很不情愿但仍被动地接受周边区市茶产业崛起的现实，导致其品牌形象含混不清，品牌之路前行艰难。

（二）文化立意不高 核心竞争力弱

如前所述，崂山茶具有多重人文优

（三）营销观念滞后 无法形成合力

当下，市面上叫卖崂山品牌的茶数目众多，除了鱼目混珠的成分外，崂山当地产茶企业很少从维护品牌的高度来考量，往往各自为营地面对市场日益严峻的挑战，也常常在无序竞争和相互挤踏中，捡到了一点小便宜，却丢掉了崂山茶的大身价，这是不争的事实。

（四）片面追求产量 弱化高端形象

崂山茶种植仅万亩，产值近亿元，就数量级而言，无法扮演中国茶叶主产地的角色。但从质量能级上思量，崂山茶本可以独秀一方，从品质上寻求突破。但现实恰好相反，从政府到众多产茶企业往往习惯在产量上下功夫，这种做法无异于以牺牲品位为代价，折损和贬低了崂山茶应有的价值感。

三、崂山茶品牌发展的便捷路径

路径之一：政府搭高台 整合靓品牌

鉴于崂山茶特有的人文渊源和现实

境况，品牌战略的制定和品牌营销的推动，都不是简单的企业行为可以实现，政府应责无旁贷地搭建崂山茶宽广而坚实的平台。在这个由政府夯实的高台上，整合和放大包括崂山茶公益广告、品牌标识、主题口号、价值理念在内的崂山茶品牌形象，而不能由企业单打一地去搏击市场。因为崂山茶的总量决定了产茶企业"块头"不够大，不足以与南北茶界巨擘进行单纯市场意义上的较量。也就是说，政府应下大气力，包括在财力上支持品牌建设，系统化地对崂山茶进行整体形象设计，通过富有诗意的全新包装使崂山茶走出形象不够鲜亮的窘境。

眼下至少可以探讨这样几项工作：一是依托社会力量和专业公司，共同创建战略研究机构，对崂山茶品牌给予常年养护和提升，形成茶品牌推广的长效机制和品牌保障机制，使崂山茶的文化形象不走样，品牌地位不流失；二是设立崂山茶品牌成长基金，使政府的扶持不再是简单的资金"输血"行为，而兼具长远的"造血"功能；三是国内许多

著名茶叶产地每年都举办标志性的活动，如成都的"万人品茶"等，崂山也要坚持举办诸如"太清品茶"之类的特色展演活动；四是让崂山茶剑指高端，向极品的价值台阶迈进，充满挑战地向"世界奢侈品展会"索要地位。

路径之二：拓宽营销路　广度见功夫

对于多数消费者而言，单纯的喝茶几乎任何场合都可进行。而品茶则是充满文化意蕴的消费行为，这种意蕴的构成因时间、地点和品饮对象的不同而不同。崂山茶品牌的发育母体是"崂山"，而不是"茶"。只有当"茶"遇到"崂山"，其集合优势才被凸显，其效果绝对是"1＋1＞2"。同样，当崂山茶与旅游业相结合，既有助于提高崂山茶的传播效应，也可有效拓宽崂山旅游的增值空间。近年崂山区饮茶会所的兴建，即是休闲观光发展的产物。从这个意义上讲，崂山茶不自觉地成为崂山旅游资源的重要一极，甚至崂山茶已经成为和谐崂山形象的有机组成部分。

路径之三：面积不在大　品位求发展

由于崂山霜期长，昼夜温差大，茶

树生长慢，便有充分的时间汲取和积累养分。虽限制了茶叶的产量，却是好事一桩。因为求大扩量的产业现状，在带来貌似市场广阔空间的同时，也明显摊薄了崂山茶的利润水平，当崂山茶农把摊薄的利润收入囊中的同时，也丧失了把崂山茶推向高端的契机。其实，崂山茶系大自然可遇不可求的天成之作，产量小成就了"物以稀为贵"的说法，其短板之处恰恰易于促进其精品意识的生成，也为奢侈品概念的打造创造了优越的先决条件。从这个层面上探求，崂山茶未来的出路不在于逐年做大，而在于不断做强。

路径之四：文化显优势　厚重自天成

灵山秀水造就了崂山茶的不凡品质，但在天然的理化指标优势之外，最令人称道的当属其文化优势，主要体现在"六名"：

——名人。既有封建帝王君临时一抒胸臆的气吞山河，又有古今文人墨客尽兴抒发的登临美意。

——名篇。既有诗仙李白游崂山留下的千古佳句，又有鬼才蒲松龄《崂山道士》一文的蜚声遐迩。

——名教。既有儒、释、道三教同山共兴的宗教繁盛，又有自古博得"灵异之府"的绝妙褒扬。

——名画。既有庙观之中依稀可辨的前人遗作，又有当代无数推崇者文情墨缘的倾心挥洒。

——名刻。既有常见于崖巅岭隙的摩崖石刻，又有如今"福""寿"连绵的美好祝愿。

——名节。既有常年茶产品不间断的商业促销行为，更有每年一度春季集中上演的节庆时态。

崂山茶正是植根于充满"六名"韵致的文化情境之中，名人、名篇、名教、名画、名刻、名节从不同的时空意义上，共同滋养和赋予崂山茶特有的高贵与神奇。我们当有借古慰今、以文兴盛的雅致和勇气，因为这是崂山迥别于他者的个性特征，更是崂山茶敢与天下争的底蕴所在。

青岛是国内著名的品牌之都，崂山茶既是今天更是明天提升青岛品牌形象的魅力筹码。崂山茶不仅是崂山一区之

事，也不单是富裕茶农的扶持之举，甚至不是单纯的产业概念，而应作为崂山区乃至青岛市的一项与高尚和品位相连的事业。目前，崂山茶正处在事业征程中可进难退的十字路口，既有巨大的隆起空间，又面临品牌被侵蚀的无奈困扰，此时此刻，太需要政策加策划的养护，因此——

我期望今天这个研讨会能作为起始点和加速器，使崂山茶大步迈向品牌塑造的理想境地，将"海上名山，茶中新贵"的品牌理念内化为世人的共识。

我期望崂山茶借助千古崂山的美名，形成文化形象优于产业形象，品牌价值大于市场价值，质量排位高于产量排位的良好业态。

我期望崂山茶与崂山所蕴蓄的文化张力相呼应，承袭最具本质特色的天然禀赋。这一禀赋带来的不仅是来自口感的享受，更有文化差异感的品读。

我期望今天的研讨会不仅是坐而论道、空发议论，也不能指望一蹴而就式地步入品牌的天堂。因为品牌塑造的成功之路尚且遥远，需要各方面共同的坚韧才能完成。

我期望对爱喝茶的人来说，喝崂山茶是一种嗜好；对不爱喝茶的人来说，送崂山茶是一种骄傲；对来过崂山却没买到崂山茶的人来说，是一种懊恼。

我期望崂山茶节不仅有靓丽的舞台和炫目的演出，更是茶界瞩目的文化事件和引发休闲的观光大潮，是当地茶农交口赞誉的兴茶节和富民节。

我期望，并通过我的期望，营造我们共同的期待，期待崂山茶独一无二的品质、品位和品牌的联袂生辉，期待着我们今天的憧憬成为明天的现实。

时间 2007年6月9日
地点 中国·象山
事由 中国开渔节研讨会

象山气象 节中品节

——中国开渔节赏读

"开渔节"在中国南方沿海渔区是最有特色的节庆之一，自1998年举办至今正好十年。节日起到了五大作用：提升了地区形象，扩大了对外开放，繁盛了特色文化，巩固了产业优势，拉动了经济发展，成为造福一方、影响业界的节庆典型。

先说开渔节的名称和总体思路。"中国"二字放在开渔节名称之前，这种宏伟的叫法值得推敲。中国海岸线漫长，沿海渔港渔区颇多，为何偏偏国字号的开渔节在象山举办？相信这个节在创办之初，是冠以"象山"名号的，但随着节日的影响力日盛，人们对它的感觉也开始升温，产生求大求新求变的心态。内蒙古的那达慕比西藏的雪顿节要大得多，开渔节比国内许多渔类节庆起步要晚得多，但不能以大小和早晚来判定哪一个节日更具特色，更有吸引力和持久力。无独有偶，青岛也有个田横祭海节，田横就是齐国著名的义士。田横祭海节的历史也将近十年，但其名称却从未发生变化。就名称而言，"田横"二字对于这个节的意义要大于"中国"，也远大于祭海活动本身。因为办节的目的终究不是为了祭海，而是通过祭海更好地宣传推介当地民俗文化的繁盛景象和经济发展的良好环境。

就名称而言，在"中国开渔节"和"象山开渔节"之间，更有魅力的是象山开渔节。象山，是一个富有传奇色彩的名字，容易引人遐想的名字，也充满文化意蕴和休闲旨趣。而中国开渔节则没有特定的地理意义和文化征象。以青岛国际啤酒节和中国国际啤酒节为例，中国国际啤酒节曾在哪个城市举办过，现又迁到哪个城市举办，想必很多人没有概念。但青岛国际啤酒节开宗明义，直奔主题，没有歧义，不需猜测——就是在青岛举办的国际性啤酒狂欢盛事。

总体思路中提到"三性"，即群众性、特色性、国际性。群众性和特色性没有问题，但"国际性"是否有必要成为节日的主旨追求颇值商榷。开渔节虽仅有10届的历程，可它属于较为传统的民俗类节庆，且是有着许多民间色彩的活动，是对原始祭海活动的承继和延伸，在这样的节庆中生硬加上"国际"二字似无必要。青岛崂山的王哥庄以出产茶叶而小有名气，为此办了茶节。办到第三届时，有关部门提出要通过改名来提高档次和扩大影响。欲在"崂山"之前加上"中国"和"国际"，虚妄之情由此可见。

国内许多节庆都唯恐把自己说小了，喊矮了，必须叫出国家级和世界级的气派，真有"名不惊人死不休"的味道。还是应回到那句老话上，越是民族的，就越是世界的，越是简洁的，越便于传播和记忆，这是颠扑不破的真理。

话说回来，如何通过节日"实现对外开放"和"加强文化内敛"，是很多新兴节庆普遍存在的焦虑和矛盾。在现今大力倡导"国际性"的同时，常常忘却对自身文化的呵护，也是国内许多节庆严重的缺憾。如果真的传承了原创的、民族的、淳朴的东西，必定会引发外来目光的关注，因为他们欣赏的正是节日传统质朴的气息，而不是与他们文化相似或情景重叠的节庆氛围。

当然，以上所言并非单指开渔节，而是为国内新兴节庆普遍不正常的"接轨意识"提个醒，因为接轨的目的不是为了丧失而是更好地弘扬自我。所以，应对节庆发展中的所谓国际性因素始终抱有足够的清醒和警觉。

其次，方案中的活动安排似不尽合理。从时间上看，应是6月上旬举办国际海钓节，9月中旬举办开渔节。这两个节日哪个为主，哪个为次，方案中并未交代清楚。可能是开渔节为主，海钓节仅是铺垫。理论上，即使是北京、上海这样的大型城市，标志性的节庆活动也只能安排一个。青岛也一样，节庆活动多达20余项，但真正能给局外人带来感觉和印象的也只有啤酒节。一个地方不应高密度地安排性质相似的节庆活动，如海钓节和开渔节在功能属性上虽有区别，但都是涉海节庆，本质上区别不

大。建议保留一个即可，不能什么都不舍弃，什么都想凸显，结果什么都没得到很好的张扬。再者，时间跨度长达4个月略显拖沓，有悖节庆活动的规律。节庆活动本身是在特定时间、特定地点，围绕特定主题展开，由相对固定的人群参与的聚会性活动。如果在时间上过于铺排就是对"特定"的违背，对节日凝聚效应产生分散和淡化。

最后，想谈谈活动的安排。总体感觉稍显庞杂，且方案中的时序感不强。比如，海钓节6月9日开幕，但许多活动却于6月8日即开始。再如，类似的活动安排过多，如海钓邀请赛、趣味钓鱼活动，其后开渔节中也有类似的活动安排。再者，晚会类活动也过于繁复，仅开渔节就多达六场晚会。这样很容易弱化核心竞争力，节日的主题也没有得到彰显。节庆活动，特别是"开渔节"这

样的传统节日，应该内容越单纯、形态越简单越有魅力。青岛国际啤酒节从十几个板块、100多项活动约化为三大板块、十几项活动，不仅没有削弱影响力，反而形象特征更为鲜明，主旨诉求更为突出。

有些活动如"多民族作家象山行采风活动"，完全可以给活动拟个主题，比如"畅游象山 渔家采风"，使活动和开渔节的联系更紧密一些，使节日的主题更集中一些。

有些活动如"高鹏程诗集《海边书》研讨会"和节日的关联度不大，"长三角地区旅行社总经理时尚游踩线活动"显得有些勉强，这些活动只能分散人们对节日核心内容的关注。

时间 2007年6月22日
地点 中国·盱眙
事由 中国龙虾节研讨会

浩然成因与淡然隐忧

——盱眙龙虾节的递进与远瞻

本文的题目出现三个关键词："浩然""淡然""隐忧"。

何呈浩然？因为盱眙龙虾节近年翻江倒海的升腾气势令国人瞩目，为业界艳羡，从各级政府的扶持度、主流媒体的聚焦度和当地公众的参与度，都可用浩然来形容。

何谓淡然？就是在眼下红红火火的高热度迸发中，应有一些理性思考的淡然氛围，由淡然引发冷静与沉淀，牵动回首和反思，从学术探究的视角看待这个节日，确能在兴奋中产生一丝隐忧。

何以解忧？正是本文将要探讨和阐述的焦点，相信也是当地政府筹办本次论坛的初衷，以及各位专家不辞辛苦远道而来畅谈纵论的理由。

从成功的层面讲，盱眙龙虾节在国内节庆如林的夹缝中定位精准，仅以七届之举便赢得显赫名声，提升了地区形象，扩大了对外开放，繁盛了特色文化，拉动了经济发展，成为造福一方、影响

业界的节庆盛事。其成因值得学界认真总结和盘点，其隐忧也当引起必要的警觉和思索。

一、浩然成因：龙虾节的品牌求索和成功要旨

严格地说，龙虾节属于政府主导的全民促销行为，一种被官方赋予特殊定位和发展思路的产业政策实施行为，与真正意义上的节日（Festival）既有联系也有区别，因为它更多体现了"展会（Exhibition）"或"博览会（Exposition）"的商业功能诉求。从商业模式创造和拓展新兴节庆的视角分析，龙虾节的综合成因大致有四。

（一）秀美山水 丰饶物产

盱眙是很有寓意的名字，"张目为盱，直视为眙"，意思是登高纵目，高瞻远瞩。但长期以来，盱眙对本地以外

的国人而言，却是非常生涩的地名。许多人不知盱眙归属安徽、江苏还是浙江，甚或不明就里地把盱眙念做"yu tai"。再说龙虾，多数人的概念里只有对海产大龙虾的认知，是那种物珍价高的海产品，作为美味中的极品常出现在高档酒店餐桌上。寻常百姓听说的多，尝到的少，因为消费不起。盱眙龙虾节的举办和推广让小龙虾"游"入寻常百姓家，成为大众可以尽享的佳肴，原先对龙虾高贵奢华的印象也基本被颠覆。

首先，盱眙之所以能巧借小小龙虾掀起"红色涌潮"，与龙虾的生长环境和产业培育关联甚密。其业态现状是：论产量，龙虾单产为全国之冠；论品质，盱眙龙虾质鲜肉嫩；论份额，盱眙龙虾全国连锁。

其次，任何成功的节庆活动都有滋养其发展壮大的母体。盱眙的"龙虾牌"是在巧借生态牌和旅游牌的基础上，才形成强大的集合优势和综合效益。作为全国生态建设示范县，盱眙城市绿化覆盖率达68%，位列江苏榜首；同时又是全省唯一山水兼备的县城，且有铁山寺和明祖陵等丰富的历史人文资源。

再次，龙虾节的举办是融山之秀、水之优、味之美、人之灵于一体的节庆实体，打造了与美味相连、与市场衔接

的宏阔平台，成为世人认识盱眙和盱眙走向世界的良好开端。正因如此，盱眙龙虾节才能在短短七年跃起于吴越之地，驰名于方圆九州。

（二）以食为天　主旨凸显

中国传统节庆大都以"食"为重要载体和表现形态，春节吃饺子，元宵节吃汤圆，端午节吃粽子，中秋节吃月饼。因为节庆时节也常是丰衣足食的农闲时分，多数节庆都是庆贺丰收的饕餮之作。同时，本民族自古即有"以食为天"的说法，盱眙龙虾节的成功正是把握了"以食为天"的玄机，将"吃"文化的精髓体现在新兴节庆之中。以美味作为诱因，调动人们的胃口，在品尝中注入时尚文化元素和前卫营销理念，使节日的人文景象由普通民众的"食文化"，升华为标志性的"节文化"，成

为国内将物质产品升华为精神产品，或两者之间有机结合的成功之作。

（三）政府营销　决策宏观

新兴节庆活动兴盛的背后总有强力的主导、组织和运作体系在起作用。从

南宁民歌节、大连服装节等例证中也可看出，政府主导作用不可缺失。但是综观国内的不少节庆活动，像盱眙龙虾节这样始终能得到政府亲力亲为地操办，且一直以政府作为营销主体的确实不多。2001年创办至今，当地政府做到了适度越位，但从不缺位——

决策宏观超前。小龙虾资源分布广泛，但将此作为办节题材的，盱眙拔了头筹，中了头彩。而且，将"不论先干"和"效率至上"的指导思想贯穿于

节庆的运筹之中。

办节机制合理。主要领导挂帅，组织机构健全，扶持政策优惠，运作水平高超，为节日的健康发展提供了有效保障；

推介不遗余力。促使龙虾节由墙内开花到多点绽放，将龙虾节的红火遍燃于江浙名都重镇，为龙虾节声誉的确立和扩张打下坚实基础。

凡此种种，都确立了盱眙"政府搭台、经贸唱戏、以我为主、主动作为"的营销模式，以节庆方式带动经济的快速跃升，已成为国内新兴节庆中的标杆和样板。

（四）市场运作 成效卓著

龙虾节从诞生之日便以强有力的市场对接能力著称。节日以美味龙虾为新鲜导引，以节庆活动为增量载体，迅速将节庆效应引致酒店、商场、超市等，使龙虾产品得以迅速走红全国。盱眙龙虾的市场终端，从官方到民间，从商场到地摊，从酒店到家宴，从真实到假冒……可谓铺天盖地。曾经藏在深山人未识的盱眙，借助龙虾节的威力，一夜之间成为长三角无人不晓的苏北名县。

从节日构架和运作模式看，龙虾节呈现为"龙虾美餐、经济主餐、文化快餐、旅游套餐"的"一节四台""一戏四唱"的新兴节庆特征。其开幕之日更是万众汇聚欢宴，引爆盛大的喜庆气氛，使盱眙成为令人瞩目的焦点。期间，虽有2004年央视《焦点访谈》的曝光，使盱眙第一次以负面形象站在舆论

传统节庆对资源的汲取必定浓郁醇厚，而新兴节庆的创办对资源的借助可谓轻巧随意，有的依托深厚的文化背景，如孔子文化节、洛阳牡丹节等；有的借助鲜活的休闲元素，如上海旅游节、杭州休博会等；有的倚仗雄厚的产业优势，如宁波服装节、义乌商博会等；有的集合概念优势巧做文章，如黄山旅游文化节、上海国际艺术节等。

盱眙龙虾节办节之初可以龙虾开路，以独特的烹饪赢得人们青睐，利用美食的爆发力，产生瞬间聚集和迸射效应。但几届过后，相信随着龙虾作为餐饮的普及，人们可以就近方便地吃到龙虾，再令人垂涎的美味也会趋于平淡。此时，公众更想消费的恐怕不是龙虾，而是龙虾节特有的文化旨趣。

其实，有些新兴节庆在创办之初，无须汲取深厚的文化资源，但发展三五届后，就必须借助文化的力量来彰显其独有的魅力。如缺少这种支撑，过于早熟的节日可能会走向早衰甚至速朽。举例说明，世界各地都可以喝到青岛啤酒，为什么每年到了8月中旬还有300万之众浩浩荡荡涌向青岛，涌入啤酒城。再举国外的例子，西班牙番茄节以近乎疯狂的相互投掷而声名远播，但它的历史背景却鲜为人知。原来西班牙的布尼奥尔盛产番茄，随着产业的调整，番茄的种植已转移到其他相对落后的地区。但为了纪念那段盛产的历史，当地每年不惜工本将番茄从外地或别国运来，以满足人们投掷和宣泄的狂欢之需。

的风口浪尖，这反而使龙虾节的焦点效应更加凸显。

二、淡然隐忧：文化张力不足和持续发展缺憾

近几年盱眙龙虾节虽呈快速跃起之势，但其对文化资源的借助或依托稍显薄弱，对物产资源的依赖明显偏重。所以，节日在物质上的强盛和在文化上的单薄，已形成日益加大的反差。再者，任何节庆都有生存和发展的规律，节日的创生、壮大、强势的全过程，都应伴随浓重的沉淀和清醒的反思，只有在理性思维驾驭其价值取向的前提下，方能获得超常和永续的发展。综合对盱眙龙虾节的粗浅认识，挑出以下三点可能存在的缺憾。

（一）产业优势明显　文化蕴蓄不足

节庆活动的终极目的在于创造感动，盱眙龙虾节再经历七届还会有今天的生动与激情吗？1903年，德国人在青岛建厂生产啤酒，啤酒节是在青岛啤酒诞生近90年才创办的。那时，这座城市已深深浸染在啤酒文化的氛围中，所以啤酒节是青岛百年啤酒文化的集大成者，而节庆文化通常要高于产品文化、企业文化和商业文化。可以确信，青岛啤酒作为产品将来可能出现危机，但青岛国际啤酒节的文化定位不可能随之消亡。因为潜移默化的文化需要和精神渴求已深深植根于民众心底。到那时喝不喝青岛啤酒并不重要，但每年万众狂欢的节日却必须欢度。

龙虾可以用来饕餮，但节日却是供人品味和鉴赏的。若超量地在龙虾身上做文章，忽视了当地文化意蕴的提炼和积蓄，迟早会出现根基不牢、定位游移，甚至难以持续的状况。因此，希望盱眙龙虾节能从快餐式的产业膨胀，向更令人赏心悦目的文化大餐和精神盛宴积极转型。

（二）区域色彩弱化 求大喧宾夺主

节庆的名称常常体现办节理念和发展指向，盱眙龙虾节曾以"龙年盱眙龙虾节""第一届中国龙虾节"等命名，现名"中国（盱眙）龙虾节"。从名称上看，这个节日的名称是经过一番周折才确定下来的。所谓周折，就是有不断求大求新的意图。其实，世界上除了古董，最不怕老也最不惧小的就是节庆。内蒙古的那达慕比西藏的雪顿节要大得多，盱眙龙虾节比国内许多美食类节庆起步要晚得多，但谁也无法以大小和早晚来判定哪个节日更具特色和持久力。

龙虾节最应突出的"盱眙"二字，反倒待在括号中，成了盒中深藏的饰品，这确乎有些不可思议，等于放弃自己的署名权、地域权和张扬权。而国内的许多节庆都唯恐把自己说小了，喊矮了，叫不出国家级和世界级的气派，真有点"名不惊人死不休"的味道。所以，强调"盱眙"二字是最具核心价值的振臂一呼，而通过"中国"和"国际"来放大形象，等于把自己的鲜亮给暗哑和沉闷了。

（三）过量倚重市场 持续发展式微

综观国内节事领域，6000余个浩荡的群节之中，真正能经得起公众挑剔和

市场考验的不多。山东胶州的大白菜和马家沟芹菜是声誉卓著的蔬菜品牌，近年也耐不住寂寞办起节会，短期效应的显现尚可，长期的品牌运营就结果难料。盱眙龙虾节在创办四五个年头就收回投资，而且赚得盆满钵丰。从"纯粹官办"到"民办操作"的转变，反映出盱眙人的市场意识。但是淡化政府的宏观调控和过分追求商业运作，对处于上升期的龙虾节并非什么利好消息。因为节庆活动的基本属性是社会公益性，尽管龙虾节是比较典型的产品类节庆，也是被市场高度认可的商业化活动，但从长远发展看，必须在社会公益性方面做出正确和必要的导引。

市场是发展方向，而不是万能的导向。龙虾节在与市场的衔接上做得十分出彩，然而节庆活动最终要实现的不是简单的市场回报，而是对当地文化、传统、民风和民俗等精神文明的承续和提升。盱眙在这方面尚有值得商榷之处，因为节日缺少在文化空间方面的发展余地，至少没有形成核心文化的震撼力，让人们持久流连在对节日的推崇和向往中。龙虾节不能守旧或矮化为"吃龙虾、卖龙虾"的节日，应当擢升成——为特质文化所牵引，为特有美食所吸引，为特色旅游所导引的节庆活动。

青岛国际啤酒节从初创期的完全"官办"到"民办公助"，再到"政府主导、企业参与、市场运作"，政府在节日的介入时间、干预方式和调控力度上已有很大转变，但事关节日发展方向

和基础设施建设，始终由政府掌控和提供。只有积极舞动政府调控这只"看得见的手"与市场运作这只"看不见的手"，且两手都要硬，才能确保节遂人愿，稳态发展。

三、终南捷径：打造龙虾之都的区域影响力

实践证明，通过节庆活动的开展锻造城市名片，进而推动经济社会进步是国内许多城市做出的明智之选。针对盱眙龙虾节的具体情况，提出三条仅供参考的发展路径。

路径之一：打造综合优势，持续发展至上。

新兴节庆被国内许多地方当作高产的经济作物，而没有作为精神特产来呵护和培育。毫无疑问，龙虾节的综合优势在于特色物产与特有气质的结合，在于多种资源优势的合理搭配运用。虽然

073

笔者无法根据现有脉络来推断龙虾节今后的走势，但从其短时间内便积蓄起爆发能量的征象来看，这个节日已播下可持续发展的良种。因此，建议盱眙凭借前期形成的市场基础，以及独特的人文资源和景观体系，将龙虾节的成长与整个区域的发展相协调，借龙虾节的人气做大做强当地旅游业。以宏观的视域和恒久的定力，经营那些有重要价值的人文资源和自然资源，把"举办节庆活动"变为"经营节庆产业"——既要加速产业扩张，又要把握递升节奏；既要提倡节日形态的张扬，又要加强文化内涵的充实；既要考虑经济效益的递增，又要兼顾社会效益

的均衡。如此这般，才能赢得可持续发展的光明前景。

　　路径之二：凝塑文化内涵，倡导平民意识。

　　"文化内涵"一词虽被说滥，但却是节日灵魂所在。按照节庆发展的周期性规律，已届七载的龙虾节正处在由稚嫩迈向成熟的节点。如何将盱眙龙虾超然于其他产地，进而把这种优势扩展为盱眙的富民产业，首先需要把先进的文

化理念和专属的文化符号，进一步嵌入节庆发展的内核中去，使节庆运作借助文化的张力而体系化和机制化，使节日的释放效应不断增强。

　　节日的文化内涵往往通过细节和瞬间得以展现，如巴西狂欢节和西班牙奔牛节，只要电视画面一闪，哪怕只有十分之一秒，人们也会做出准确的判断，因为其文化特征和表现形态非常鲜明。文化形成的第一条件是时间，举办了17届的青岛国际啤酒节，也形成独特的文

化态势："青岛与世界干杯"作为主题，体现了海洋文化的开放形态；"市民狂欢节"的宗旨，表达了节为百姓的平民文化情结。节日至少创造了国内新兴节庆中的三个独有或唯一：十余年里始终拥有专属的办节会场，啤酒城宁可闲置也不做他用；从第一届起即由企业承办，至今已连续多年实现政府财政零投入；节日既不需要政界名人，也不需要演艺巨擘。因为啤酒节早已万众狂

欢，参节民众人人都是节日的主角和明星。

路径之三：政府牵头搭台，打造"龙虾之都"。

龙虾虽非盱眙独有，但环顾国内龙虾产业状况，可以尝试构建以龙虾节为核心产业链的经济辐射圈，外层可将盱眙独特的山水资源、悠久的历史积淀纳入旅游节庆产业中，参照瑞典马尔默市的办节思路，打造"中国龙虾之都"。

"中国龙虾之都"说法的提出，绝非对外所做的口头宣示，而应作为盱眙长远发展的战略构想出台。与之相配套的措施诸如，办节宗旨恒定化、主要板块固定化、展演形式常变化、具体运作流程化。龙虾节目前是大节庆的态势，即除了盱眙之外，上海、南京等地也作为节日会场同步开展活动。青岛的啤酒节也曾有过办节场所一分为三的探索，但最后的结果不甚理想。在办节资源比较紧张的情况下，过多的耗散会适得其反。因为节庆最大的魅力在于本土化，聚万钧之力勃发于一点，才能释放以一当十的超强能量。

盱眙是一座充满美好情韵的城市，龙虾节的创办在当地政府打造富民之乡、构建和谐社会的探索中，提供了实现施政目标的最佳着力点，既顺应民意，又合乎政纲。尽管创办时间较短，龙虾节已是国内鲜有的传奇之作。期望盱眙能借助良好的产业优势，形成文化形象优于产业形象、品牌价值大于市场价值、质量排位高于产量排位的良好业态，成为名副其实的"中国龙虾之都"。

相信今天的殷切期盼会变成盱眙明天的美好现实！

崂山实景 实景崂山

——崂山打造旅游实景剧的策划构想

近年来，国内部分旅游城市或相关景区推出的旅游实景剧，从文化和艺术的层面上，强化了原有的资源优势，提升了当地的旅游形象，保持了业态的新鲜度和市场竞争力，对所在城市经济社会的发展起到积极的烘托和促进作用。笔者从崂山旅游的现状入手，结合未来发展的路径选择，提出打造"意境崂山"旅游实景剧的设想和建议，供参考。

一、各地推出旅游实景剧的初衷探求

旅游实景剧（亦称"城市主题剧"）由南向北，逐年增多，渐成气候，这一现象绝不是偶然和孤立的，因其符合旅游业发展的特点和规律，并较好地满足了广大游客的娱乐需求。

（一）演艺形式有利于存续和张扬特色文化

旅游的本质是对差异文化的追求，文化的差异性越大，旅游的动机性就越强，旅游的美学价值也越高。旅游景区所蕴蓄的特色文化，是其核心竞争力和最大亮点的体现，所以各地纷纷尝试用文艺的形式来深度包装旅游，以演出的形式来存续特质文化，并以此形成新的

文化景观，保持其旅游引力的鲜活性和动态感。

（二）娱乐元素的添加有利于吸引游客参与

当今旅游业强调复合性发展，尤其是娱乐性元素的添加必不可少，以此来满足游客的多元化需求。旅游实景剧通常是对现状旅游资源补充、替代和提升的最佳形式，其特点是将静态的景观动感化，将神奇的传说情景化，将庸常的故事经典化，将平淡的趣味魅力化。通过艺术加工提炼的"四化"，能为城市和景区增加新视点和附加值，并以此拉长旅游旺季和增加旅游收入。

（三）演艺形式有利于塑造和推广城市形象

以演艺形式立体化地塑造和推广城市形象，往往更加生动感人，其效果明

显优于普通平面媒体和单纯官方推广。旅游实景剧是了解旅游目的地的重要窗口，通过这个窗口为外地游客艺术化地诠释和展演当地文化，能起到潜移默化和寓教于乐的作用，也更易调动游客的兴趣。再者，旅游实景剧不但可以在当地轮演，还可在全国或世界各地巡演，以此赢得更多公众对该城市和景区的认知和向往。

二、各地大型旅游实景剧的基本情况

旅游实景剧的推出，既有赖于资源禀赋的丰厚，也需要客源支撑的充足，同时离不开较高的筹划水平和运作能力。可以说，旅游实景剧是旅游资源、文化创意和市场机制有效互动的产物。正因如此，国内旅游实景剧大都创生于旅游资源比较丰沛、市场机制相对完善的江南城市。以下是部分国内旅游实景剧的简介：

（一）广西桂林的《印象刘三姐》

以民族风情和场景塑造见长，由张艺谋出任导演，号称全球第一部全新概念的"山水实景演出"。演出以"印象刘三姐"为总题，把著名的桂林山水和刘三姐传说巧妙嫁接和有机融合，大写意地将经典山歌、漓江渔火等元素组合创新，不着痕迹地融入山水，还原自然，创造出天人合一的境界。

（二）浙江杭州的《宋城千古情》

以多种表演形式和艺术手法诠释杭州的人文历史，巧妙地呼应游客在观光游览中所见的杭州美景，使来自中外游客在轻松的娱乐欣赏中读懂杭州。作为主题公园，宋城的主题是"给我一天，还你千年"。而《宋城千古情》在游客眼里已不仅是一场演出，而是杭州的特殊标志，一个充满江南特质的文化符号。

（三）广东深圳的《欢乐水世界》

由深圳主题公园"欢乐谷"精心打造，以科技动画的表现手法著称。总投资8亿元，于2006年7月19日首演。《欢乐水世界》以真实情景的露天环境为舞台，集各种元素于一体，在国内首次使用数码技术进行导演，是中国第一部大型水上实景剧。

（四）湖北宜昌的《盛世峡江》

耗资3300万，演员阵容达600余人，创国内同类演出之最。该剧由"祭江·水患""纤魂·追梦""豪情·壮志""天筑·奇观"和"盛世·峡江"五场组成，展现了三峡大坝建成后的伟岸气势，回放了三峡大坝建设的艰难历程，讴歌了中华民族的盛世新风。

（五）山东曲阜的《杏坛圣梦》

2001年公演，斥资3000万，演员阵容300人。该剧主体脉络选取《论语》中的四句名言，分为序幕和四个篇章——"学而时习之，不亦乐乎""发乎情，止乎礼""四海之内皆兄弟"和"有朋自远方来，不亦乐乎"，生动诠释了孔子的思想和修为。

三、崂山区创演旅游实景剧的构想

近年来，崂山区开放提速，经济繁荣，社会稳定，已具备较强的综合实力。随着旅游经济的快速发展和崂山风景区管理体制的理顺，打造一台与经济社会发展相呼应、与崂山旅游价值和文化蓄量相匹配的旅游实景剧，时机已经成熟。为此，在研究分析的基础上，对该剧的创演谈三点初步构想。

（一）聘请著名编导

邀请国内一流编导在剧情创作、舞美设计、道具制作、音乐合成等方面，全方位参与该剧的策划创意和具体指导，以提高作品的精致度和观赏性，使之具有较强的艺术感染力。

（二）市场运作引资

由于实景剧需要大投入、大制作，政府应在其中扮演强有力的主导角色。资金投入可考虑由相关企业按照冠名权收益、门票收入等市场运作的方式解决。

（三）核心内容设想

以崂山特有的山海奇观和文化意蕴作为创意的核心内容。例如，香火千年的道教文化、文人墨客的高雅文化、山里人家的民俗文化、近年兴起的旅游文化，以及茶文化、渔家文化等均可入戏。

综上所述，崂山旅游实景剧是青岛旅游业的新生事物和开篇之作，所以，该作品既要承续千古崂山的深厚文脉，又要展演当今崂山的开放气象；既要为崂山特色旅游打造新装，又要为青岛旅游经济再创亮点；既要成为代表青岛旅游的经典之作，又要在国内实景剧中创造独有的艺术价值。为此，在创作原则和方向上还有诸多问题需进一步探讨。

时间 *2007年12月31日*
地点 中国·青岛

歌舞剧《蔚蓝青岛》观后感

因歌舞晚会与节庆活动往往处于伴随状态，所以作为节庆文化的关注者，对大型风情歌舞《蔚蓝青岛》的创生自有一份关注和期待。2007年岁末，经过两年多酝酿、创作和编排的《蔚蓝青岛》，以鲜明的主题、丰富的内涵、和谐的架构、绚丽的舞美和精湛的演技与观众见面了。欣赏之余，简谈以下观感和对崂山酝酿中实景剧创作的启示。

一、优势资源的概括性和风貌感较好

《蔚蓝青岛》比较全面和精准地提炼了入戏的成分，通过"海之梦""山之灵""城之魅"三个主要篇章，恰到好处地概括了青岛山海城的基本风貌和自然特征。加之前后贯通、气韵十足的歌舞展演，赋予自然状态的山海之城更多充满人文气息的鲜活与灵动。

二、特色文化的汇聚性和张扬度较高

将中国传统文化（道教、武术等），青岛原生态文化（胶州大秧歌、扇舞、渔家劳作场景等）和现代海派文化（外国演员开场主持、啤酒节风采和欧陆风情表演等）有机地融为一体，且以力道充沛的形式加以渲染，使之成为浏览青岛人文历史和多元文化的优美画卷。

三、舞台艺术的精湛度和演绎力较强

从音乐撰写到编舞创作，从舞美设计到服饰道具，从大屏幕投影到特殊灯光效果，从少小孩童欢快起舞到国友人倾情演出，以及兼容歌、舞、杂技、武术、倾诉等表演形式……许多新奇之处在青岛的舞台系首次亮相，既反映了国家级编导的创意水平，也展现出近年来岛城艺坛的全新面貌。

四、主旨性和细节化上尚存改进之处

媒体近日对这台晚会的优胜之处好评如潮，本文不多赘述。以下所谈均是观演后的存疑之点或犹感不足之处，几多粗浅之见或许对晚会的改善和提高有益。

（一）多点掠影的表达造成主旨性的缺失

仅用90分钟来全景式地表现城市特色难免有浮光掠影之感，其时间容量决定晚会在主旨方面的深度不够。什么都想表现和传达的结果必然使主题散化——海也淡然，山也淡然，城也淡然。无论是浪漫雄壮的主题歌曲，还是技艺美艳的翩翩舞蹈，都缺乏对剧中主旋律的重复性和强调性，很难给观众留下深刻印象。在这点上，爱尔兰《大河之舞》、桂林《印象刘三姐》中叠加式的锐舞和咏唱，给公众带来强烈的美感冲击，有许多可鉴之处。

（二）唯美化导致质朴感与亲和力的缺失

在走马灯一样转换山海城的炫目亮色，美轮美奂地交替劲歌热舞的同时，弱化了特质文化的解读力和生活场景的真实感。例如推出崂山一节时，最先出场的并非那些不辞艰辛寻访崂山的高道大德，而是一组头戴精致斗笠和华丽流苏的靓女，既失去了历史的真实，也失去了生活的真实。再如，优美而空洞的艳丽之舞并无实意，采茶和捕鱼等真实的宝贵细节被忽略实为不该。远不及杨丽萍创作编演的《云南映像》那样富有原汁原味的生活气息和对艺术魅力的提拔。

（三）细节上的纰漏影响了整体水准缺失

一是地域性特征存有误读。比如珊瑚礁是南方热带海洋的特有产物，拿到北方青岛的舞台上就显得不伦不类；再如斗笠和流苏并非青岛农家女遮阳挡风之物，用简单的方头巾披头才确切。二是模仿导致的新鲜度不够。如女子十二乐坊、空中剑客的飞舞、双人空中杂技在国内外的舞台上早已司空见

惯，了无新鲜之感，最多是搏人一惊复一笑的杂耍而已。三是粗疏纰漏之处较多，如草裙舞女当众落裙、狼狈下场，啤酒欢歌中杯内之物开胶掉落等。四是串联词的撰写还缺少与主题剧相称的高度以及没有通过字幕来展示歌词等，如"青岛小哥"一句，似乎缺少符合主流意识的权衡。

五、对创作主题实景剧的启发与借鉴

其一，历史地看，青岛共创造了两部带有城市主题剧性质的大戏，一是上演于2000年前后的《大海梦幻》，二是新近创生的《蔚蓝青岛》。这两部戏的共同之点都是以大海为素材，且都以舞台作为展演之所，即通过舞台艺术来呈现青岛的波澜壮阔，而舞台本身所能提供的纵横空间都十分有限。因此，这台晚会在与青岛自然山海的对话上，就存在无法再造和重塑的天然缺憾，也无法使观众产生身临其境的震撼。

其二，该剧中有相当部分内容取材崂山，如《海之梦》篇中的"渔歌""大海骄子"；《山之灵》篇中的"崂山雨丝""道韵"；《城之魅》篇中的"酒香青岛"等，或直接采撷于崂山，

080

或间接源自于崂山。近期闻听崂山区亦有打造实景剧的设想，一座城市同时出现两台造价不菲的大戏，似乎是不甚美妙的冲突。崂山区若创作主题剧可能是对宝贵城市文化资源的重复浪费，尽管前一台戏也并未很好地发掘和利用这些资源。不过，两台戏并存一城的先例也不鲜见，如西安大唐芙蓉园的《梦回大唐》和华清池的《长恨歌》。如果从观众评价和票房价值来衡量，后者为自然状态下的实景剧，要比剧场中的前者更有看点和卖点，道理在于故事就发生在演出现场的实景之中。

其三，大型城市主题剧是国内演艺界的新生事物，其筹备期不低于两年的创编过程，决定了它投入产出的周期是漫长的。因此，需要审慎调研和严肃对待。按照两年后诞生的规律来看，到2010年前后创生的崂山大型主题实景剧还有无新鲜感，这本身就存疑多多。况且，目前国内大型城市主题剧正呈普及甚或泛滥之势，而崂山在场地选择、合作对象、创意方向等诸多方面还未有实质性的突破。

综上所述，作为一台能够代表青岛城市形象，并以此向世界宽幅推介的大戏，《蔚蓝青岛》确实存有单薄之处。这既有主观创意的原因，也有客观条件的制约。但它的上演会给青岛较为贫乏的文化生活带来一些变化，为青岛旅游产品的丰富创造一缕生动，为今后青岛创作大型城市主题剧提供了有益借鉴。

时间 *2008年3月20日*
地点 *中国·广州*
事由 *广州民俗文化节研讨会*

神的动漫　动漫的神

↘——广州民俗文化节形象塑造与嬗变

082

神是灵化之物，是特定历史时期和特殊文化背景下，人们寄托情感、排遣忧患和祈求幸运的产物。由神以及对神的膜拜形成的节会活动古已有之。因为传统的民间节会大多是由对神的祈颂、对祖先的祭祀、对收获的庆贺演化而来，"波罗诞"庙会也是千余年前人们对海神敬仰和膜拜产生的。本文试从人神关系的独特视角，阐发动漫产业在新兴节会中的重要作用，并由此论及动漫与旅游的关系。

一、神的动漫

神是古人依托想象力创作的，反过来，神也极大满足了先人们的想象力。正因为神是虚构的，没有真切和具体的形象，这就为艺术地再造神的形象提供丰富的想象空间。动漫是夸张的艺术，它可将凡俗之物激活出许多神奇的灵动，如大众熟知的米老鼠和唐老鸭、加菲猫和维尼熊。应该说，老鼠在中国传统文化和现实生活中，几无正面的形象可言，"过街老鼠，人人喊打"就是最生动的写照。但自从西方米老鼠形象出现后，这个千百年来为人们所不齿的耗子，一夜之间嬗变为家喻户晓、人人喜

爱的卡通动物。可见，动漫的力量可以轻易改变人们历久固化的观念。

南海神千百年来为人们所推崇，本身就有良好的口碑价值和信仰空间，以动漫的手段塑造神灵形象、传播海神信仰，进而提高"波罗诞"庙会的影响力具有极强的可操作性。

二、动漫的神

神常有令人敬畏之处。通过动漫手段的改造和演绎，使它既有喜怒哀乐，也有人之常情，具有更多与人相通之处；通过动漫的再造，将南海神请下神坛、回到民间，与更多受众朝夕相处，使之具备动漫形象最可称道的亲和之力。同时，动漫还可延伸出数量可观的

副产品，增加"波罗诞"庙会的附加值和更大范围的辐射。以《哈利·波特》为例，如果仅依靠长篇小说的传播，世人对它必定知之甚少，但通过动漫化影视作品的生动渲染，赢得几十亿观众的追捧和票房价值的急剧攀升，由此衍生的专属产品也一再成为时尚。全球五大洲孩童聚集的地方，都不难听闻哈利·波特的信息，也可买到相关的纪念品。再比如，迪士尼乐园在世界上仅五六处，这意味着真正去玩的人不可能太多，但全世界几乎每个角落的人们，都可通过影视作品或其衍生产品实现对它的观赏和认知，并在潜移默化中认同其中饱含的文化价值和娱乐观念。

概而言之，神的动漫，改观了略显呆板的肃穆，平添了活泼与亲善；动漫的神，虽走下神坛缺失些许敬畏，但会给人间生活播撒更多温暖。

三、递进与把握

动漫——节会——旅游，是个递进和互动的过程，要使动漫更好地服务于节会，节会更好地与旅游关联，应把握好其互为因果的多重关系。

（一）动漫与节会的关系

动漫是手段和载体，它的创作和使用须服务于既定的节会主旨——海上丝路，万里波澄；千年庙会，和谐盛典。即用动漫的特殊表现手法，表现海上丝绸之路的曲折与漫长，展示万里碧波的平缓与浩瀚，展现千年庙会的和谐盛况。而这种曲折、漫长、浩瀚、盛世、和谐等情境，用传统的写实手段，如平

面媒体等来表现，必然缺乏动感与活力。反过来说，动漫形象及其衍生产品达到一定成熟度后，会引领节会朝更广阔的文化空间和市场空间拓展。最终动漫与节会相互促动，实现动漫形象的不断提升和节会层级的逐年递进——"波罗诞"成为中国最具规模和影响力的民间庙会活动。

（二）节会与旅游的关系

从世界范围看，动漫产业的崛起必定会带来相关产业的关联性变化。动漫对节会既是辅助手段，也是促进手段，而节会是当今旅游经济的重要组成部分，应通过动漫对节会的辅助、节会对动漫的需求、节会对旅游的支撑、旅游

对节会的传播……来优化三者的关联与互动。因为，当地方性和民间性的庙会超越了仅仅对神的敬奉，它实际上已升华为旅游资源——不仅是当地信众承继的地方传统文化，也是开放性的公共旅游产品。

综上所述，动漫作为产业已被许多城市纳入社会经济发展的视野，从官方的执政理念，到企业的形象传播；从奥运和世博这样的国际级盛会，到各地的传统或新兴主题节会，动漫已经深入社会生活的各个层面，既可成为严肃政治题材的灵动载体，也可作为多样信息传播的重要途径。节会是极具爆发力的文化现象，动漫的夸张与渲染为节会注入更多活力与激情，满足了节会形象再造的动感需求。

最后，以一段对"南海神与旅游"的独特感悟和心语，来结束今天的演讲：

在世间万物都被高度物化的今天，在所谓时尚生活被物欲充斥的人间，让我们再次体味旅游与神共舞的意境——

旅游景致最夺目的是神奇；
旅游地的最佳形貌是神采；
旅游的最高境界是神游；
旅游的最高向往是神往。

时 间 *2008年3月28日*
地 点 中国·青岛
事 由 首届节庆中华年会

在奖与不奖之间

↘ ——在首届节庆中华年会上的致辞

"节庆中华"3个大项、13个小项的奖项已花落各家，评奖活动本身已圆满结束。不过，凡是评奖都有受益和落选之分，而评奖在国内已是较为鸡肋的行为。是食是弃、孰优孰劣，这原本就是个矛盾。作为从事节庆活动组织筹办18年的业内人士，也是本次评选活动的评委之一，想借此机会代表本届评委，对整个评奖活动的缘起、评选标准的出台及今后的设想，发表以下观点。

一、不仅褒奖 重在规范

节庆活动的评奖是新生事物，本身就面临争议和风险。但节庆活动毕竟是承办地最具标志意义和张扬价值的文化事件，有的还与国家或民族的文化战略实施相关。但综观国内新兴节庆活动，在大致历经20年的创生发展后，既有总体不断壮大的可喜之态，也有良莠不齐的泛滥之忧。从这层意义上讲，本次评选不仅是褒奖行为，更有规范和鼓励的成分，所以，评奖活动既是对节庆现存状态的评价，也具有一定的指导性和前瞻性，其重要意义不言而喻。

二、两年怀胎 一朝分娩

评奖从2006年的春夏之交开始孕育，首先进行的是艰苦细致的评价体系制定工作。该体系由来自节庆中华协作体秘书处、中华民族文化促进会节庆中心、中国社科院旅游研究中心、浙江大学旅游学院的专家学者共同起草，并于2006年10月在各节庆组织单位进行意见征询。在广泛征求意见的基础上，经过近半年的推敲和修改，最终形成本届评选的试行办法。为慎重起见，评奖标准从诞生到正式实施又经过近一年的酝酿和修改。

三、优中选优 难免割爱

目前，国内知名的节庆活动多达

6000余个，要想在如此众多的节庆活动中选出优胜者，难度可想而知。为此，在以评价体系为依据的基础上，大致经过这样几道程序：首先由各节庆活动组织单位和承办城市进行申报，从200余个节庆报名单位中筛选160个节庆进入初评阶段，经初评委评选产生99个提名单位（个人），最后经过13个终评委无记名投票，才产生获奖的节庆名单。

四、伯仲难分　知难而进

虽然有可参照的评价体系，也产生了初评名单，但最终要确定各奖项的归属，仍存在不少困难。因为各地节庆活动有的因民族信仰而立，有的以传统文化为魂，有的依产业优势而兴……个个精彩纷呈、处处特色不同，加之对如此众多节庆的了解程度有限，所以在欣喜节庆活动蓬勃发展的同时，也产生将票投给谁家的艰难。平心而论，节庆是精神产品，很难通过量化指标进行评定。即便如此，还是战战兢兢、知难而进，最终拿出这份大致合理又很难避免遗憾的评选答卷。

五、积累经验　面向未来

首次"节庆中华奖"的评出和颁布，是国内节庆领域的重要事件，虽然缺憾难免，但毕竟迈出可喜的一步，为今后的评选积累了有益的经验。下一步，将在更大范围、更深层次上征求各界的意见，在不断完善评奖体系和机制的基础上，使评选活动更为科学、更具可持续性，使"节庆中华奖"拥有更强的说服力和权威性。相信通过评奖，可以使国内的节庆活动呈现出多姿多彩、健康规范、日益繁盛的良好局面，让中华节庆更有魅力，让魅力中华更有神采！

在奖与不奖之间，人们当以更加从容的心境看待评奖本身，看待已经获得或未获的奖项，因为毕竟奖励不能替代节庆，更不能决定节庆的走向。得到它的扶掖，可能底气更足；与它失之交臂，可以更加清醒、尽早成熟。

在奖与不奖之间，作为从业18年的老兵，希望能用亲身经历和真切感受，来为每个熟悉又感动过我的节日做出充满感性的评判。

在奖与不奖之间，作为评委必须从理性的层面审视和对待所有入围的节庆，以审慎的态度和庄重的神情，投下最有说服力的一票。

在奖与不奖之间，作为终评委的代表，希望通过大家的共同努力，评出最能代表民族精神和中华气质的节庆，让中国的节庆真正立足于世界文化之林，放射出无愧于五千年文明、璀璨于全球文化新视野的光芒。

在奖与不奖之间，我们共同希望通过节庆中华奖，评出节庆业界更多的凝聚意识、更多的和谐气氛。

时 间 *2008年6月22日*
地 点 *中国·盱眙*
事 由 *国际龙虾节研讨会*

从美味到美誉 从口感到口碑
——盱眙龙虾节激赏与反思

年年岁岁虾相似，岁岁年年节不同。短短八年的时间，龙虾节经历了从美味到美誉，从口感到口碑的嬗变和提升。现将对龙虾节的多味体会和学理浅见依次道出，与业界同行共同探讨。

一、罗马不是一天建成的 龙虾不是一夜出名的

虽有近20年新兴节庆研究的经历，可面对龙虾节创造的奇迹，既感振奋，又存疑惑，因为这个突飞猛进的节日颠覆了许多固化的学术观点。毫无疑问，龙虾节成就于打拼，但不是穷追猛打的产物，而是巧打善拼的结果。可从三个方面来印证这个观点，也佐证盱眙人如何高超地理解和创造了新兴节庆的筹办模式。

（一）反弹琵琶的妙手推演

"人挪活，节挪死"是对节庆承办地迁址的规律总结，即使慕尼黑啤酒节这样的大牌，只要离开本土效应立刻就会枯萎。最近几年德国的柏林和德累斯顿也尝试移植慕尼黑啤酒节，其结果都事与愿违。但盱眙的节日却逆向上演了三妙。

一是妙在由内向外，以外为主。许

多节庆活动都把游客吸引到举办地，在自己内部打造核心竞争力。龙虾节从一开始就确定外向型的模式——总是大跨度、多区域地办节，把节办到人家门口，而且是以呈献美食的形式，搭起让人无法回绝的味觉盛宴，这在中国甚至世界也至为罕见。今年在国内就推出北京、上海、南京、深圳等六大城市，这些城市要么是首善之区，要么是特大城市，要么是开放前沿。动机决定目的，目的产生效果，效果激发动机。那么盱眙的动机是什么？下面接着分析。

二是妙在农村包围城市，以城市为主。显然，龙虾作为农副土特产品，如果仅仅停留在当地人的餐桌上，它的影响力和美誉度将大打折扣，相关的经济效益也会大幅缩水。所以，盱眙人从创始阶段就瞄准城里人猎奇又喜好美食的习性，将不断涌动的红色激情从就近的城市不停向外辐射，攻城略地，斩获甚丰。但这些年来为何主攻方向多为南方名城，很少光顾江北的重镇？比如，青岛的啤酒节和盱眙的龙虾节是友好节庆，完全可以一边品尝最美味的盱眙龙虾，一边畅饮最醇厚的青岛啤酒。

三是妙在大胆联通世界，以国际化的视野为拓展空间。当国内的许多节庆还困惑于如何实现国际化的对接时，盱眙又一次捷足先登，迅速牵手瑞典、澳大利亚和新西兰，四国联袂推演出一台誉满神州又波及海外的大戏。按说小龙虾似乎不具国际气质，无论外形还是内质，既不科技，也不高端，可盱眙人反其道而行之，硬是把它端到世界的舞台上与人分享。或许今年是第一次尝试，请相信盱眙人凭借小小龙虾走向世界的潜能，以往的成功告诉世人，他们有扩张的热情和必胜的信心。

（二）宣传气概决定了胜者通吃

龙虾节的宣传可谓新闻奇观，一浪高过一浪。将龙虾节作为文化事件来炒作，请国内最时兴的文化人来评说（如于丹等）。许多新闻发布的媒体和地点，要么是国内最强势的CCTV，要么选在象征权力之巅的人民大会堂，这就势必强化节日顶级品牌的公众印象。

盱眙在八年的时间里塑造了令人信服的节日形象。国内罕有通过强势宣传为自己赢得如此声誉的节庆，当然节日本身办得好是硬碰硬的先决条件。现在的奇观之一是，许多原本具有一定优势或旗鼓相当的龙虾产地，都没有创办龙虾节的想法和勇气，甚至许多国人都以为中国只有盱眙才出产龙虾。这一点连青岛的啤酒节也做不到，目前国内有知名度的啤酒节十余个，它们并未把青岛已有盛大的啤酒节，作为它们创办啤酒节的心理负担。而龙虾节的强大声势淹没和覆盖了许多杂音，这确乎是胜者通吃的典型案例。

（三）从卖龙虾到卖文化的递进

龙虾节是极具口感的节日，但若仅仅停留在口感的美妙上，节日最多能发育成厅堂内的美食节，如北京的烤鸭节。北京烤鸭的知名度不可谓不高，但它过于深厚的

文化意识和复杂的烤制工艺，反将自己牢牢地捆绑在"传统美味"上，使烤鸭的节日未能走出高雅的殿堂，没能催发成中外闻名的大节。

其实，节日不是简单的经济速生现象，它的本质还是对当地特色文化的传承和弘扬。盱眙在国内外促销叫卖的当然不仅是龙虾本身，而是通过美味与世界进行敞亮的对话。就像青岛的啤酒节一样，每年一度搭建的宏阔平台，绝不是简

单设个饭局供300多万酒徒们一醉方休，而是通过节日的盛情体现青岛的开放，并通过开放与世界进行畅快交流。设想一下，如不借助文化的膂力，而以纯粹商品交易的形式去面对市场，盱眙龙虾和盱眙龙虾节都绝无今日的繁盛景象。

如上所述，似乎可以找到答案了。因为当地领导的一句话开宗明义："不在国际上办龙虾节不过瘾"，这绝不是为了开洋荤才说的。显然，办节的目的不是简单的兴业富农，也不是吹吹打打的热闹一番，而是要在盱眙这片经济沃土上演文化的变奏，吸引四面八方的关注，吸引和感动那些激赏节日的目光，使其迸射出在盱眙投资创业的热情。

无独有偶，十年前大连市政府代表团赴海外招商的官员，手里拿的不仅是一摞摞、一项项对大连城市硬件介绍的资料，还有服装节那张薄薄的、款款的、魅力十足的城市名片。

所以，通过上述分析可以读懂一座苏北县城的文化境界，当"中国十大节庆品牌""中国龙虾之乡"等殊荣接踵而至时，人们便不会感到意外。

二、对节日今后提升空间的预想和预警

八年的探索，八年的历练，八年的成功积淀，仿佛一切都有答案，都在胜算之中。然而"节庆千古事，百年见盛衰"。这个世界上许多东西都老而无用、一文不值，只有两样东西最不怕老，一是古董，二是节日。没听说哪个节日存续百年而今停办，只听说有的节日三五届后便销声匿迹。所以，青岛的媒体常提及啤酒节是国内"成熟节庆的典范"，这个说法多半是给自己加油打气。国外许多节日都有百年以上历史，如洛杉矶的帕萨迪纳玫瑰花节、巴西狂欢节等。中国的春节、中秋节等传统佳节的欢天喜地，根本不需要官方组织发动，那是所有民族和整个国家的全民共同记忆和集体自觉行动，这才是真正成熟的征象。所以说，八年的龙虾节蒸蒸日上，充满朝气却依然年轻，正在走向成熟的起点，提升的空间还很大。无论如何，应慎提发展到极致的观点，因为

极致是衰落的开始，没有最好只有更好。

（一）节日价值观的提升空间

首先，这里的一份材料显示"盱眙龙虾节创造中国现代节庆史上的唯一与第一"。其中有许多令人称羡佩服之处，比如"第一个以县名命名小行星""第一个异地办节且办节地域最多的节日"。但也有值得推敲和质疑之点。例如，"中国第一个与强势媒体联合办节的节庆"。青岛的啤酒节1997年就与人民日报社联合主办，那时候盱眙还没创办龙虾节。

其次，要慎对排序，许多FIRST、NO.1没有权威的机构认定，喊出来也就不够权威，还容易伤害其他节庆的感情。中国办奥运提出的目标，从起初的要办"历史上最好的一届奥运会"，到后来的要办"有特色、高水平的一届奥运会"，这是中国融入国际大家庭认识水平的提高和嬗变。

再次，据说本届龙虾节安排了66项活动，靠如此众多的活动来丰富节庆的初衷是好的，但必须清楚节日的形态越简单就越有魅力，比如青岛的啤酒节第九届时活动多达114项，既有经贸洽谈的，也有展览展示的；既有文化艺术的，也有体育赛事的，其结果是顾此失彼，疲于奔命，弱化了节日最快乐、最动人和有竞争力的内核——万众畅饮。现在的啤酒节已被约化成三大主要板块——饮酒、演艺、嘉年华。从长远观点看，凡是单纯的节日生命力和吸引力都

较强，而内容庞杂、形式复杂、时间拖沓的节日，很难在年复一年的疲惫中顺利延续。

（二）附加值和捆绑效应的提升空间

相对于龙虾节的知名度，当地旅游的吸引力没有得到同步提升，而"苏北旅游第一县"的起点似乎应再做一下高位的调整。比如，苏北旅游自驾营地的概念——包括了徐州、南京、淮安等休闲圈，似乎更有新鲜度和诱惑力。

再者，节日的专属纪念品这几年也做了有益尝试，但其知名度和市场反馈却未随节日声名鹊起。至少作为外来游客几乎感觉不到旅游纪念品的存在，而国内知名旅游城市大都可以很方便地买到个性化的纪念品。

（三）节日整体形象设计的提升空间

目前龙虾节更多的是官方的大力推展，这固然有许多益处，但过于强势的官方意志也弱化了符合市场观点的创意介入。比如节日整体的包装水平还不高，无论节徽标志、色彩规定、专用字体等，都缺少符合新兴节庆营销理念的系统设计。只是到了行政权力的层面，还未上升到文化战略的层级。

（四）龙虾身价下调的空间

一日两餐龙虾，每次吃都听说价格飙升，这是个喜忧参半的话题。经过文化包装的产品，通过节日炒热的商品，出现增值和涨价十分正常，慕尼黑啤酒节期间酒价也上浮15%~20％。所以，龙虾涨价喜在何处自不待言——让虾农受益，促一方经济。74万人口有10万人在

从事龙虾产业，这个比例十分可观，说主导产业一点不过分。

因为龙虾节是典型的消费类节庆，而且是群体性的消费，有点像重庆的火锅节，是由场面和气势造就的盛会。忘乎所以、斯文扫地是节日的正常形态，坐在高档的雅座和单间那不叫过节。所以忧在何处也显而易见，就是发育节日的物质"龙虾"，如果成了餐桌上的奢侈品，就会失去参节主体（公众）对它的追捧，小龙虾就会像大龙虾一样，让大多数消费者"望虾兴叹"。其结果可能是龙虾的价格上去了，而龙虾节的价值却下去了。所以，龙虾的价格当有下调的空间，这也是节庆通向未来的必要空间，至少不能过于乐观它近几年涨幅的不断攀升。

（五）细节上的诸多提升空间

1.接站牌不是写个领导或专家的名字，随便一举即可的简单行为，它本身就是宣传龙虾节的重要窗口，应具有鲜明的标识性和迎客的亲和力。

2.下榻酒店门口彩旗颜色多达五种，却没有龙虾节专属的标准色，这是正欲走向世界的节庆应加以改进的。因为"专属"可以增加节日的公众识别性，使人们在瞬间即知是龙虾节。如巴西狂欢节在电视画面只一闪现，人们就不会认错它的面孔。

3.下榻的酒店应展销龙虾节的特色纪念品，至少本次研讨会应赠发纪念物，哪怕是一枚小小的徽章。

4.酒店内没有龙虾节的宣传印品和书籍。西湖博览会和象山开渔节在这方面做得较好，每个来宾下榻的酒店房间里都摆有节日专有的宣传品。

5.细微之处见精神。笔者会前向酒店工作人员索要插座，直到发言时还未拿来。一是反映酒店刚刚开业配套和服务有问题，二是这个节日安排了66项活动，它的精致度可能就会出问题。

6.关于盱眙龙虾节早已如雷贯耳，也给各位与会者印发了不少经验介绍材料，全面又具体。这个会应更多地听外来专家评说盱眙，但给各位留下的时间已经不多。为了多听专家之言，建议会议组织者减少长篇大论。

不同的节庆活动有不同的价值观，而盱眙龙虾节更是一篇耐人寻味的大文章。这篇短文无法全面地评价节日存在和发展的价值，只想以恩格斯的话为这个节日提气："哲学家们总是用不同的方式解释世界，而问题的关键在于改变世界。"中国的节日很多，但能真正创造感动和奇迹的太少。盱眙龙虾节以超常规的步幅和气势，独辟国内新兴节庆的发展轨迹，也改变了许多学界的观点。从这个意义上讲，有必要长期关注这个节日的成长。

将向往变为希望
↘——大庆举办旅游节庆的初步创意

092

大庆之行圆了笔者多年的崇尚之梦——寻访少年时代就向往的铁人精神的永驻之地。此次行程匆匆，既有倾心领略，也有雅兴观赏；既有难忘印象，也有感触良多。

一、关于湿地节的总体创意

大庆创办湿地节，应得到充分的肯定，因为它上承国家倡导生态文明的时代精神，下接改善城市环境、有利安居惠民的现实需求，是一种"反弹琵琶、文商交响"的战略性选择。这种做法有利于淡化大庆作为石化之城留给人们的印象，易于营造符合现代理念的城市人居环境和清新持久的经济发展业态。

节庆应否创设、怎样筹办，取决于城市决策者对节庆直接或间接效应的期待。湿地节不像啤酒节能产生直接而丰厚的经济回报，因为湿地不是人为的产业形态，而是"上天的造化"，是典型的自然状态。从这个意义上讲，湿地最需要人们的"非进入"状态，而非大量的"进入"状态。湿地节对大庆城市形象的改善显而易见，犹如大连服装节并非为振兴或提升服装产业而办，却极大张扬了城市精神和文化形象。所以，湿

地节的举办不是对经济效益的直接索取，而是对环境效益的美好期许，是通过节庆文化生态特有的活力，更高层次地持续回报大庆。

做个简单而有趣的推论：大庆有湿地，但有湿地不一定就有代表性和特征性的文化共生现象，即使有文化也未必就能发育成万众参与的节庆活动。其实，湿地本身没有文化可言，犹如啤酒本身也没有文化，是善饮的人群或好客的民风赋予它承载欢乐的使命，所以它才变得有了文化意味和精神征象。再者，湿地节就是湿地节，加不加"文化"二字无关紧要。国内的许多节庆都以"文化"冠之，反而显得没有文化。绝对意义上的文化是具有排他性的，具有不可复制的个性特征。巴西狂欢节就是南美特有的桑巴文化显现，将它移至诺丁山或威尼斯，会出现文化的排异现

象和精神气质上的不伦不类。另外，按照标识和符号创作的基本原则审视，越是从简的就越是易记并便于传播。因此，大庆湿地节和大庆石油节如不加"文化"二字，反而显得更有文化，更易于辐射到公众内心和记忆深处。

二、关于大庆旅游节庆资源的优劣分析

大庆有两种发育旅游和节庆的显性资源——

一是精神资源，即人所共知的工业学大庆的思想核心"铁人精神"，说通俗一点就是艰苦创业的精神，这是大庆在国内拥有的唯一稀缺资源。这种资源不会随市场经济的推进而贬值，也不能因与时俱进的形势而废弃，相反，共和国的今天更需要靠上下齐心协力、共同攻坚克难的精神来推动各项事业的发展。比如，今年接踵而至的雪灾、地震等，并不能依靠单纯的市场力量去拯救，而要拿出当年"石油大会战"迎难而上、顽强拼搏的精神来战胜艰险、挺

过灾难。从这个意义上说，大庆把石油作为立节之本和节庆的第一品牌去打造，可能对公众更有感召力，对自身特有的文化更具沉淀力和张扬力。

二是生态资源，即湿地，并非大庆专属的唯一资源，既非最大，也非最优。因此湿地只能是大庆的辅助性资源，是配合石油城美誉、提升大庆新形象的烘托性资源。湿地节应作为石油节配套的环境优势或资源优势，单独展演湿地节就会将大庆较脆弱的部分呈现给公众。

在湿地和石油之间，应做出必要的取舍——两者相较，主次分明，石油为主，湿地为辅。就像青岛旅游一样，近年的重要卖点便是工业旅游和港口旅游，因为青岛有海尔、海信、青啤等一批享誉世界的企业，更有年吞吐三亿吨的现代化大港。到青岛看山、海、城之美固然诱人，但若能领略名企和大港的风采，更令游人期盼和惊喜。作为个人，来大庆的目的不仅是游湿地，而是带着敬慕之心参观石油之城的别样风采。大庆应具有个性的城建风貌、个性的城市精神、个性的业态形式、个性的节庆题材，千城一面和千节一律不会引发游客的兴趣。所以，主线一定是石油之城独有的魅力，辅线可以有湿地、观鸟、美食等。如将湿地作为主线，将石油之城和"铁人精神"作为辅线，就会产生主线单薄、辅线粗壮的倒错效应。

三、关于新兴节庆活动的发展趋向

新兴节庆活动主要有两种趋向，一

是消费的趋向，一是娱乐的趋向，湿地节的娱乐元素不强，消费性也较弱。虽然它品位脱俗、旨趣高雅，但易于形成纯粹观光和单纯欣赏类的节日，很难实现让游客深入其中、体验其美、消费其物的初衷。

必须正视这样的现实：湿地本身是美好生态的象征，但不是所有美好的事物都能发育成万众参与的大型节庆活动，因为当今新兴节庆的一个显著特点是，靠群体的消费来推动，需要必要的商业模式来养护。政府在创办阶段的扶持是必要的，但久而久之的扶持反会弱化节日的生命力，使之行之未远、半途而废。国内此类节庆举不胜举，如山东淄博的陶瓷琉璃艺术节、青岛崂山的旅游文化节，都在三五届后难再延续，不了了之。

综上所述，节庆活动虽是新生事物，也有自己的发展规律，是可以通过科学的分析和总结得出正确的指导意见。一般而言，节庆大致要经历三个发展阶段，一是摸索始创阶段，二是完善提升阶段，三是走向成熟阶段。国内的许多节庆都是在实践中不断总结经验加以改进的，无论大连服装节还是南宁民歌节，都经历过一波三折的历程。由此想到，湿地节也好，石油节也好，应该探索的是怎样少走弯路，早达理想之境。同时，要允许节日在探索中存有失误，这很正常，符合事物发展的客观规律。

从向往西藏到西藏向往
——探究雪顿节与旅游的关联互动

095

对"西藏"产生概念是在少年时代，才旦卓玛极富民族特色的嗓音是初始的印象。从那时起，遥远的神秘和莫名的魅惑就形成情感的牵引。后来的《回到拉萨》《青藏高原》《天路》和雪顿节共同营造的整体美感，更强化了向往的冲动。而今，携半百人生的阅历到此游学，仍充满童稚的猜想和朝圣的心境。可以说，当年和现今都是通过悠扬的歌声认识西藏，通过舞者的翩跹感知西藏，而载歌载舞几乎是所有节日共同的外化形态。雪顿节以歌舞见长自不待言，它融宗教仪式、传统文化和民族习俗于一体，汇歌舞表演、特色美食、竞技赛事和经贸展示于一炉，是千百年来藏民族在雪域高原培育的一朵奇异之花，存蓄了世界文化多样性中的绚烂一枝，绽放着当代采风旅游的罕见瑰丽。笔者从"向往西藏"到"西藏向往"两个向度，宽视域地领略节日的历史缘起和别样风情，论述雪顿节与旅游发展的多重关联，并从品牌凝塑和外延扩张上，探求节日的传承创新和永续运营，使雪顿节成为藏民族重要的精神支点和西藏旅游鲜亮的独特标志。

一、由来与走向——时空维度上的灵动诉求

少数民族的传统节日多半是原生态文化的传承和弘扬，已深深烙印在人们共同的记忆之中，是相通血脉中的共有节律和脉动。大凡民族节庆都个性鲜明、风韵独具，其开端往往不是人为的刻意之作，而是不经意间的随性创造，是对传统文化的自觉或不自觉的承续。以国外著名的巴西狂欢节为例，它创始于1641年，最初只是殖民统治

者为庆祝葡萄牙国王的寿辰而举办的活动，经过近400年的演进，巴西狂欢节已成为南美民间最重要的节日。当初看似偶发的个人生日庆典，播种了今天纵情歌舞、万众沸腾的盛大节日。以国内知名的傣族泼水节和内蒙古那达慕为例，泼水节曾是囿于狭小民族空间的传统展演，因为20世纪60年代初周恩来总理的参加和媒体的广泛报道，一跃成为当地重要的旅游资源，从偏隅一方到八方聚焦盛况年年。那达慕是内蒙古的夏季盛会，是蒙古族每年一度的丰年之庆，原本是本民族内部的欢聚交流与赛事竞技，鲜有游客前往观赏。近年来随着影响力的不断加大，外地游客的数量已呈陡增之势。

综观上述传统或民族节庆活动，它们都自发形成于无意之中，发展壮大于传承之间。最初或许都没有设定促进旅游和发展经济的目标诉求，但最终都成为扩大对外开放和抬升经济实力的强势载体。本次研讨会的核心话题——西藏雪顿节。"雪顿"意为酸奶宴，雪顿节按藏语直译的解释就是吃酸奶的节日，最令人神往的便是热烈酣畅的藏戏演出和规模盛大的晒佛仪式。中国历史上佛教

曾盛极一时，直到今天仍然是宗教中的巨擘。国内以佛教为主题的旅游节庆较少，山西五台山、湖南宁乡和山东济南长清近年都举办过涉佛节会，但都未能很好地阐释佛教文化的精髓，其影响也没有超越地域的羁绊，更无助于有效推动当地招商引资和经济发展。问题的症结有二：一是过于纯粹，唯佛是举。现今商业社会单靠佛事来扩大影响，促进发展，似乎缺少内在的动因和助力；二是过于重利，借佛经商。将佛教文化节沦于当地招商引资、发展旅游的陪衬，既使佛法的庄严打了折扣，也无益于经济的提升。

雪顿节是目前国内节庆活动中的例外，因为它在时间和空间上具有多重不可复制或超越的优势。在时间上：一是创生最早，11世纪中叶它就以节日的雏形面世，可被确定为中国宗教类节会的开山之作，且历经千年风雨不衰，延续至今日益隆盛；二是敬佛全年。藏族是中国信教人口比例最高的民族，佛教已浸染精神世界、融入日常生活，如阳光、空气和土壤一般不可或缺，是365天全天候全年景的敬仰，其影响深广非国内其他宗教节会可比；三是凝练呈现，

国内的佛事活动通常是佛诞日的庆典，以及每月初一、十五烧香拜佛的例行公事，而雪顿节摒弃零星琐碎事务，将时间浓缩于欢快的一周，通过每年一度的节日盛举来展演其魅力。在空间上：一是距离空间。国内原有的佛教圣地在城市化的进程中，要么陷入繁华中央，要么距城业已不远。城市化在带来人气和财气的同时，也造成节会主旨的明显缺失。因为，人佛近居，神灵难显，削减了距离感，就必然消散敬慕感。借用法国前总统戴高乐的名言："没有距离就没有权威，而没有权威是任何事情都办不成的。"对人如此，于佛亦然。二是内容空间。综观国内的佛教节会，大多内涵空泛，形式单一；庄重有余，放达不足；肃穆过甚，随兴欠缺，使本应神怡心畅的节日变得僵化暗哑。雪顿节则不然，宗教规制与民间情怀相伴而生，可谓人神同乐、天人合一。所以说，雪顿节是民族性格的产物，也是宗教繁盛之幸事，亦将成为西藏旅游强劲的吸引物。因此，

可以为雪顿节做个美好的设想——它集合了传统文化、民族性格、宗教意蕴等多重优势，同时兼容新兴节会膨化经济的诸多特性，完全有理由发育成国内知名、影响世界的佛教盛会。

二、凝练与拓展——功能视域上的旅游指向

在欣赏和赞叹之余，不妨坦言其不足——与纵深绵延的历史底蕴相比，节日尚有较大提升空间：美誉度虽好但影响力不够广泛，外来游客的比重亟待提高，来自市场运作的收益仍不理想，对城市经济的拉动还不明显。为此，今年组委会提出探求新的办节方向，强调节庆与旅游的双效结合。当然，节日与旅游之间不是简单的线性关系，应从宏观层面和全局视角发掘两者之间的关联与互动。

（一）节日现实地位和发展功用的确定

节庆活动有益于城市形象的提升和再造，这是老生常谈，但仍有鲜活的例证可供参照。沈阳作为中国北方的工业重镇，曾为共和国的经济发展做出不可磨灭的贡献，但改革开放30年后的今天，这座城市的历史地位被明显边缘化了。于是，人们在寻找一个重塑形象、再造生机的重大契机，来恢复和焕发一座城市的活力，与世界园艺博览会的不期而遇成就了这座城市的梦想。现在的海南已跃升旅游大省，但10年前的情形远非如此，也就是近些年的功夫，海南以其他省份或不敢也不愿尝试的举措，大胆地引进了世界小姐总决赛，在短时

间内赢得世界的高度关注。同时，借力博鳌论坛的国际影响力，树立起高端会议举办地的鲜明旗帜。

归结起来，雪顿节在品牌化实现与城市经济发展互动过程中具有四方面的作用：一是作为特殊的旅游吸引物，可以在旅游产品体系中扮演"导引者"的角色；二是作为旅游形象和地方形象的塑造者，能够有效烘托和提高城市的声誉；三是作为激活旅游目的地的催化剂，可以全方位拉动城市基础设施建设；四是作为城市的友好使者，能够顺畅地与世界进行对话和交流，加快拉萨对外开放的步伐。

（二）节日与旅游互动层面上的提升

从促进经济发展的角度讲，雪顿节还有不少作为的空间。首先，从当今节庆活动的发展规律看，节庆与旅游迟早会形成紧密的关联体。即便是传统的民族节庆，其内质在保持初始味道的前提下，不能使之过于宗教化和神秘化。内蒙古的那达慕也是民族盛会，但其种种外化设置更便于游客参与，产生的经济回报也较为可观。其实，节日在不断累积传统底蕴的同时，其外延形象完全可以转化为旅游形象。雪顿节应以"走下神坛、步入人烟"的尝试，来拓展全新的形象空间。只有这样，才符合现代观念审视下的节庆模式，才符合市场理性的置换要求，才可用更高的标准来衡量它的成功。德国狂欢节经过750多年

的展演，这个结束斋戒的宗教节日已发生本质变化，成为充满都市风情的欢庆大典，"让大家都来欢乐"是节日的调性，浓郁的宗教色彩让位于激情的旅游旨趣。

真正有价值的节庆活动与旅游行为之间应存在三重关系：

第一层是依存关系，表现在两方面：一是节庆与原创文化的依存度，二是旅游与节庆的依存度。如山东的孔子文化节，在文化上可追溯2500年，至今依凭着"仁义道德""之乎者也"的卖点；在现实中依托着"三孔"的建筑遗存的恢宏架构，勾连着文化旅游的热潮。

第二层是互动关系，好的节庆与旅游之间在内容和形式上有强烈的互动感。举例说明，云南的火把节原先是相对封闭的纯地域性活动，是相对固定的

人群之间为了庆贺丰收彼此取乐、相互感染的节日，因其强烈的动感色彩，现已成为中外游客争相一睹、倾情参与的

盛大节会。

第三层是领属关系，即节庆活动常常成为当地旅游的"领跑者"，而不是跟跑的"随从"。许多游客去当地旅游最直接的目的和最激越的冲动是为了参加节庆。青岛的啤酒节体现得最为明显。每年夏季节日时段到青岛，有多达1/5的游客是冲着啤酒节而来。数字分析也吻合

上述观点，2006年啤酒节创造的直接效益6.23亿元，而整个城市为此分享了33.06亿元的收益。

三、传承与创新——品牌视角下的永续运营

创新不是目的，而是为了更好的继承。节庆是一种特殊的文化形态，这一形态的极致便是品牌化。因为，一流的节庆铸造品牌，二流的节庆制造产品，三流的节庆只图热闹，四流的节庆追赶时髦。节庆品牌化是节日不断前行的动力之源，是实现超值的晋升之阶，是获得形象递进和永续运营的重要保障。

（一）文化张力有助于品牌地位的夯实

新兴节庆活动的核心价值是人文精神的彰显，其最高境界是艺术化地解读人性和展演人情。节庆之所以引发关注、引人入胜，因其具有强烈的文化诱导力，而文化"场效应"吸纳和激发公众的情感消费欲念，这种欲念的叠加使节庆产生扩张力。相比而言，传统节庆更能吸引外来目光，如意大利威尼斯狂欢节，以强烈的文化个性为世人所激赏。再如北京奥运会开幕式，5000年的经典凝塑和50分钟的激情释放，让文化的张力飞越国界，令五洲四海为之倾倒。雪顿节传统资源优渥，人文积淀厚重，其厚实的文化内存经过岁月发酵，已具备面向世界广泛推介的播扬之力。

（二）民族特质烘托品牌魅力的彰显

雪顿节是聚集效应明显的民族节日，需要在强化自身特质和顺应发展大势方面凸显"四性"。一是专属性。节庆是特定时间、特定地点、围绕特定主题举办的特定活动。专属性是凸显个性特征、迥别其他节庆的首要法则，也是节日成功与否的先决条件。雪顿节在专属性方面不曾游离，在个性化方面称誉节坛。反观国内许多带有民族特色的节庆，由于专属性褪色、同质化严重，不仅上扬动力不足，生存立点也摇摆不稳。二是普适性。民族类传统节日成熟与否，不仅取决于本色的固化和特性的坚守，也不单决定于本民族对之评价如何，更重要的是节日能否顺畅地与其他

族群和外部世界进行交流。纯粹的宗教法事可以不与凡众的意念交汇，不与尘世的立场苟合，但经过近年对传统的再造和提升后，雪顿节已嬗变为充满活力的新兴节庆，须在更广的视域内追求普适，赢得众生。三是参与性。节日作为动态旅游资源，参与性是对游客产生吸引力的重要诱因。无论青岛的啤酒节还是拉萨雪顿节，游客需要的不仅是观赏，而是渴求参与和体验——更深切地感受人文，更率真地领略风情，更忘情地融入其间，更美好地乐在其中……而目前雪顿节在外来游客的参与性设置上还未达理想之境，仍有文章可做。四是开放性。开放是最好的保护，闭守无异于遏制。长期以来，悠久的历史遗存和特殊的地理位置，蓄存了雪顿节浓郁的宗教色彩和民族风俗。这种色彩和风俗较好地呵护了地域文脉的延续。但若过度讲求宗教尊严和密闭民族特性，会使节日陷入"自闭"情态，成为单纯宗教意

接，从而更好地顺应旅游大潮的走势。

（三）市场观念抬拉品牌价值的递升

经济效益和社会效益的并联实现是节庆活动的理想目标，国内外成功节庆大都同时展演两个效益的共荣——20世纪90年代，西班牙潘普罗那市政府每年为奔牛节投入约3亿元比塞塔，但节日每届都为该市带来80亿元左右比塞塔收入。一届啤酒节对青岛经济的贡献高达30多亿元，相当于青岛"五一"和"十一"两个旅游黄金周收益的总和。对社会效益的考察也颇为振奋。奔牛节与番茄节一道被称为欧洲经典的"红色风暴"，为西班牙国家形象和旅游品质博得最大的亮点。啤酒节在18年与世界干杯的酣畅中，以不同凡响的气质和对城市开放的贡献，被誉为中国新兴节庆的典范和亚洲最大的啤酒盛会。在两个效益上取得成功的关键在于观念更新，把举办节庆活动变成经营节庆产业，用一流的节庆资源培育优质的节庆品牌，用优质的

识的宣泄和民族情感的自娱，而非广大受众欣然于斯的自然情结，也有违节庆活动的发展规律。可以确信，开放不能使节日衰微和消弭，而是寻求与当代社会的精神契合，与现实生活的有机对

节庆品牌赢取市场的丰厚回报，用市场的丰厚回报兑现两个效益双丰收，形成"资源——品牌——市场——效益"的良性循环和持续延展。当然各地的节情不同，啤酒节的经验和模式在沿海发达城

市有楷模效应，在雪域高原未必灵验。

（四）休闲旨趣优化品牌内涵的质地

当前，旅游业正从单纯观光向休闲度假快速转型。所谓休闲，就是闲适状态下的休憩方式，通常不仅是寻找即兴的快乐，也在找寻生活和生命的意义。节庆如果仅仅从隆重中开始，在热烈中结束，缺少休闲的过渡和填充，就很难在一次性的激荡后产生再度体验的愿望。从这个意义上讲，雪顿节应在热烈之余营造更多休闲意蕴，因为休闲氛围可以丰富旅游的旨趣，同时在节日的外延部分起到淡化宗教色彩的作用。

四、思考与建议——更高层面上的路径选择

（一）再求主题的鲜明化

主题是节日最凝练的主旨诉求，集中体现节日的本质特征和鲜明内涵。雪顿节内涵上主旨深邃、意境辽远，外延上披挂朴拙、征象奇异，有着美好而神秘的文化意象，将主题确定为"魅力拉萨·欢乐雪顿"

似乎未能充分达意。因为"魅力"一词已用得过多过滥，是专门留给那些没有个性的城市用的。拉萨是个性鲜明之城，用了"魅力"就等于将自己的鲜明淹没在所有那些缺少魅力城市之中。所以，主题上不妨再作推敲，增加概括力、凝练度和传神性。即使稍加改动为"风情拉萨·欢乐雪顿"或"神奇拉萨·千年雪顿"，

都能更好地传达城市的特色和节日的神韵，因为制造神奇和悠远的感觉更符合雪顿节的精神实质。

与主题相关的还有，节日缺乏一整套合乎现代旅游推介理念的形象识别系统，例如规定性的色彩运用、标准中英文的使用等，应当准确地向公众传达统一的信息和符号体系。

（二）养护文化的原生态

雪顿节最富原汁原味的质朴感，之所以汁醇味美，概因文化生态未受污染。需要注意的是，不能因为倡导旅游、促进经济便疏忽对原生态文化的养护，应着力处理好两种关系。一是内核与外延的关系，应遵循内核聚敛、外延放大的原则。内核是节日之魂、理念之根，是节日得以传承、彪炳史册的主脉，切不可泛化、俗化和物化——在迎合中失去自我，为世俗而丢弃神明（例如宗教仪式的神秘感和节日传奇色彩的适当构筑）。节日的外延部分可以适度宽泛处置，使之通俗化、功能化、娱乐化和平民化，符合新兴节庆的促销口径，适应普通游客的消费胃口（例如故事性和参与性项目的添加）。二是显性和隐性的关系，应坚守涵养显性、扩张隐性的原则。传统节日是一个民族本原精神和特有性格的产物，节日迸发的文化感染力是其显性效应的最好体现，所以不能将节日本身培育成纯然的商业载体，指望它产出巨大的显性收益。节日的隐性效应是整体的综合概念，它是全部间接拉动的总和。国内许多节庆提出"市场运作、以节养节"，这一观点乍看有

理，实则偏颇，因为它未将整座城市巨大的隐性收入统计在内。只通过自身效益的计算来评价节日优劣的做法，是不讲科学、无法持续的短视行为。风物长宜放眼量，相信拥有千年历史的雪顿不会迷失于昨天与未来之间，会在显性和隐性的互动运作中，实现形象的最优化和效益的最大化。

（三）实现节庆的大交流

据统计，国内现有节庆6000余个，但节庆之间缺少实质性的沟通与借取，交流与合作还非常初级，这是一笔不小的财富损失。其实，加强交流与合作可以明显降低节日成本，包括理念成本、经验成本、宣传成本和物质成本。青岛的啤酒节在20世纪90年代初，即与慕尼黑啤酒节签订合作意向，建立共同促销体系和双方互访机制。青岛与拉萨的距离总比慕尼黑要近得多，巍峨的雪山与湛蓝的大海存续着梦想的距离，醇香的啤酒和美味的牛肉仿若天生的绝配，上苍在两者之间预留了美好而宽广的合作空间。

造访拉萨和感受雪顿实现了平生夙愿，在这960万平方公里，个人旅游的Discovery已达极致、再无憾事，但对民族传统节庆的探究才刚刚开启且兴味盎然。古罗马诗人维吉尔曾说："一个民族经典的过去就是它璀璨的未来。"让我们共同回眸西藏曾经的经典，并期盼未来夺目的璀璨早日来临！

时 间 *2008年10月19日*
地 点 中国·上海
事 由 上海国际艺术节
"十年之路"发展论坛

比较中的欢乐寻求和学术启悟

——上海国际艺术节与青岛国际啤酒节的差异化品鉴

在上海国际艺术节拉开十周年庆典的序幕之际，青岛国际啤酒节也刚刚加冕了18岁的成人之礼。青岛与上海除了"数量级"不同，在本质和品位上有许多相近或相似之处：都是沿海开放城市，都是中国近现代工业的发源地，外向型经济都比较发达，都有明显的海派文化特征，都是国内外游客重要的旅游

目的地。但细细品味，两座城市虽相距不到千里却个性迥异：一个地处南方，优雅柔婉又不失恢宏的江南气韵；一个位居江北，粗犷豪爽而兼具清秀的亮丽色彩。以节庆活动为例，在不同诱发因素、培育机制和目标诉求的作用下，青岛与上海的节庆各呈异彩，为各自的城市赢得荣耀、艳羡和尊重。本文从资源类别、城市性格和文化底蕴的成色比较中，多视角地探求两个节日共性的欢乐与旨趣的差异，进而阐发对国内新兴节庆未来走向的感悟和期盼。

一、起始点的不同

首先，应当考察两个节日的起点。可分为两个概念，一是资源起点，二是时间起点。

就资源起点论。这里的"资源"可以被理解为发育或膨化节日的原始和基础的介质，一般分为具体实物性（多呈物质消费性）和非实物综合性（多呈精神消费性）两类。具体的实物性介质如啤酒、龙虾、番茄等，非实物综合性的介质如音乐、影视、旅游等。上海作为中国乃至世界最大的城市之一，其节庆活动多由非实物的综合性介质发育，如旅游节、艺术节和电影节等。这也是全球性的现象，纽约、东京、巴黎这些国际知名的超大城市，要么没有资源独特、个性凸显的标志性节庆活动，要么只有现代题材的综合性节庆活动，如时装周、旅游节、电影节等。相反，一些非一线的中小城市却拥有题材特殊和个性鲜明的节日，例如马德里和巴塞罗那虽然是西班牙最大的两个城市，人们却很难列举出其显赫的节庆名称，但帕潘罗那（Pamplona）和布尼奥尔（Bunyol）这两个知名度不高的小镇，却分别上演

着令世人称奇，尤其让年轻人痴迷的奔牛节和番茄节。再如洛杉矶不可谓不大，也没有自己名下像样的节庆，倒是它周边的小城帕萨迪那（Pasadena）拥有举世闻名的玫瑰花车大巡游。慕尼黑作为啤酒之都令人称羡，它的十月节（October Festival）更有世界第一啤酒狂欢节的美誉。可同样在德国，人口两倍于它的柏林，近年尝试移植举办的啤酒节却无法获得相应的成功。上述事例或许说明三点：其一，大城市通常文明程度较高，管束性和秩序感明显，生活在其中的人们思考偏重理性化，行为趋向模式化，国内的几个重点中心城市尤其如此。例如，中国国际啤酒节在北京办了三届便举步维艰，迁到大连却如鱼得水，道理就在其中。一是北京的政治中心地位决定了大事频仍、要事繁多，极易消减一般节庆作为"特殊事件"所迸发的影响力；二是传统文化底蕴厚重的北京，对节庆激起的时尚元素常常波澜不惊，啤酒节洋溢的泡沫会被轻易地覆盖。其二，大城市人口众多、构成复杂，且基本以外来移民为主，不同的移民背景决定了人们传统习俗、文化旨趣、生活态度，甚至政治立场和宗教信仰的不同。在城市化的快速进程中，大城市常常疏忽和失却对原发性文化的呵护与陪伴，导致原生态的文化蓄存量普遍较低。再者，文化多样性并存的现实也决定了较难寻觅到共识性的资源介质和精神传承物，供全体民众倾情期待和竞相追捧。其三，节庆就其精神实质而言，所寻求的是个性空间的释放。当

今，城市节庆存在日益强调单纯娱乐性氛围营造的倾向，明显缺失对经典的传颂、对高雅的礼赞和对宏大叙事的热情。这种情形与大城市所追求的地位感、品质化和精品意识存在明显的差距。

就时间起点论。青岛的啤酒节于20世纪90年代初就始溢醇香，上海艺术节则于90年代末隆重登场。坦而言之，啤酒节当年的创办不是深挚思考和成熟规划的结果，而是带有一定时代偶然性和创办冲动性。那时，国内已有部分城市不再囿于传统节庆和国家主导的节庆，尝试创办具有城市个性和特色文化的新兴节庆。青岛作为沿海开放城市，在经济获得快速发展的同时，缺少一个能让市民欢快参与的主题性节日，在尝试"垂钓节""游园会""青岛之夏艺术节"后，依然没能找到合适的节日载体来宣泄人们内心的喜悦和激情。在反复梳理城市文化资源以便创设标志性的节

庆之时，"啤酒"这个具有引爆力的题材在瞬间便聚集了公众视线。因为青岛啤酒与城市同生共长近百年，其特有的印记已渗入青岛文化的肌理，只有以啤酒作为主题，才能丰沛地阐发青岛的个性魅力和整体诉求。

而上海艺术节则不同，作为小平同志视察南方谈话中国赢得"第二春"的实践和受益之地，经历了20世纪90年代的迅猛崛起和后来居上，创造了令世人刮目的经济奇迹之后，上海在时间和空间两个纬度上都具备充分条件，来认真地梳理过往，强势地整合今天，兴奋地预支未来。

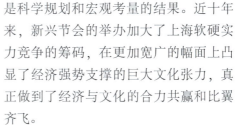

城市太需要一座具有国际视野的宏阔平台，来充分表达自身已有的空前高度，创造与世界平等对话和交流的机缘。于是，一系列重大的新兴节庆应运而生——从电影节的华丽启幕，到艺术节的缤纷亮相；从旅游节的升级换代，到APEC的高端聚首；以及2010年世博会的成功申办……各类大型节会活动相继绽

放，是上海整体文化战略推进的产物，是科学规划和宏观考量的结果。近十年来，新兴节会的举办加大了上海软硬实力竞争的筹码，在更加宽广的幅面上凸显了经济强势支撑的巨大文化张力，真正做到了经济与文化的合力共赢和比翼齐飞。

二、大目标的趋同

无论是传统节日，还是民族节庆；无论城市新兴节会还是国家主导的大型节庆，终极目标都是创造感动，或感动城市，或感动民众，或感动历史，或感动世界。青岛的啤酒节感动了青岛这座城市和对之向往的中外游客。上海艺术节则从更高的层面上感动了中国，感动了世界。当然，在通向终极目标的路上，两个节日在不同的层级上各有千秋地表达着个性的诉求。

（一）体制和规格

上海艺术节是文化部主办、上海市政府承办的大型节庆，办节体制有明显国家级的规格感，传播渠道易产生世界级的影响力——从国家领导人的莅临观赏，到国际巨星和著名团队的倾情参演；从节日庞大而精致的框架设置，到好戏连台、历时一月的展演长度，无不彰显节日宏大的体量和精巧的构思。青岛的啤酒节则明显带有本土化和地方性，体现着明显的市民情结，既无政界要人和社会名流的光临，也未见演艺明星的加盟捧场，甚至缺少必要的排场铺设和规格意识。

（二）品位和口味

上海艺术节是当今中国最高级别的

综合性国际艺术节，它在文化气质和精神需求上打造了国内最具品位感的艺术盛会。青岛的啤酒节是典型的地方节庆，营造了万众举杯、与民同乐的城市欢庆氛围。所以，上海艺术节为国人奉

献的是一道中外联袂、东西交汇的精神盛宴，而青岛的啤酒节则以狂欢形态，将城市百年蓄积的啤酒文化，成功物化为满足口腹之欲的消费形式，每年聚合300万之众共享啤酒盛会的欢宴。

（三）短冲与长奔

上海艺术节和青岛的啤酒节在用两种方式奔跑，不同的爆发力和耐久力决定了各自的目标归属。啤酒节似短跑冲刺，它需要在瞬间攫取惊艳的目光和接受短促的欢呼，而艺术节则更像长距离的竞技，丰富多彩而魅力持久的途中跑，需要不同肤色的人群、不同感知的浏览、不同指向的情趣，对它加以久长而耐人寻味的品鉴。由此，形成了二者追求的并行不悖：青岛的啤酒节往往满足于欢动一方水土的自娱自乐，而上海艺术节却年年求索视域的开阔和品位的上扬。

（四）事业和产业

新兴节庆活动的基本属性是社会公益性，从这个意义讲，艺术节几成上海

乃至国家的一项宏大艺术事业。因为艺术的宏观性和综合性特点，决定它不能简单地进行产业归类，所以上海举办艺术节依托的是城市的整体气质和通盘底蕴，而不是某个单项的优势或某个侧面的靓丽。啤酒节对于青岛则更似一项产业，因为节日有着较为单纯的依托——对青岛啤酒产品及其衍生的啤酒文化的依托。由此，产生两个节日无关宏旨的分野：艺术节有时可以不计成本地实现城市或国家艺术使命的追求，而啤酒节却首先要谋求支柱产业指标的实现，其次才是文化和精神层面上对城市的愉悦。

综上所述，上海艺术节和青岛的啤酒节在起点和走向上的不同，可用四句话概括：艺术节擅长广博资源的采撷，啤酒节鼎力单纯素材的提炼；艺术节在意精品理念的求索，啤酒节把握大众情怀的普适；艺术节侧重艺术巅峰的攀援，啤酒节倾心民俗旨趣的打造；艺术节力图宏观视野的拓展，啤酒节探寻特质文化的凝塑。

三、可比性的研究

成熟的节庆活动之间基本不具有可比性，无论理念、主题、内容，还是规模及具体形式都没有可比性。所谓"可比"，充其量是"借鉴"或"参照"的代名词，如办节方式、运作模式等，可以相互借鉴或参照。首先，国内还没有诞生一套科学的评估体系，游走于世界各地的所谓节庆评选机构，也无法拿出具有说服力的评选依据。其次，或许没

有必要进行严谨的数据分析和比对，因为节庆活动都充满个性和特色，用同一尺度去衡量和卡对基本不可取。比如两个少数民族节日，谁能分出雪顿节对拉萨的藏民有意义，还是那达慕对蒙古族更有价值。同理，北京国际旅游节和上海旅游节之间，谁能分出伯仲和优劣的根据在哪里。所以，上海艺术节与青岛的啤酒节之间，存在着横向比较的感知趣味，但不存在较真的高低权衡。从学术意义上讲，这两个节日几无互补可言，只存在比较中的相互参照和借鉴的探寻。

（一）相互借鉴、资源共享，提高两地办节水平

首先，青岛的啤酒节应在规格和品位上向上海艺术节汲取经验，使啤酒节习以为常的粗放状态得以改观，至少是让节日更好地适应不同层次消费人群的需求，尤其为高层的国内外来宾创造更舒适、更和谐的参节环境。同时，建议上海艺术节不仅在吸引世界优秀文化上更出彩，还要在城市特质文化的凝练上

下功夫；其次，两个节日在互动和共享方面确有不小的合作空间，例如艺术节上演的许多大牌节目，也是啤酒节拟邀的国外团队，但由于信息不灵、沟通不便，啤酒节走了些许弯路。另外，在演出服装、舞美道具等方面也存在相互借助的可能；再次，双方在创意策划、节目编导等方面也存在人才的相互交流的可能，在办节资料和经验方面也有参照和共享的必要。

（二）纵横推介、内外开花，加大节日辐射力度

无论上海艺术节还是上海旅游节，在对外宣传促销尤其国内市场的营销方面尚有不小的提升空间。据《中国会展经济发展报告（2008）》节庆活动的市场知晓程度调查得知，受访者知晓程度集中的前三大节庆活动分别是青岛国际啤酒节、上海旅游节和上海国际艺术节。从对上海居民的调查结果看，知晓程度最高的节庆活动依次为上海旅游节、青岛国际啤酒节和上海国际艺术节，其中对上海旅游节的知晓率占受访

107

者总数的81.7%。而在对外地游客调查中，占据首位的是青岛国际啤酒节，上海旅游节和中国金鹰电视艺术节位居第二和第三，其中对青岛国际啤酒节的知晓率为84.7%，高于上海旅游节18.5个百分点。由此可见，尽管上海居民对上海旅游节的市场知晓程度比外地游客高出15个百分点，但值得注意的是，青岛国际啤酒节在外地游客的节庆活动知晓度中位居第一，这说明上海艺术节和旅游节在国内旅游市场的促销力度有待加强。

（三）整体规划、凸显主调，有序推介节庆形象

上海是文化多元、经济多向的国际大都市，很难用一个标准和尺度规定性地要求节庆活动的取舍。但要正视的现实是，外来访客对上海举办的节日存有时序的混淆。其实，即便城市体量再大，人口再多，主打的标志性节日也最好选取一个。据不完全统计，上海目前正在举办的较大规模的节庆20多个，对于繁盛文化、促进经济自然大有裨益，但在对外宣介方面存在某种程度的无序，易于给公众带来纷乱模糊之感。慕尼黑是德国的啤酒之城、足球之城、旅游之城和总部经济之城，对外推介方面，慕尼黑似乎更懂得挥洒最强势的品牌——啤酒之城。因为过多形象的解读必然给外界带来信息不对称甚至繁复难辨。青岛近年来频繁推出系列城市形象概念，有失有得，失大于得，诸如"帆船之都""影视之城""音乐之岛"等

等不一而足。其实，青岛最应强化的形象概念就是啤酒之城，这样有助于自身文化定力的强硕与恒久。新兴节庆是城市形象重要的构建者和传播者，建议上海的诸多节庆应进行整体规划，力求布局得当，凸显主调，推介有序。实践证明，任何城市都不可能实现资源的全方位占有和形象的大而全塑造。

历练十载，辉煌初现。十年是圆满而美妙的轮回，艺术节已成长为上海标志性的庆典盛事，也是中国新兴节庆的卓越典范。通过历届上海艺术节珍存的画册，可以生动折射出节日的不凡履历——从第一届的简约质朴到如今的盛世华彩，从最初的单薄构架到当下的充沛丰美。十年树木，百年立节。站在十年辉煌铸就的全新起点上，祝愿上海国际艺术节的明天更加璀璨多姿！

依托铁人精神 打造品牌节庆
——筹办中国大庆石油节的设想和建议

在中国的石油开采史上，大庆油田的开发是划时代的历史事件，具有远超石油本身所蕴含经济效能的社会价值。"大庆"在国人心中不单是个普通的城市名称，也不仅具有石油之城的象征意义，而是凝练和浓缩了共和国发展史上宝贵的政治资源。对这种资源的深度开掘和高效利用，是超出大庆本身、城市本身和行业本身的国家行为。为此，创办大庆石油节应广泛征求各方意见，在充分酝酿和研讨的基础上，形成可行性的实施方案。

一、创办石油节的战略价值和宏观意义

应当从战略层面考量举办石油节的意义。这一战略所指既是自身发展的结构性需求，又是与其他城市的竞争性需要。因此，举办石油节的意义和功用，必须是高度和广度上的长远定位，而不是短期的渴望与释放，更不能出现夭折和断档。

（一）有利的推出时机和举办背景

大庆石油节的推出具有三大背景支撑：一是时代背景。2009年适逢新中国成立60周年，大庆油田开发50周年，大庆建市30周年。在三个重要时间交汇的节点上，举办石油节具有特殊的历史意义和纪念价值。这既是对当年铁人精神的重温，也是对建市历程的回顾，更是对共和国60华诞的献礼。二是政治背景。目前，中国正经历社会转型期的关键阶段，一方面，改革开放创造了经济繁荣和社会进步的景象；另一方面，政治信念和道德意识的松散正侵蚀着高速

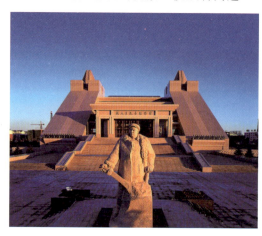

发展的肌体，亟须能够振奋民族精神的信念支撑和道德力量。此时，通过节庆的平台推出大庆油田艰苦奋斗的创业精神，上承中央精神文明建设的宏旨，下适当前中国社会的现实需要，可谓正当其时。三是经济背景。当前，世界性的金融危机已深度波及中国，在这个特殊的困难时期，尤其需要爱国、创业、求实、奉献的大庆精神来提振民心国情，

携手共渡经济形势的急流险滩。

（二）有助于呈现和张扬稀缺资源的价值

节庆所依托的资源或发育载体，必须是稀缺或珍贵的。对于大庆而言，最具独一性和品质感的资源无疑是"石油"。其独一性在这可以理解为最早和最大两个概念，即中国最早大规模开发的油田、中国目前产量最大的油田，其品质感表现在：一是其出产的石油品质上乘、业内称道，二是伴随着油田开发所产生和凝聚的精神质量。可以相信，虽创生较晚，但由稀缺资源所绘制和张

扬的节庆大旗将后来居上，产生强烈的感召力和影响力，在当今中国节庆的舞台上迅速聚合世人关注的目光。

（三）有利于培育可持续发展的文化"物种"

现在国内各地纷纷创办具有自身亮点和特色的节庆，意在培育新的文化"物种"，通过打造文化软实力来增加竞争筹码，实现经济增长方式的创新和递进。用辩证唯物史观来剖析过去和展望未来，虽然50年的盛产和稳产成就了过去的大庆，然而石油毕竟是不可再生资源，需要培育新型的资源来替代终会日渐稀少的石油，而大庆精神即是可再生资源的一种。以节庆的形式提炼和升华这种资源，是体现可持续发展的良策之一，有利于循环经济理念的实现，有助于绿色产业的成长；从长远观点看，对于解决未来城市发展的深层次、结构性矛盾也大有裨益。

（四）有利于提速对外开放的步伐

石油本身可被理解为"经济产物"，与这一"产物"打交道是商业行为。长期以来，大庆带有一定的保密性和封闭化特征。人们易于对石油重镇产生偏于一隅的固化印象，这显然不利于城市的整体开放和地位提升。目前，大庆作为国内知名的旅游之城还不够分量，因为它缺少吸引人们目光的情趣向往和物化由头。节庆活动总是伴随强烈的开放功能和消费指向，所以举办石油节将敞开大庆略带神秘的胸襟，为外来的人们营造宽松的心境，使之融入大庆

特有的文化生态之中——品鉴共和国的精神财富，感受辽阔无垠的广袤湿地，欣

赏珍稀奇异的鸟类禽族，体验多民族和睦共处的美好家园……进而，最大限度地实现人流、物流、信息流和资金流的交汇，达到大开放、大发展，实现城市功能由单一向丰厚和谐的快速过渡。

（五）有利于基础设施完善和环境优化

举办大庆石油节，必将促进大庆市的接待、交通、通信、城建、绿化等基础设施建设，优化城市环境，尤其是对于交通条件的改善具有很大推动作用。国内各城市在举办节庆之前，都十分重视交通、会场等基础设施的完善。例如，作为历届冰雪节的一项重要内容，哈尔滨灯饰亮化工程使松花江南岸沿江一带环境得到明显改善，形成两岸霓虹遥相辉映的壮观美景。

二、石油节与湿地节的纵横关系

（一）对石油节停办的反思

1999年在当地政府的支持下，大庆曾举办过石油节。但一届过后便难以为继，初步原因分析如下：

1.缺少前期策划和长远规划，主旨定位不够准确；

2.办节体制和机制先天不足，必要办节经验匮乏；

3.活动板块和内容存有缺憾，特色不够鲜明凸显；

4.主办单位大包大揽太强势，市场运作能量衰减。

（二）石油节与湿地节优势互补

一是主辅关系。必须跳出大庆看大庆，站在高处看大庆，"石油"就是大庆被强化多年的标志性符号，而其他资源都是相对弱化的辅助性符号。湿地固然美好且是生态的象征，但以"湿地"做主题来发育节日有两点先天不足：首先，知名度不够，许多人未去大庆之前甚至不知大庆有湿地存在；其次，大庆湿地在国内不具特殊性和代表性，无论面积还是品质，都很难排序靠前。所以，以"石油"冠节之名，并将石油作为第一吸引物来引发人们对节日的向往，是办节一级目标的实现，而节中感受和体验湿地文化则是二级目标的实现。若以"湿地"作为主线，将"石油"作为辅线，一级目标的实现就会弱化，二级目标也会成为空中楼阁。

二是互动关系。单纯依托大庆精神的感召力毕竟有限，因为新兴节庆不仅注重精神旨趣的愉悦满足，还要注重娱乐特性的充分表达，即构建物质消费上的畅快体验。石油节的举办，重在精神

层面的张扬，有利于一级目标的实现，为大庆吸引足够的客源支撑；湿地节侧重消费主旨的烘托，是二级目标实现的重要载体，可以有效关联"吃住行游购娱"六要素，以商养节，以节兴城。石油节与湿地节的联袂互动，实现了物质与精神二元因素的相融，将欣赏、感知、品味、体验等现代休闲方式进行有效搭配组合。在主题明确、有主有辅的办节方针下，石油节与湿地节将相互辉映、各呈异彩，为大庆这座城市赢得荣誉和艳羡。

在创意经济盛行的时代，盛产石油的油化之城将面临新型经济模式的探索和多元文化形态的兴起。大庆并不缺少知名度，也不缺少做项目和活动的资金，然而缺少创意智力资源的引进，也缺少吸引现代消费人群的足够理由。如何运用石油资源带来的广泛影响力，进一步提升大庆这座北疆城市的生机与活力，意义重大深远，责任艰巨。总之，通过节庆这种特殊的推介形式，是传承特色文化、凝练城市品牌、扩大宣传效应、促进和谐发展，从而实现对自然资源保护和精神内涵发掘的有效途径。

历史 物产 节庆

——余姚节会的深厚潜力与发展思路

关于余姚及其节会，可用以下文字来概括：文商共荣，城节互兴。节为城推介，城为节助阵；节热则城兴，城荣必节盛。

一、盘点：余姚独特的资源优势

一是江南锦城，物产丰饶。余姚地处上海、杭州、宁波等国内大都会辐射圈内，正借力国内乡村旅游发展大势，利用都市居民渴求原汁原味乡村休憩的心理取向，最大限度地提升生态和物产的价值。

二是文化重镇，名人荟萃。余姚素有"东南最名邑""文献名邦"等美誉，域内河姆渡遗址，拥有7000多年历史积淀。历史上，严子陵、王阳明、黄宗羲等名人辈出，更有当代著名学者余秋雨先生称誉文坛。

三是区位便利，交通发达。余姚位于浙东宁波平原，东与宁波市江北区、鄞州区相邻，南枕四明山。自古便因区位便捷而呈繁庶之势，是浙东重要的交通枢纽。如今，余姚坐拥长三角关口地利，发展前景十分广阔。

四是季节分明，气候适宜。余姚是东南沿海的小腹地，阳光充沛，温暖湿润。尤其是相对于上海、南京等周边大城市的喧闹与繁杂，余姚有自己相对静谧的小气候。域内的四明山脉，更适宜夏季纳凉避暑。

二、求索：余姚节会的臂力之析

近年来，余姚利用当地资源禀赋和物产优势，积极创办新兴节会活动。但作为县级市，余姚每年筹办10余项节会，既有力不从心之感，也存良莠不齐现象。

（一）"口感"与"富农"

余姚的节日多半取材乡间农产或水产，如杨梅、葡萄、柿子、大闸蟹、甲鱼，知名度最高的当数"杨梅节"。在节会发展

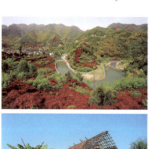

初期，借力独特物产达到凝聚人气的做法简单易行，但越来越多的地方节会夹杂着愈来愈复杂的经济成分，言必称经济、言必称拉动、言必称指标。"富农"日渐成为主办者的首要考虑，而"口感"则被忽略。节会最大的功能在于创造良好的社会环境、文化涵养和旅游气候，而非仅仅作为富民手段，即首先是改善形象，其次才是提振经济。比如，甲鱼文化节就缺少严谨的自我审视和必要的美感营造。甲鱼是什么，通俗地讲就是"王八"或"鳖"，人为地赋予其高雅气质和文化征象，难免有些调侃或荒诞的意味。试举一例，当地人广为流传，马家军正是凭借中华鳖精的滋养，才培养出王军霞等一批世界冠军。如今，早已难寻马家军在赛场驰骋的踪迹，没有中华鳖精，刘翔照样创造世界纪录并在奥运会上夺金。再举一例，非洲长期是贫穷落后的代名词，但每年都培养众多世界长跑冠军。问题的实质并不在于中华鳖精或某种食物多么神奇，而是非洲族裔特有的运动基因和在科学的训练方式。所以，对物产类节会不应肆意放大，推向神乎其神的地步。如能达到观者云集、食者向往的境地，那才是余姚节会成功的标志。从单纯的物质层面，循环上升到非物质层面，更是节会赖以生根发芽、延续千年的根本所在。今天，人们欣赏河姆渡并非源自对陶陶罐罐的迷恋，而是其中非物质文化带来的启示和深省。

（二）"文化"与"伪文化"

余姚至少有4个节日被冠以"文化"二字，如"茶文化节""榨菜文化节""小曹娥梨文化节""甲鱼文化节"……其实节庆活动本身就有传承和弘扬当地特色文化的使命，是否冠以文化并不重要。比如，世界上大多数知名节庆，都没有以"文化"冠之，无论圣诞节还是情人节。现实中，国人很怕别人说他没文化，如果说没有钱让人感觉寒碜的话，没文化更矮化了他的精神存在，这是中国人的文化心理在作怪。余姚是河姆渡文化的沉降之地，诸多历史文化名人汇聚之地，而在当今却被淘洗得如此苍白。到了靠节会名称来标榜文化，说明它的文化地理已发生可怕的游移，已不再是文气蕴蓄之地。不要以为在物产名称后加上"文化"二字，然后再加上"节"字，就可成为响彻千古的佳节。春节的名称最简单，只有两个字组成，甚至可以约化为一个字"年"，其中并没有让"文化"二字加塞，却得到数千年一以贯之的传承，成为56个民族的共同记忆和自觉行为。再如，中国的茶文化源远流长，距今已有3000多年历史。从唐代陆羽撰写的《茶经》开

始，上至王公贵族，下至凡夫俗子，无不把茶作为待客上品。在中国，真正物化成文化的产品只有酒和茶两类，这两类文化的形成都是时间积累的结果。有的物产有特色却不一定有文化，冠之"文化"十分勉强。再举甲鱼的例子，西方人基本不吃，我们却认为是大滋大补，甚至凝化成滋阴壮阳的养生文化，俗气又可悲！其实，应该以开放的心态来审视自己和面对世界，而不是关门堵窗的高喊"文化"便有了文化。二是即使冠以文化，未必就真有文化，因为这是粗浅的文化，不易传承的文化，有泛化倾向的文化。总之，有物产不等于有文化，有文化不等于能办节，要考究形成了怎样的文化，以及这种文化对办节能产生多大的作用。

（三）"旅游节"名称弊端

国内有400多个"旅游节"。"旅游节"名称太宽泛，旗帜不鲜明，定位不精确，没有给公众带来直接的形象和感知，远不如直接加入具体物产的名称而直奔主题，无须装饰、无须陪衬，如"啤酒节""龙虾节""番茄节"。例如"奔牛节"，说白了就是参与和观赏人牛竞逐的节日。余姚的有些节日名称可以具体化，如"四明山漂流节"。节日是对稀缺资源的利用，可以同名但不同命，有的节几届便夭折，有的节百年而不朽。象山是中国著名的渔港，也是黄海和东海重要的交接点。象山开渔节的成功赢在节点位置优越和渔家文化资源丰富。青岛的崂山被誉为"全真道教天下第二丛林""海上名山第一"，物产丰饶，尤以绿茶、樱桃、豆腐、虾米等农副土特著称，但从2004年开始，曾以"崂山旅游文化节"的形式力图囊括所有物产类节日，结果仅办4届便不闻鼓噪。原因之一在于缺少单纯、鲜明和具有主题感召的节日名称，未能提供直接供人品味和消费的终端产品。为此，节会不应求大求全，而应立足自身特色挖掘，将最能凝蓄本质的特点展示出来。

（四）"数量"和"质量"

余姚作为国内小有名气的百强县，近年节会创办异军突起，总量已达16项。余姚节会的最大问题在于多个重心、多头发展，缺失核心品牌的构建。

樱花红枫浪漫观赏节、茶文化旅游节、榨菜文化节、杨梅节、清凉避暑节等节会如串串珠玑，本意想串联起余姚的物产盛景，殊不知节会数量的超载已稀释了原本醇厚的资源。青岛作为副省级城市，在办节资源和题材开掘上比余姚丰厚，常年举办的节会还有海洋节、时装周等，但若让外地百姓评头论足，最能代表青岛风韵的莫过于啤酒节。评价节会是否成功的根本标准不在数量多寡，抑或规模大小，在于是否存在吸引市民、征服游客的精神内核。所以，城不在大，有节则兴；会不在多，有魂则灵。余姚节会的出路在于重点培育资源潜力大、文化张力强、发展前景广的节会产品（如杨梅节），以一到两个品牌节会为主打，其他附属节会应在遵循市场规则的摸爬滚打中探索各自的出路，而不能动不动就举着文化的幌子争做并无文化之事。

（五）纪念品的缺憾与开发

杨梅节使杨梅声名远播，但在初冬时节，既看不到，也吃不到，更不要说作为纪念品带走让更多人品尝。纪念品不仅可以增加旅游收入，还可起到保鲜和传播节会形象的作用。发达国家景区纪念品销售在整个旅游收入中占比很大，成为高附加值旅游收入不可或缺的部分。比如，杭州清河坊街历史文化特色街区，汇聚着老街、老房、老店、民风、民俗、民乐，是杭州市近年新兴的旅游热点，每年来这里旅游观光的中外游客超过千万人次。而这里200多家各具品味和特色的商店，更是游客购买旅游纪念品的绝好去处。再如，迪士尼乐园许多人无缘一会，但对其衍生品并不陌生，要么看过其影像作品，要么拥有其专属纪念品，要么听过其响亮的大名。由此可见，纪念品作为节日或景点的衍生物，其附加值也能创造不俗的业绩。

为此，余姚应着力做好两方面工作：一是尽早设立旅游商品开发专项基金，鼓励创造新设计、新产品。许多企业难以从事旅游纪念品开发，原因是研发人才不足，也缺少批量生产的资金。政府应对有研发能力、批量生产能力和产品销路较好的企业"扶上马送一程"，给予政策和资金方面的扶持。二是尽快建立和规范旅游纪念品市场，理顺展示和销售渠道。不妨选择人流量较大、店铺林立的商业地带建立旅游纪念品专营商场，统一品牌、统一价格、统一服务规范，使游客在此放心购物。一件称心的旅游纪念品，确实可将一座城市永远储藏于记忆之中。相信，凡是到过的游客，都乐意将"东南最名邑""文献名邦"这样最真情、最美好的余姚带回去长久地回味和欣赏。

以树育节　生长希望

↘——泗阳杨树节的旨趣营造和发展探求

本人姓林，生性与树有缘，常有缘自本质的属性感悟。杨树在中国种植广泛，本不是稀奇之物。20世纪70年代初从意大利引植适合的树种，使泗阳杨树的品质更好，速生性明显，成材率更高。近些年，参加国内节庆业界研讨较多，但参加以"树木"为题材的节日尚属首次。虽然树木也是特色物产，但其与果实、花卉等题材差异甚大，或许存在先天不足：一是杨树既不名贵，也不显赫，缺失认同感和品位性；二是缺少感知和灵性，比如人们常用"像个木头似的"来形容愚笨和灵秀不足；三是与文化关联的烘托和联想匮乏，很难想象林木能蕴蓄和迸发出像牡丹、茶叶那样的底蕴和情态；四是艺术性和娱乐性的旨趣不足，作为商业动机明显的杨树

节，为经济服务的直接性和目的性，覆盖了它对外传达的意象之美、欢娱之味。由于缺少资料分析和参与体验，上述言说可能存在经验判断的误区。下面，将理论与实践相结合，以微观评述和宏观阐发交叉的归纳，对从不结果的树木及其衍生的节日，进行综合性和阶段性的成果评价。

一、资源特性及文化含量决定兴衰

按照分类，杨树节属物产类节会。这类节会大致都强调以下特性：

（一）资源是否为独一性

节会往往是对举办地高能量资源的记忆激活和情感利用，资源的稀缺与否决定它的影响力和感召力。新兴节会发展的实践表明，稀缺资源能有效地摄取举办地的独特个性，而通过节会的形式更有助于将个性发挥出来。青岛的啤酒节历经18年的发育提升，已成为体现国内新兴节会水平的典范之一，被誉为亚洲最大的啤酒狂欢盛会，其不断壮大的重要根基，在于青岛拥有百余年积淀的城市啤酒文化。可以说，啤酒文化资源的唯一性和专属化，是啤酒节不断壮大的前提和超常发展的动因。虽然中国有

上千个啤酒品牌，几百个啤酒厂家，十几个啤酒节会，但啤酒作为一种产品与一座城市的关系如此紧密的只有青岛。所以，国内有些城市近年兴办的啤酒节，在参节人数和消费总量方面可与青岛比肩，但无论它办得规模多大，如何自诩成功，也只能算是喝酒的节日、啤酒消费的节日，而不是品味啤酒文化的节日。由此想到，杨树节在资源上可能并非具有独一性，但其杨树的质地和规模，以及由此衍生的文化现象和生态优势优于其他地方，这应是杨树节的资源性优势所在。

（二）资源与情感的关联性

资源与情感的距离决定公众对节会的亲疏程度。相对啤酒节和龙虾节鲜活的口感特性，杨树节很难激起人们的口腹之欲，可能存有精神领域或内心深处的美感联想，但毕竟与现实中人们生理的直接欲求相距较远。而啤酒和龙虾是美酒佳肴的生动体现，因为中国人逢大事、喜事、盛事都离不开好酒和美食，吃与喝这两个最简单的生理之需，拉近了节日与公众的情感距离。还有大连服装节，通过时装的美、模特的美，甚至性感的美吸引观众；洛阳牡丹花会通过娇艳的美、粉嫩的美，甚至妩媚的美，激起观者对美与色的希求，所谓"食色，性也"。毋庸置疑，这些充满魅惑的事物，更能吸引眼球，是办节的上乘由头。杨树吸引人之处除了外形的挺拔俊秀和平原林海的独有风采，更多的可能在于深层的情感营造。

（三）资源是否有美感特性

对于树木而言，要么有绚烂的花朵，要么有甜美的果实，要么有奇特的造型。单纯提供木材，哪怕是优质的木材，也与节日所需的美感征象相去甚远。杨树对生长环境并不挑剔，缺少特殊地理位置和气候条件的陪伴，可能使其外形比较庸常，很难产生强烈的美感特性。著名的黄山松，其独特造型和品相本身就是黄山的标志和代言。如将同样的树种移植到泰山，就不会有那样的品性和灵气，也就失去了它应有的美感意象。杨树在苏北具有明显的比较优势，泗阳也有独特的培植环境和领先技术，树木本身的高挑挺拔和连片风貌，以及节日所赋予它独特的文化气息，都可以提升它的美感意境。对美的追求是人的共性，所以，杨树节的第一追求是营造优美的泗阳环境，而不是把经济创收和兴企富民

作为首要目标。如节日
真的办出特色和水平，
也算生态经济和美丽经
济在苏北节庆舞台上的
一种流行。因为近两届
杨树节举办的"微笑大
使""杨树仙子""森
林婚典"等活动，涉足了美丽经济的推
出和展演。

（四）资源是否具有扩张性

　　节日能否做大做强，不断走向成
熟，很重要的一点是成长潜力的大小。
从目前提供的资料还看不出杨树作为物
产究竟有多大的市场空间，也没有关于
杨树节外来参节人数和成分的分析统
计，这就很难对节日的成长性做出客观
和准确的评判。假如说，杨树的产量有
限，这个节日的规模就会限定在一个适
度的范围内。如产量可以大幅增长，节
日的膨胀系数就会倍增。若要在产量限
定的前提下，放大节日的影响和价值，
可以参照青岛崂山茶的成长案例。崂山
茶现在名声渐起，但可供种茶之地不过
万亩，产量甚至不及南方的一个山村。
要想提高崂山茶的影响力，要么从理化
指标上提高内在质量，要么从文化包装
山茶的品牌价值。崂山茶与崂山茶文化
节之间的关系，就是借助文化平台有机
运作、协调发展的关系，杨树与杨树节
也是同理。所以，关键要看杨树节到底
预设了怎样的理想空间。其实，大有大
的做法，小有小的主张，许多节庆都是
由小放大或以巧增大，拓展出参节的倍

增效应。再如，举办番茄节的西班牙小
镇布尼奥尔，现在已不再盛产番茄，但
那段盛产的历史却被凝塑成一段永不断
档、高调张扬的节日文化。所以，杨树
节的扩张不仅是以产量的增长为前提，
关键要看其文化的张力有多大。

　　总之，以树木办节，有较强的领创
意识，也有良好的生态感觉和口碑效
应。当然，即使具备了上述四项资源优
势，并不意味着就可以无规划、无预见
地操持节日。主办方还需要从节日发展
的内在规律出发，需要就两个关乎节日
长远发展的话题展开探讨。一是每个城
县乡镇都需要办节么，二是泗阳是否必
须以杨树为主题来发育节日。当然，这
个话题比较宏观，也不是专门针对泗阳
来谈，但确有必要展开广泛探讨。

　　其一，有无必要城城办节，事事有
节。比如，青岛三面环海，海水湛蓝，
大海是青岛的优势资源，能因此就一定
要办个涉海的节庆么？杨树节成功举办
了两届，现在面临发展中的瓶颈需要突
破，这很正常。因为国内新兴节庆活动3
至5届是个"坎"，许多活动都是被这个
"坎"拦住或绊倒。再就是不一定非要
有浓厚的办节情结，勉为其难地追求节

日形态，因为许多节日的文化基因和情感诱因明显不足。

其二，对泗阳整体资源构成不甚了解，不敢妄断哪种资源更适合泗阳。从旅游项目策划和节会活动学理的角度讲，只有感性和灵动的资源，才适合作为办节的要素，这个话题在此按下不表，待"参透"泗阳后再做评述。

概而言之，中国不会凭借现有的6000多节会，就成为节会大国或文化强

国。节不求多，有魂才灵；会不在大，文化助兴。美国、德国、日本等国家的节会未必多于中国，却都是举世公认的经济大国、文化强国。节庆的终极目的在于创造感动，谁创造了感动谁就赢得了公众。杨树节在多大程度上感动了泗阳和江苏，感动了中国和世

界？可以据此进一步展开思考，这种思考将有益于杨树节的成长。鉴于泗阳的资源特性更适合举办展会，建议泗阳舍

弃目前"一会一节"的格局，集中精力和能量办好展会，举办一个扎根务实的专业博览会应是更理性的选择，其在国内外的影响力和对当地经济社会的拉动，不亚于一个无法以圆满成功来全面衡量和概括的节日。因为，举办节会既不是社会进步的必备标志，也不是经济增长的硬性指标，不办节也无损泗阳的形象。需进一步指出的是，国内节会活动有个共同特点，凡是节名中加"暨"字的，真几个成功和鲜亮的。

二、活动板块设置的优劣与取舍
（一）对过去两届的扫描分析

开幕式之夜的大型文艺晚会，各地节会都大致雷同，已经做俗做滥了，属于鸡肋式活动。虽然通过主流媒体参与主办，对宣传泗阳起到一定作用，但毕竟代价太高，收效有限，长此以往，难以坚持。为此，建议另选开幕方式，让它别开生面，泗阳独有。其实，国外除了音乐节，知名节会的开幕式基本不会选择音乐歌舞晚会。至少不能像开大会似的组织开幕式——大批领导正装出席、高调发言、宏论滔滔，可以想象得到外来游客听领导讲话时的不悦。所以，应当改变观念，调整思路，把握节会特有的情脉，尽可能使之自然、宽松、随性，体现还节于民、与民同乐的旨趣。

邀请文化名人开展"走进泗阳，亲近意杨"和"意杨礼赞"文化采风活动，应予以坚持并使之在运作上更富有特质内涵和美学意蕴。其弊端可能在名称——"意杨"这两个字上，因为除了办

节人和当地百姓知道"意杨"的准确含义，更多的公众不知"意杨"为何，这显然有悖传播学的基本原理。因为节会渴望吸引外来目光的关注，而"意杨"一词还需要推敲琢磨，甚或造成曲解。比如，×××国际旅游文化节，本身就缺乏个性化创意，有明显的混沌、隔膜和过度包装感，缺少新兴节会的"裸奔"状态，远不如西红柿节、大闸蟹节开宗明义、直奔主题。

举办"杨树仙子""森林婚典"等活动需要继续坚持她的美丽和浪漫，但应尽量使之扩大化，即评选和报名范围可以再拓展一下，利用宿迁和泗阳距南京、徐州等大城市较近的优势，吸引周边的报名者参与其中。以青岛的啤酒节为例，18届后真正给观众留下印象的绝不是开幕式大型文艺晚会之类的重头戏，而是当时看似陪衬性的活动——饮酒大赛和啤酒女神评选。

"全国摩托车越野赛"和"平原林

泗阳独有，若不是这样，举办此类活动意义就会大打折扣；二是应考虑活动过程中环境的可承受力，汽车、摩托车等运输工具的大量涌入，是否对泗阳的生态环境造成负面影响。若没有影响可考虑增量创设——苏北自驾营地——这一全新的旅游概念。

高端专业论坛有必要搞，哪怕它仅具有务虚性，只是频度适当降低，不一定年年都办。因为它是标志性和话语权的象征，在行业中学术地位的高度要保持下去。如青岛的海洋节曾举办过多届海洋科技论坛，办得很寂寞但必须寂寞下去，近30位院士的光临本身就是最大的资源优势和城市招牌。近年来的放弃是它最大的不智，因为海洋科技是青岛的绝对长项，除此，海洋节便魂魄尽失，终于到了眼下难以为继的窘境。

（二）对今后办节的设想和建议

首先是指导思想，虽然需要对节日的具体活动设置加以创意策划，但对活

海——自驾游"活动，应在实施过程中注意：一是"最大的平原林海"之说是否准确，"平原林海"自驾游的环境是否

动现今主旨和未来走向的探讨，是一切具体策划的必要前提。如果起始点出了问题，剩余的路程只能越走越窄。

一是关于事业还是产业的界定，二是新兴节庆的属性之争。这是两个痛苦且充满矛盾的话题。古今中外凡是能叫响、能传承的节庆，无一不是以强烈的公益属性著称，办节就是对公共利益的普遍关照，所以它的本质注定是一项社会事业。至少，办节人应当把节日当作事业去做，而举办节庆本身可能有利于产业的形成和壮大。

这就决定对杨树节的态度和立场，是以产业的弘扬作为第一目的，还是以节日营造的欢乐氛围为第一目的，这个辩证关系要处理好，即把握好显性效益和隐性效益的平衡。所谓"显性"最好是节日本身魅力的彰显，而充满魅惑的节日必将拥有巨大的"隐性"效益。巴西狂欢节和洛杉矶玫瑰花车大巡游，看似都没有表象化的经济收益，但其丰硕的隐性收入却是天文数字。所以，建议杨树节初始目标设定不要有过多趋利行为，更不能急功近利。比如青岛的时装周，当时以振兴"上青天"服装产业基地为动因而大肆兴办，前几届在不小的财政支持下尚能维持，近几届"断奶"便很难支撑。由此可见，通过办节来人为扶助行业发展，提高其产业的影响力，结果必定有得有失，失大于得，未必真能救活和放大产业的影响和优势。除此之外，还应树立培育的概念，青岛的啤酒节也是经过10年左右，到2000年才实现财政的零投入，出现节日本身的盈利，形成现在稳定的态势。所以，杨树节应对自己的发展有正确的预期。

二是杨树节所有活动的设计应符合当地经济社会发展、百姓欣赏旨趣，以及要与整个旅游产业的发育程度和旅游环境相配套。目前泗阳旅游作为产业可能仅具雏形，还有许多不够专业不够完善的课程要补，甚至要恶补。节庆和旅游是相辅相成的关系，而杨树节和当地旅游设施及接待能力之间，可能存在脱节或不匹配的现象。

三是关于产业链的打造应当独辟蹊径。因为速生速成，所以意杨的主要不是作为栋梁之材，而是做板材夹心，制造多层板、刨花板和高密度板。所以，应在产品的上下游多做文章，比如木材制作的家具含有较高的艺术成分，可以考虑在时尚家具的推展上做文章，而不能仅在原料提供上当下手。由此想到家具设计、木工机械制造这些行当，都有可能存有较高的附加值。其实，节庆本身就是创意经济的产物，完全可以移花接木，可以他山之石，可以拿来主义。啤酒曾经也不是青岛的原产，是百分之

百的舶来品。啤酒节也是西方人早在500年前最先从北非引进的。但如果缺少想象、不敢追仿，失去或错过了啤酒和啤酒节，今天的青岛将会怎样？或许只是徒具山海之美而缺失特殊性格。所以，泗阳的节庆不能被自身办节资源的相对匮乏捆住手脚，而应大胆探寻和借鉴国内外的成功创意，比如挪威的圣诞老人村，比如青岛的徐福东渡。

四是应有符合泗阳发展主旨和产业定位的节日主题，或有一句响亮的推介口号。目前方案提到的都是办节原则，比如"高端、创新、隆重、务实"，显得有些生硬，不利于和谐氛围的营造。缺少一个生动、亲切、想象韵味十足，且具有引领作用和诱导能量的主题或口号。比如"与世界干杯"，体现了青岛的热情与胸怀；再比如雅典奥运会的"回家"，仅两个字便胜却人间无数。

五是应当进行整体形象设计。从节徽，到吉祥物；从节日的标准中英文字体，到色彩的规定和使用；从主题口号，到节歌，以及理念识别和行为识别系统，可能还没来得及考虑，至少目前提供的材料还看不出这个节日的精心和精致。因为缺少规范性的前提，必然不利于节日形象的塑造和传播。

六是应当制定杨树节发展的长远规划。像城市制定总规一样，各行各业也都有规划，如旅游规划、交通规划等，节庆自然不能例外。目前许多地方节庆更像是新闻事件，在某时段的媒体上集中闪现、一阵猛轰，然后迅速冷却、悄

124

无声息。在这点上，慕尼黑啤酒节的规划意识和市场预测可供借鉴，他们已规划出今后20年清晰的走向。所以说，杨树节的长远规划不是组织者的几分热血、几多欢动，而是统揽全局、持之以恒的规划行为，为当地制定文化传承和经济腾飞双赢的发展战略。

七是应增加节会的故事性和传奇性。城市需要历史，节日需要故事。有时，一个历史典故便可增加城市之魅力与文化厚重。只要用心发掘，在泗阳寻找这样的典故并非难事。

八是具体活动的创设。2009年的杨树节要根据大气候来定夺，国家宏观形势决定了节会要么调整音调，要么逆市而上，可以考虑以增加生产和扩大内需作为第三届扩大声势的动因。提出几个具体的活动设想：

1.达到42%的绿化水平，可以创办或引进一个倡导生态文明的高层论坛，以此来提高公众的净土环保意识，提高泗阳的整体环境效益。

2.新兴节庆具有追求娱乐旨趣的趋势，所以应大力倡导体验经济，增加杨树节的趣味性和参与性，设置如树木砍伐比赛、攀援比赛等活动。

3.加强特色纪念品的开发。特别是通过木制纪念品，如传统的桃雕工艺，来强化旅游人群对优质木材的记忆、对杨树办节的记忆、对平原林海的记忆、进而更好地传播泗阳形象。

4.采取反弹琵琶之术，将国内知名的节庆论坛引进泗阳举办。杨树节还缺少知名度，那就首先从节庆行业内的扬名做起，业内人士的中肯评价和真诚褒扬要强于普通游客的言说。

5.大胆介入，积极参与，广泛交流。旅游就是交朋友，不能因为杨树节目前弱小就不敢或羞于参与国内业界的活动，那只能积弱积贫，更加矮化自己。

时间 2009年2月27日
地点 中国·淮南
事由 中国豆腐文化节研讨会

嬗变味觉　美奂色彩

↘ ——中国豆腐文化节放谈

大概在2000年前后，第一次听说淮南豆腐节，那是个颇具戏剧效果的瞬间——豆腐也可以拿来办节了？心怀几分真诚的疑惑和莫名的窃喜。但细细品味，豆腐还真是我泱泱中华的国粹。既然是国粹，就无可避免地浸染着浓郁的文化气味。文化形成的第一条件是时间，而豆腐几乎陪伴华夏文明全过程中最清晰的时段——自汉以降。有言为证："豆腐之法，始于汉淮南王刘安。"当然，这一说法是一家之言，豆腐的生产历史或许不止2000年，似应更早才是，只是文字记载的确切时间和地点是西汉淮南无疑。

真是个有趣的数字巧合，淮南有2000多年生产豆腐的历史，本人于2000年始听闻淮南豆腐竟有如此盛名，可见节

日的传播功能不可替代。因为节日不仅加快了商品流通速度，也提速了城市理念和形象的传播，这是前人无法想象和企及的。

所以，尽管有些专家惊呼要为总量"奔万"的当今中国节庆"减肥"，但具有良好资源禀赋和文化传承价值的节日不但要办，还应办出特色和水平。

所以，才有了今天各位天南地北相聚一堂，四面八方高论荟萃，共同切磋豆腐节的成长机理，合众商议豆腐节的发展大计。

一、从豆腐的平素里吃出不俗的精彩

平素是指豆腐作为食品的泛泛和普及，而普及不等于营养和口感不够层级。大才子苏东坡留下"煮豆作乳脂为酥，高烧油烛斟蜜酒"的千古佳句。元代郑允端有诗赞："磨砻流玉乳，蒸煮结清泉。色比土酥净，香逾石髓坚。"今人更有大量符合科学定义的赞美，比如民间就有"素鸡"和"比鱼"之说。可见，从文化的层面讲，豆腐并不平素，而需要洞悉和参透的，显然不是豆腐作为食品的物质特性和养分构成，而是与豆腐相伴而生的文化现象。所以，

应从文化的视角和节庆的观点，去梳理和探求口腹之欲所无法完成的推究。

（一）抢得先机——将漫长历史凝为精彩瞬间

淮南的作为在于没有满足始作俑者的历史身份，也没有停宕产地优势的单一角色，更没有迷失在普及带来的庸常凡俗之中。早在20世纪90年代初，就激活历史，凝塑传奇，演绎经典——赋予"豆腐"以特殊的文化身份，使其扮演一般美食所无法作秀的新鲜角色，助其提早登上国内新兴节庆的舞台。这反映淮南人自觉的"三醒"：自身文化意识的警醒，面对历史使命的觉醒，解答时代命题的清醒。因为，文化具有很强的侵蚀性和覆盖性，许多高地你不去占领，别人就会觊觎。国内豆腐的产地如此众多，只有淮南在文化作为上创意独到，率先登场，确乎是领悟了"一万年太久，只争朝夕"的真谛。

（二）声名远播——化庸常凡俗为美妙神奇

由于生产历史悠久、原料撷取方便、制作工艺简单和营养较为丰富，使豆腐在中国人的食谱中最为常见，成为真正意义的国民食品。即便千百年来人们精心思琢，生产和烹制千变万化、不断出新，但它终归物廉价低、来得容易、吃着方便。所以它太普通、很寻常，而很寻常也就太凡俗，太凡俗也就不稀缺，不稀缺也就难集萃，难集萃也就无文韵，无文韵也就难育节。可豆腐却有不凡俗的历史和做派，真正是"上得厅堂，下得厨房"。就是说，豆腐既滋养了平头百姓的身子骨，也常吊起王公贵族的好胃口。淮南豆腐节的不凡之处在于：在庸常中萃取精华，在凡俗中培植经典——通过节日的平台集束岁月、绽放美妙、尽显风采，创造了由农副产品向优质商品递升，由传统优势向卓越品牌升华的神奇。

（三）品牌诉求——染白素淡雅为绚丽多彩

20世纪80年代，美国《经济展望》杂志就宣称："未来十年，最成功最有市场潜力的并非是汽车、电视机或电子产品，而是中国的豆腐。"这句话应当是外面的世界对中国豆腐和淮南办节最有分量的预设和褒奖。毫无疑问，豆腐的色泽是白素的，淮南人却通过汲取资源、活化传统和放大优势，将淡雅渲染

成缤纷，收获了花团锦簇的绚丽——近些年来自国内外的奖项不断、殊荣备至，即是最好的证明。如今淮南豆腐已超越

商品概念，步入文化殿堂，不仅是蜚声中外的美味食品，更是闻名遐迩的节庆品牌。真可谓：口感松软，力道不凡；形态素淡，盛名辽远；价值升迁，节庆使然。

二、从精彩的张扬中探求提升的空间

在从未参节体验的前提下，仅通过少许背景材料和媒体传闻，来对豆腐节做出分析和评判显然不严谨。所以，以下五点建议并非专对豆腐节所感所言，充其量是供参考的宏观教益。俗语说"鸡蛋里挑刺"，续个不规整的下联，"豆腐中找茬"。

（一）定位精准——提升节日拉动的效应空间

外围探看，淮南豆腐节是物产类节庆，是比较典型的富民节。因提供的材料无法翔实地反映节日与相关产业的架构关系，也缺少对经济拉动的数据分析。例如，对餐饮业的拉动、食品加工业的拉动、豆腐生产过程中各环节的拉动，尤为重要的是，对旅游观光业等现代服务业的拉动。显然，豆腐节的主要功能并非定位在豆腐生产的业户，而是要通过豆腐放大淮南形象，增进对外交流，提升综合实力，正如节日的宗旨——"豆腐为媒、节庆造势、广交朋友、促进发展"。但现实是，淮南通过豆腐节拓展旅游空间的努力似有欠缺。许多听说过淮南豆腐节的人，并没有产生到此参节的强烈愿望，而来此参节的人们，也没有太多旅游兴致。究其原因，淮南还不是充满魅惑的国内一线旅

游城市，而节日在旅游功能的设定和实现方面还大有文章可做。一般而言，物产类的节庆容易被狭隘定位于产品促销类节庆，其经济产业功能要远大于社会事业功能。所以，淮南豆腐节不能缺少必要的理论规划，应将节日与相关产业的关联廓清，这样有利于做出正确的判断和决策。

（二）多向探求——提升节日外拓的发展空间

尽管节日的最大魅力在于本土化，但具有浓郁地方特色的物产类节庆，常因交通、住宿等原因，面临请人来做客难、走出去也不易的局面。淮南豆腐节要想扩大影响、增加收益，将充溢品牌价值的产品传播出去，除了加强在举办地的固有优势，还可借鉴盱眙龙虾节四面出击的经验。龙虾也是具有普适性的物产，大江南北不乏它的身影，但国内近年来物产类和饮食类节庆，最具张扬力的无疑是盱眙龙虾节——把节庆办到其他城市，把龙虾端上别人餐桌——这就是盱眙龙虾节攻城略地、无往不胜的法宝。淮南豆腐能否生出这样的膂力，

至少在北京、上海和青岛的大型超市能够买到。其次，虽然青岛以美丽的山海风光铸就了城市旅游的基调和品性，但啤酒节仍是青岛旅游的主打产品，也是旅游面对困境的速效救心丹。比如，去年奥运会后青岛旅游的困局就是啤酒节打破的。所以，青岛旅游宣传的大篷车走到哪里都释放啤酒节的欢动状态。由此想到，淮南豆腐节外向的市场价值还可再发掘，这种发掘既可通过节日的形态，也可通过产品的形式。啤酒节的成功从很大意义上，与青岛啤酒这种产品的广泛铺货有密切关系。

（三）求是唯真——提升节日文化的价值空间

节日是否有文化，是否承续文化，皆不是因名称中注入"文化"二字便有意义。当然这是国内节庆业界的普遍现象。目前，国内很多节庆都将"文化"作为激素注入肌体之中，试图以此彰显自身的文化兴奋点和提高个性特征的免疫力，以为文化之袍加身，便可浑身浸满文气。其实，已在不知不觉中陷入很深的误区。事实上，名称越简洁，便越有视觉聚焦力和外向传播力。可以纵览国外的著名节会，无论巴西狂欢节，还是美国的玫瑰花车大巡游；无论慕尼黑啤酒节，还是西班牙奔牛节，"文化"二字概未出现在名称中。不久前公布的世界最有文化影响力的国度排名，美国第一，德国其次，日本第三。中国作为新兴节庆举办最多、密度最大的国度，未能进入前三。这充分说明，国人对文化理解有偏差，而真正的文化又营造得不厚重，这是典型的"双向文化失落"——以为强调文化最多的国家，文化的实力就最强；以为不提文化的国家，文化的影响便衰弱。所以浮夸和表象的文化存在意义不大，而隐性的文化潜力甚至具备颠覆国家的能量，比如NBA和McDonald，看似无文化的竞技和餐饮，实则隐含着巨大的文化扩张性和掠夺性。节庆是对当地文化最好的传承和弘扬，但不一定非将"文化"二字注入名称才能彰显节庆的文化含量。以上言论不是针对哪个节庆，而是对时下普遍现象的感慨而已。一言以蔽之，直奔主题、简约处置，才是对文化最大的传承与弘扬。

（四）避重就轻——提升节日内涵的智慧空间

节日的内涵通常可由主题来体现，而节日的主题则意味着它的灵魂和精神所在。灵魂的空洞和精神的虚浮，必定使节日失魂、失语、失落。毋庸讳言，在现行体制下，节日主题常常表达的是政府的执政理念，而不是节日自身最需求、最贴切、最感人的心语。其实，对

终极目的是创造感动。与此不同，奥运会是人类共同参与的最大节会，但"同一个世界，同一个梦想"，却轻巧地杀出重围，从数十万条征集语中脱颖而出。还有上海世博会的主题"城市，让生活更美好"，也是轻松游刃的结果。而雅典奥运会的"回家"更有四两拨千斤的绝妙。无意也无权指摘淮南豆腐节"健康·友谊·发展"的主题，只想以诚相告它的智慧运用还不尽完美。为什么?因为它太放之四海而皆准，未顾及自己个性的挥洒;太像联合国世界健康论坛的宏伟主题，而不似一个节日独舞的优美意境。

（五）居安思危——提升节日竞争的生存空间

说淮南豆腐节领先一步，抢得先机，也不尽然。因为早在明朝末年，广东佛冈县高岗镇就创生了豆腐节且延续至今，虽然那个节日的规模和影响不大，但历史久远，形态恣肆，不久前媒体还广为传播村民们相互掷打豆腐取乐、彼此祝福新春的画面。此外，国内还有浙江宁波的前童豆腐节，那里的豆腐也口感极佳，只是名声稍逊。国外以豆腐为题材办节较为知名的是美国洛杉矶豆腐节，遗憾的是那竟然是日本的商会主办。日本人通过办节不断偷换和颠覆原产地概念——豆腐是日本发明的，这引起在美华人社团的愤懑和警觉。因为，人们无法接受2000多年形成的凝重与纯素，被外来户和暴发户轻易地调戏。虽然，不能以门户之见来排拒和贬

一座城市而言，节日所能实现的经济社会目标终究有限，且是阶段性的，没有理由为之设定过于宏大的主旨诉求，只需创生符合节日特有欢快氛围和娱乐语境下的真实。这就难怪对于许多节日的主题，普通市民和游客的认知度极低，认同感则更差，确有拒人千里而不是聚人千里之嫌。究其原因，就是受限于政治理念的紧束而不得宽松随性，困惑于发展宏愿而不能自在洒脱，忘了节日提供的毕竟是情感的释放空间，而节日的

损他人，也不能以狭隘的民族观来面对日益开放的世界，但也决不能对华夏民族流传千古的端午节，被韩国抢先申遗成功的事实麻木不仁、无动于衷！所以，尽管淮南豆腐节在同类题材的节日中位居国内榜首，可仍须环顾四下、未雨绸缪，至少要理性面对四个方面的竞争：一是国内豆腐节之间的实质性和合力性竞争；二是与国外豆腐节之间的概念性和权属性竞争；三是与周边不同类型节庆的收视性和聚焦性竞争；四是与自身以往的创意性和突破性竞争。在竞争的环境和氛围中成长，有利于豆腐节的磨砺、壮大和成熟。

在食品的庞大家族中，有两种以外观白色为显著特征：一是牛奶，二是豆腐。中国人不怎么喜欢喝奶，但没听说有人不愿吃豆腐。喝奶也曾被认为是西方人的饮食偏好。作家王蒙的小说《坚硬的稀粥》——讲述了某位老爷子坚守一生只喝稀粥而不喝牛奶的强硬习俗——或许是最好的佐证。

改革开放以来在食品和餐饮方面，中国良莠不齐地吸纳了许多原本的陌生，其中在西化之路上走得最远的便是源自东邻的那句"一杯牛奶强壮了一个民族"的超级神话。如今，由于人所共知的荒唐原因，关于牛奶的白色恐怖已成为国人2008年最痛心的记忆之一，使我不由得想起马克思150年前发出的惊叹：在巴黎已经喝不到一杯真正的牛奶了！从这个意义上讲，淮南豆腐和由此声名鹊起的豆腐节，要不断历练和强硕自身，因为它承担的不仅是造福一方、拉动经济的重任，还要捍卫国粹——为中国豆腐曾经的辉煌正本清源，更肩负着为中国豆腐不辱使命走向世界的神圣职责。

所以，淮南的豆腐必须从健康的高度上，做出更多让百姓放心的绿色；必须从节庆的层级上，渲染更多让世人艳羡的红火；必须从文化的意义上，绽放更多无愧于传统也无悔于时代的绚烂。如此说来，在座的各位或许能够更好地理解这篇演讲的题目——"嬗变味觉，美奂色彩"。完全有理由相信，这既是大家今天美好的期许，也必将成为淮南明天的现实！

时间 2009年3月9日
地点 中国·嘉兴
事由 第6届中国会展节事
财富论坛

节庆，危困中的机遇与提振

132

有幸来到少儿时代教科书里频繁出现的——具有高度政治意涵的地方——浙江嘉兴。今年是新中国成立60周年，在这个具有特殊意义的年份中，人们会自然想到共和国的起点——1949年的北京。其实，它并非始于天安门城楼那一声庄严的宣告，真正的源头是1921年的上海卢湾区望志路106号及随后迁往的嘉兴南湖的游船上。今天国内业界的朋友们共聚嘉兴，共同感受曾经改变中国历史命运之城的卓然风貌，一齐探讨和预展国内新兴节庆活动的雄阔走向，可谓别有一番心情和韵致。

现在正值阳春三月，大地回暖，万木复苏之际，但此时此刻我们依然能感到春寒料峭的袭扰。在刚刚过去的这个冬天，人们不仅度过自然界的冬令时节，也经历了寒气逼人的心理严冬——席卷全球的金融风暴——而且至今风力未见衰减，仍在延续它冰冷的余威。从物质到精神，从虚拟到实体，从形而上到内质上……在此危困之时，节庆活动作为特殊的文化形态和经济形式，该以怎样的角色迎风起舞？该创造何等的温暖驱散春寒？这是节庆业界的同仁们亟须探

讨和破解的话题。

一、没有任何理由忘却和淡化节庆

在人类的文明史上，即使面临危难的险情，对待节日的态度也从未发生根本的游移。节庆源远流长，或许只有战争硝烟才能干扰欢庆的节律。遥想20世纪20年代末席卷世界的经济危机，没有一个国家的圣诞和新年是在绝望中度过的。相反，当时危情最甚的美国，纽约的帝国大厦逆势而升，既是对危机的反叛，也是对危机的终结，具有强烈的象征意义和借鉴价值。危机已然来临，生活依旧继续，太阳照样升起。因为节日是民族文化之魂的传承载体，是集体精神和意志的彰显之物，也是城市个性和精神的最好代言，不管是浸染娱乐之美

引吭高歌，甚至与敌方士兵战壕共舞或展开球赛的事例，以此消减和打破战争的残酷和沉闷。再举1972年奥运会的例子，恐怖分子在9月5日袭击杀害运动员的严重事件，一度让慕尼黑蒙垢和备受指责。但9月下旬的啤酒节依然如期开幕，万众欢腾的宏大气势让这座城市再现往日的光荣与梦想。

二、节庆塑造精神层面的和谐景象

人类学家特纳在《象征之林》中对仪式做了深刻分析，认为节日是人类发明最大规模的仪式。仪式不仅是对社会需要的回应，更是人类创造意义的行为。作为特定时间、特定地点、围绕特定主题而产生的公众聚集行为，节庆的举办有利于冲淡寒流的侵袭，重塑信心的基石。美国是这次金融海啸的源头和肇始，自身也备受萧条困苦，但其节庆活动的人流却有增无减，电影和戏剧的票房竟能出现飙升。据统计，2008年美国电影票房比上年猛增17%。今年元旦

的聚会，还是充满信仰追求的欢腾，都可鼓舞人们祛除恐慌和寒意，迎接希望的曙光。

其实，没有任何力量能迫使节庆之脉断档。现代奥运会是人类共同参与的最大节会活动，历史上曾有三届因世界大战而未能如期举办，但奥运史上仍保留和铭记被战事延搁的届次。比如，1944年第13届伦敦奥运会因"二战"而停办，但1948年战后举办的第一届奥运会，并非继续重办第13届，而是自动顺延至第14届。也就是说，被中断的是运动会本身，未中断的是奥运圣火传递。如此盛大的奥运都珍视精神的承续，当今的许多节庆活动自然没有理由因暂时的窘迫，就放弃文脉传承的使命和续演精彩的权利。

此等遇挫不馁、遭折更坚的事例比比皆是。"二战"期间，当纳粹德国的铁骑兵临莫斯科城下的生死关头，斯大林依然在红场检阅三军，为不久后的大反攻奠定坚实的信心基础。其实，即使两军对垒的战场，也不乏利用战事间隙

洛杉矶玫瑰花车大巡游即是明证，载歌载舞的人群在那一刻忘却烦恼，尽享欢乐，艳丽绽放的鲜花和情态恣肆的热舞，预示着春天的脚

133

步会昂扬地走出蓄积美国人心头的阴霾。不久前登场的第81届奥斯卡颁奖典礼，同样深陷经济持续不振、消费愈加拮据的日子里，但鲜艳的红地毯仍在延伸，耀眼的镁光灯依旧闪烁，华丽的众明星照样炫目，向全球传递出最鲜亮的时尚符号，让处于彷徨中的世界再次分享娱乐时代释放的美好情景，尽管最终斩获大奖的电影《贫民窟的百万富翁》，这个名字本身充满反讽之意。

与此同时，2008年中国电影票房总收入为46亿元，比2007年净增13亿元，增幅近40%。2009年1月1日至2月9日，全国影院票房收入达7.2亿元，比去年同期增长111%；仅情人节当日，收入高达5000多万元，比去年增长66.7%。

更为有力的证明是当选总统奥巴马的就职典礼，创纪录地聚集了200万民众，花费7500万美元。所谓太平盛世的乔治·布什的就职典礼，仅有40万民众参加，花费不过1700万美元。在此危急时刻，人们试图通过这个既是仪式也是庆典的聚会，表达鼎新变革、重铸理想的强烈愿望。试想，在电视和网络媒体十分发达的今天，如此众多的各色人等拥挤在一起，显然不仅为了观赏和庆贺一个人的当选，而是共同需求那个经典的仪式和浓烈的氛围来相互慰藉、彼此

温暖，这或许就是节庆活动的能量和魅力所在。

回首1997年的亚洲金融危机，一些国家在逆境中表现出了超级的文化机智和娱乐消解。例如，近几年"韩流"的盛行，源自当时韩国的影视公司纷纷摄制反映人际关系、情感眷恋和婆媳之间等生活题材的电视剧，心情郁闷的人们从中得到心灵休憩和精神暖意，找回以往的尊严和做人的体面。1998年，韩国政府发现影视剧等文化产业具有超强功用，遂确定文化产业为其21世纪最重要的产业之一，将其文化经费提升到国家总预算的1%，韩国文化产业由此得以繁荣，"韩流"也得以风行亚洲。所以，经济萧条时期往往是文化产业得以繁荣发展的机遇期，人们的物质消费会抑制，而精神消费会膨胀；越是经济下滑、民意消沉，越需要节庆这个特殊的平台来凝聚民心、营造和谐。

三、节庆成为拉动消费的重磅筹码

节庆的内质是文化成果的体现，其外延极易生成标志性的旅游产品，而且是对举办地原有旅游资源和产品的重要替代或提升。现今形势下，国内许多节庆作为灵验的消费诱导，正在扮演启动经济和扩大内需的重要角色。例如，近期多个城市在积极派

发旅游消费券，其中发放力度最大的长三角地区券值近亿元，正在发挥撬动和激活市场的有效作用。再如，近来许多省市纷纷将"五一"劳动节的短假，再度恢复为黄金周的长假，也是利用节日效应拉动内需的重要举措。

节庆活动是丰衣足食的产物，许多节日尤其是传统节日，往往在稻粱入仓的秋冬闲暇之时举办。所以从消费意义讲，古往今来的节庆都具有淡化理性和铺排张扬的特性，而当今的节庆活动更具体验经济和消费经济的典型特征。作为经济形态的一种，节日不仅营造精神意义的喜庆气氛，也不单创造自身的快乐消费，还能超量发挥巨大的消费拉伸作用，为旅游和相关产业的发展提供强劲动力。

以近年来迅速崛起的盱眙龙虾节为例，每年的间接收益高达10亿元，既促进了农民兴业增富，也隆起了盱眙的良好形象。欧陆的慕尼黑啤酒节，16天汇聚600万之众狂欢，每届大致创造经济收益10亿欧元。闻名世界的英国诺丁山狂欢节，每届吸引来自世界各地200多万人参节，为伦敦增加1.5亿美元的收入，并为3000多人提供就业机会。

大节如此，小节亦然，就是普通的商场促销也常常借助节庆的形式，诸如电脑节、化妆品节之类，可见节庆活动对刺激消费的作用之大。国内现有万余个有名有姓、有声有色的节庆活动，无名无声或有名无声的小型节庆更是无以估算。如此数量众多的节庆遍布各省各市，且在全年的不同时段上演，若能在经济低迷之际各显其能地发挥弘扬之能事、消费之功力，必将呈现满盘皆活、精彩不断的壮观局面。

四、艰难时应体现节庆的社会责任

或许，此时提倡继续红火的办节会引来不同声音的评点，因为"节俭"在

今后相当一段时间会成为全社会的主流意识，再加上中央不时发文，严格控制庆典和节日的举办。其实，国内许多节庆的贵族化倾向和奢侈之风，本来就当力戒，与眼下的经济形势没有因果关系，而提倡以刺激消费和扩大内需为目的的办节，与中央文件精神并无矛盾。

红火与节俭并不冲突，应做两个向度的分析：一是节俭不仅是眼下的必须，也应成为办节的常态；二是不能一提节俭就消极对待，更不能只多虑投入而忘却节庆丰厚的产出。由此想到，不少节庆活动在顺风顺水之时浓墨重彩、倾情渲染，遇有困局便轻描淡写、无为处置。如今，一些企业因开工不足而裁减人员，由此导致社会闲散人员明显增

135

多，不安定因素有所抬头。在此情形之下，节庆可以将人们聚集起来，以忘情的欢愉消却闲来的空虚和烦恼，有助于人们在欢乐祥和中度过这段难忘的时光。节庆的策划和承办者应在窘境中寻找机遇，发挥节庆在提振信心方面的独特作用，即使遇有"老百姓过节，办节人过关"的困境，也没有退缩和推辞的理由，只有勇于担责、亮出精彩，才能笑蹈风险、无愧当前。

五、反季、反思和反刍中呈现的机遇

首先，在今天的经济危局之下大谈节庆的热烈，似乎有些奢侈，属于果敢的"反季"行为。不过，地处嘉兴就会自然想到第一届党代会的区区12位代表，虽然相对于当时4亿之众的大国，他们是绝对的"小众"，但他们所要营造的却是"星火燎原"的恢宏局势。在"沉沉一线穿南北"的灰色险情中，预支了共和国光明的未来。因此，今天的我们更应被节庆美好的前景所昭示和鞭策，充满睿智地穿过时节的春夏秋冬和现实的艰难险阻。

其次，要反思一个讨论已久的话题——"为什么办节"。国内的多数节庆活动，未必能很好地回答这个起始点上的问题。如果按照大多数节庆的初衷——"文化搭台，经济唱戏"——这个一贯流行却难说正确的指导思想，那么现在经济不景气了，文化是否还要为经济搭台，还要为经济抬轿？如果遇到经济困局，文化就不能亮开嗓子唱戏，那这样的文化就是山寨文化、弱势文化、

无本之源的文化。2000多年来，中国经历了多少天灾人祸的磨难，但春节的"年文化"无论面对怎样的风险也未曾中断。有句俗语："谁家过年不吃顿饺子"，就是躲债到了年根的杨白劳，还要扯上二尺红头绳带给喜儿，这都是年节文化和情结无以割舍的最好诠释。

中国的传统节庆是文脉，更是命脉，是饱蘸民族情感和集体记忆的传承之脉。例如身居海外的华人华侨，即使日常工作生活早已融入异国他乡，语言习俗也已难分中外，但在春节的特殊日子里，往往身着唐装、舞狮舞龙、吃饺子、送福字……一个不能少，即便一年只有一次，也不能失去对自己特定文化身份和传承基因的确认。也正因为具有

136

华夏文明特性的节日绵延不绝和特色凸显，才使得中国文化特有的元素和符号，为世人所识别和欣赏。

当下真正的焦虑在于：一方面是经济的萎靡，一方面是文化的困顿。其实，经济越是蹒跚，文化越应帮扶它；文化若要衰微，经济也应支撑它。从而让经济成为文化的"粉丝"，让文化成为经济的根系。所以，应当从上层建筑的宏观视域来考量节庆活动，从文化战略的高度来为节庆的走势定位，而不是以现时腰包里盘缠多少来为节庆量体裁衣、谋划前程。

节日的经济功能和利益指向可以隐性化地索取，而不必时时处处显性地追求，文化必须是节庆永远的主角。如果不是这样，那就很难定性为节庆而只能定义为展会，因为展会往往直奔经济效益这个主题。节庆关乎文化之魂的承递，在当下的情势里，不能完成这个使命的节庆就应该被弱化，甚至淘汰。国内近二十年来一哄而起、莫名其妙、不知所云的节庆活动太多，多到需要一场危机来清肃。

身处经济形势已不如前的今天，该怎样说服自己，怎样感动公众？许多节庆都萌生消减规模、降低分贝、蜕变色彩的想法，以求应付了事、得过且过。究竟该以何种态度面对，以何种方法"过冬"？我想起温家宝总理的话"信心比货币和黄金更重要"。今年元旦，温总理是在青岛度过的，在视察海尔集团时提出，面对当前的经济境况企业要学会过冬。海尔领头人张瑞敏机智地应答"不仅要过冬，更要学会冬泳。"显然，以冬泳的方式挺过严冬是更为积极进取的心态，这也是节庆活动应对当前之势应有的姿态和必需的气度。

毋庸讳言，时下的困窘使许多节庆深受影响，规模越大，外向型越强，开放程度越高的受伤越重。为此，要辩证地分析得失，哲学地思考命运，理性地面向未来，因为身处危境反而有利于赢得喘息之机，积蓄发展后劲，尤其对于二线和三线的节庆，机遇更为明显。

其一，回味和反思的机遇。即便每届节日闭幕之时都会总结表彰一番，但那多半是形式上和新闻化的，缺少根本性的认识和实质性的检讨。现在，终于有较为宽松的时间，可以全面梳理、综合分析节庆活动创办以来的得失优劣，找寻妨碍节庆递升的困惑和症结所在，为自身做一次系统而透彻的体检。

其二，借鉴与调整的机遇。节庆活动之间横向交流的机会不多，相互严谨切磋的程度不够，许多先进的办节理念和有效的运作方式未能得到充分传播。可以利用眼下时机，采取走出去和请进来的方式，学习借鉴国内外优秀节庆的成功经验，充实内涵，调整板块，强健肌体。

其三，策划与规划的机遇。虽然每届节日都是策划先行，但所有的节日几乎都在忙碌中开场，在嘈杂中落幕，年复一年，无以超脱，缺少足够的闲暇与清醒为节日做出符合科学发展观的理论规划。节庆作为一项事业，虽然有较强的时限性和时效性，但这个特殊的文化成果和旅游产品，必须加以深度策划和长线规划。

总之，可以借此良机实施六项策略的谋划：一是品质策略；二是竞争策略；三是人才策略；四是跨越策略；五是管理策略；六是品牌策略。限于篇幅在此不做详解。

嘉兴——向往已久之地，觉悟生发之地，阐发宏论之地，在20世纪上半叶昏暗的天幕下，成功地变换了中国社会灾难深重的颜色。相信在21世纪初叶的黎明时分，在各位慷慨陈词、建言献策的高见妙论之中，一定会给中国的新兴节庆活动，带来更多发人深省的启迪、应对危机的智慧和拥抱未来的勇气！

138

About Festivals and Celebrations

时 间 2009年6月6日
地 点 中国·深圳
事 由 节庆中欧论坛

碰撞抑或传承　借鉴抑或扬弃

——传统节日与新兴节庆的多味解读

在席卷世界的金融风暴未见平息的今天，其风力波及的范围已超越经济领域和物质层面，正快速向意识形态和文化范畴深刻过渡，并由此引发对"市场定夺"——这一惯常心态和发展定势的反思、自诘，甚或追悔。"一体化"曾

经的宏阔覆盖力已呈衰微迹象，"全球化"赢取的话语权开始遭逢质疑，厚今薄古和创新至上的倾向性选择亦显乏力。

此时，国人似乎又趋向在传统民俗中寻找情感的慰藉，在民间文化中寻求精神的栖息，在民族秉性中寻获自尊的鼎立。总之，人们的目光已由惯性向外张望，转为向内凝视与聚合，而民俗、民间和民族恰是本质化的归属，也恰好是节庆活动赖以生存的标志性资源。本文试从古今中外节事的比较中，品读碰撞带来的机遇，感悟传承延续的希冀，体味借鉴促成的丰富，展望扬弃产生的优化。

一、从广义上探析传统与新兴节庆的边界

在探讨传统节事与新兴节庆的关系之前，首先要划分传统与新兴的粗略边界。而论及两者的关系，要面临56个民族和5000年历史及其派生出的节庆文化现象的繁复拷问。在中华文明的史册中，一年四季，春夏秋冬，岁时节日，天天上演。全民性的春节（年）、元宵、清明、端午、七夕、中秋、重阳、

腊八这八大节日，既贯穿数千年，又遍布全年景。除此之外的节事更是数不胜数，中国55个少数民族共有节日1200多个，汉族的节日也为数众多，由此构成中华民族庞大的节日体系——辽远而丰富的文化系统。很难用简单的文章形式为之构筑丰满的全息图像，也无力通过一篇容量有限的演讲廓清其文化景深，只能广义地从时间和性质上分解它，给它一个相对清晰的边界。

一是从时间概念上划分——

传统节事：泛指20世纪中叶以远，即新中国成立前各民族举办的各类节庆活动。

新兴节庆：泛指20世纪80年代以，即改革开放以来国内各地定期或不定期举办的节事活动。

这里存在节庆时间的断代和含混，即改革开放之前，尤其19世纪中叶至新中国成立，中国基本是在多难多灾、积贫积弱中度过，不是在战争中救亡图存，便是在运动中经历艰险；不是在四分五裂中苦作挣扎，便是有三座大山多重欺压。没有形成全民族共识的主题来发育新兴的节日，也缺少整体宽松的办

节环境和民众过节的欢愉心情。

二是从内容性质上划分——

其一，民族、民俗和民间节事可以统称为传统节事，因为中国历史悠久，文化源远流长，许多节事都自觉或不自觉地扮演传承民族、民俗和民间文化的角色。而且经过岁月的洗礼，无论这些节事有了怎样时尚和新潮的外衣，其魅人之处必有传统文化精粹的遗存和展演；而从传统节事中解读民族、民俗、民间文化的初始意义和本源价值，也是最便捷、最精简的渠道和方式。

其二，传统节事是古代人们为了祭奠先人、消灾免祸、庆贺丰收、欢庆胜利和寄托愿望而自发的集体聚会行为，往往主旨简约、诉求单纯、内容平素、形态朴拙；而新兴节庆活动往往具有综合的社会功能，通常集文化、艺术、体育、旅游、经贸等于一体，是张扬城市形象、推动经济发展和扩大交流合作的平台。经过近30年的不断创生和反复实践，新兴节庆已形成"以节为媒、文化搭台、经贸唱戏"的基本调性和大致模式。

二、在比较中体味传统与新兴节庆的不同

随着时间的推移和时代的变迁，节日的主旨和形态都在发生深刻变化，人们对节日的理解和态度也已明显不同，这就使传统与新兴节庆的区别愈加明显。

从资源汲取上——

特纳（Turner）说，"节日是人类

发明的最大的仪式"，这一仪式在所有公众聚会行为中，最具传神色彩，最凝庄重情怀，最富传承价值。传统节事以千百年时光磨砺的深厚文化资源为介质，发育成长为地区、民族甚或国家的共同记忆和自觉行为。所以，它希求经典的缘由和可供传之于世的文脉，对资源的遴选也较为深沉和考究。比如春节，既是中华民族渴望团圆的永恒情感需求，也是农耕文明对"一年之计在于春"的生计期盼。所以中国人以"年"来一字以蔽之——生发覆盖整个华夏最具典型意义的节日之蒂——结出被高度仪式化和模式化的文化硕果。

而新兴节庆对资源的汲取不需要特别正式和郑重的理由，许多未经深究之作也能燃放红火与热烈，而追求轰动和形成焦点本身常常既是手段也是目的。比如大连国际服装节，没有深厚的服饰文化资源可供挖掘，也没有雄厚的产业基础以资彰显，只有"热爱生活"和"爱美敢穿"的简单缘由，就"膨化"出中国最具影响力的服装盛

事。因此，新兴节庆借助的资源和题材既涉猎广泛，又不论套路，也不循章法，如家电、口红、芹菜、西瓜等俗物，其市场促销行为冠之以"节"的做法已很寻常，这些为利所驱、喷涌而出的众生节像，以世俗化的商业理念颠覆和淡化了传统节日曾经的超凡与庄严。

从生成形式上——

传统节事往往无心插柳、成于无形，即没有明确的创始意识，并非诞生之初就拿"节"说事。例如，中国的清明节和中秋节都没有明确的起始点，广西壮族的三月三赶圩，也是纯民间和纯自发的产物，是本能的情爱萌动和含蓄的求偶冲动的热切表达，始于何年何月无从探究。德国慕尼黑十月节起源于巴伐利亚公主出嫁的婚礼盛宴，年复一年纪念结婚日的庆典逐渐演变成每年一度的啤酒盛会。反观新兴节庆的生成，多半是以政府发起或主办，由政府给出题目或拟定思路，再由各方精心策划论证，带有很强人为操作的痕迹，是明显的蓄意之作。一般而言，自发的传统节事往往具有天然优势，生来就与民众血脉相连、气息相通、精神相融，所以不存在水土不服、气血不通和神情委顿的现象。而不少新兴节庆由于创始阶段的官方提掖和强势推动，却常为创新能力不足、公众参与不够、市场运作乏力而困惑踌躇，往往几届过后便遭遇传统节事未曾经历的窘迫。

从功能诉求上——

传统节事恰如卡罗依斯（Caillois）

141

所言，是"社会大众的情绪发泄"。比如，中国彝族的火把节和傣族的泼水节，都是原发性的民间自娱自乐节日，是民情民意的粗犷表达和随性宣泄。慕尼黑啤酒节的初始之意，并无打造饮誉天下之节的确切意图，200年前的婚典欢聚，就是以畅快的巡游和恣肆的饮酒为乐事，为了欢畅而欢畅，为了感动而感动，几乎没有任何政治动机和经济动因，由是呈现出可爱的简单和简单的可爱。而新兴节庆常常是功能化实现的载体：既要考虑执政理念的实践，又要着力城市形象的提升；既要有文化魅力的塑造，又要有拉动经济的考量；既要满足当地民众的需求，又要为旅游者创造亮点，甚至还有招商引资的目标要兑现。所以，传统节事以民族、民俗、民间文化形成的精神气场为基点，而新兴节庆则侧重于营造卖场效应，把扩大消费作为节日的主要卖点。江苏盱眙的龙虾节是个生动的例子，节日的举办将这个苏北鲜为人知的小县，骤变为国内业界有口皆碑的重镇。现在有10万人从事龙虾产业，年产值逾10亿元人民币；每年去盱眙的旅游人数也由第一届举办时不足8万，上升到2008年的300万人次。

从组织形式上——

新兴节庆一般都由当地政府主办或承办，是靠官方的强劲主导和大力推助，加之参照市场规则的运营方式，才使之迅速加热、做大做强。传统节事的原发性和自觉性很强，基本不需要任何一级政府和社会团体发动组织，至少没

必要深度介入。比如春节来临，任何家庭都不会忽略像贴对联、送福字、包饺子这样的必备要素（这是春节最寻常的仪式再现）。再如中秋节，无须宣传和提示，只需抬望明月，团圆之情顿生，纵使天各一方也不会失却"把酒问青天"的雅兴，也可在遥望和遐思中尽显"千里共婵娟"的意境。显而易见，有组织的发动与民众的自觉行动之间存在千差万别，这种差别有时也是差距所在，如果不能有效地缩小差距，许多新兴节庆会经常浮动在两难之间——继承还是创新，续办还是停办。

总之，传统节事经过千百年的惯性积累，已生成共识性的文化认同和模式推崇，更多地铸就了精神层面的消费定势，是特定人群围绕特定主题开展的聚会活动，不太在意吸纳外来人群的关注和参与。而新兴节庆则更倾向拉动经济和开放交流。所以，常以娱乐为导引，以消费为驱动，擅长张扬炒作，追求新

意闪现，注重亮点迸发。因此，更适合当今的生活旨趣和消费观念，也更适宜对旅游大众的广泛吸引。

三、借鉴与扬弃中存在的观念和行为误区

其实，传统与现代之间并不遥远，而节与节之间确乎能洞穿漫漫岁月，无声地传递着密切的文化符号和精神气息，为当今和未来的节庆营造永无穷尽的丰沛滋养。举个常见的例子，敲锣打鼓和舞龙舞狮这些源自汉代甚至更早的欢庆形式，并未在岁月的尘埃中淹没，仍在当今的节事活动中频频亮相。锣鼓之音激起人类心底声响的夸张和舞龙舞狮隆起群体精神的张扬，是任何时代和任何节庆都不可或缺的。

但眼下更多看到的是节庆承办者的浮躁、彷徨与无奈。比如，许多节庆因对锣鼓之音太熟悉便觉得太土气，纷纷尝试奏西洋乐、敲爵士鼓之类的新鲜玩意，以此彰显与时俱进和追风弄潮。如此惶惑之众像，与人们对自己历史知晓不深，对传统文化解读不够，对外来文化品味不透，对前景出路探究不清有

关，并由此导致扬弃失衡和借鉴失度的误区存在。

误区之一："文化搭台，经济唱戏"必定失之偏颇

虽然文化的繁盛应以经济为基础，但经济的兴盛也必定需要文化的涵养，没有文化内涵的经济，是没有定力的虚浮物象，无法获得可持续发展的坚实脊力。例如，那些近年创生的以物产命名的节日，许多都因文化意蕴的缺失，或将文化与经济割裂处置，最终陷入集市叫卖或商场促销的难堪境地。

误区之二："以节撑面、以伪当真"之举难免遗憾

因为不研究节庆文化的发展规律，只注重以节庆提升政绩和区域影响，并习惯以大呼隆的方式对待传统文化和民间艺术，致使真传统没得以继承，真文化没加以弘扬，真遗产没受到保护，而伪文化丛生，伪古迹遍布，伪传说流行，此等事例近年可谓层出不穷、比比皆是。最终，难免将文化遗产做成文化遗憾，把纵横古今的文化工程做成装裱当今的面子工程。

误区之三："拿来主义、不分彼此"导致走向迷失

所谓"拿来"有两个层面：一是凡是传统的都是优秀的，不管对当今社会发展是否有利；二是凡国外的都是先进的，不管自己的胃口和消化能力如何。比如，有人认为青岛的啤酒节不需要个性特征，只要全盘西化地从慕尼黑吮吸养分，试图将之变为慕尼黑啤酒节第二

或翻版，这既是妄自菲薄的典型，又成了邯郸学步的笑柄。

误区之四："坚壁清野或得过且过"形成精神错位

改革开放以来，外来文化以节日的形式对中国传统节事产生了影响和冲击。圣诞节、情人节、愚人节等纷至沓来，传统节事的民俗和民间文化在应对之时，要么形同萎靡、得过且过，要么失去辨析、坚壁清野。其实，西方的节日既不全是高尚福音，也不见得都是洪水猛兽，只是深感那些沉湎时尚体验的人们，在未读懂基督精神作为西方文化核心意涵的同时，又丧失了对华夏传统文化特质品鉴和赏析的能力。

四、传统与新兴节庆的关联承继和变革尝试

应倡导合理的传承和适度的变革，通过将鲜活的因子注入传统节事的母体，达到当今社会审美习惯和消费习性对节庆的要求。下面以国内外五个知名传统节事为例，说明传统与现代在积极变革中赢得的递进。

其一，以传统的春节和中秋为例

中国的春节经过几千年的演进，其主旨和形态几近完美。但在电视时代到来的今天，人们在传统的习俗之外，在部分背时的习俗受限之后，仍需要愉悦和滋养精神的替代形式，"春晚"的出现便成了与吃饺子同等重要的大餐。再以中秋节为例，如今的月饼从健康和营养的角度讲几无可取之处，但没有月饼的中秋就缺失了团圆的象征和相聚的情趣。所以说，时代进步是大趋势，节事变革是必然，但更多的是形而上的"变脸"，而不是本质上的"换心"。

其二，以西藏拉萨雪顿节为例

雪顿节传承千年，今朝更好，不需要文化内核的任何质变和置换，就将开放的西藏和曾经神秘的宗教，以敞亮和魅惑的方式呈现给世界。在节日的会场上，一边是神奇藏地传承千年的酸奶飘香，一边是来自大洋彼岸百威啤酒的开怀畅饮，在外壳已悄然蜕变、魂魄却未动迁中，完成了"从娱神到娱人"或二者兼娱的华丽转身，这是不失本分、不曲本源、不变本质的顺遂变革。

可以想象，若过度讲求宗教尊严和密闭民族特性，雪顿节会陷入"自闭"情态，成为单纯宗教意识的播扬和民族情感的自娱，而非八方游人欣然于斯的自然情结，也有违节事活动发展的客观规律。可以确信，开放不会使节日衰弱和消弭，只能更好地寻求与当代社会的精神契合，与现实生活的有机对接。

其三，以广州民俗文化节为例

"波罗诞"庙会是千余年前民间为敬仰和膜拜海神而创生的，但仅以每年一度原生态的纯民间朝拜，以及惯常采用的宣传推介手段，很难维持它的连续性和提振它的影响力，更无法将中外游客的兴致纳入其间。所以主办方按照旅游景点的形制，在原存遗址上进行适度夸张的修复和建设，开发了许多既崇古怀旧又吐故纳新的纪念品。尤为可贵的是，采取时兴的动漫手段来塑造灵动形象，传播海神信仰，提高了"波罗诞"的艺术感染力。

毫无疑问，动漫作为手段和载体，有利于表现海上丝绸之路的曲折与漫长，展示万里波涛的动荡与浩瀚，展现千年庙会的和谐与兴盛，较好地满足了节会形象再造的动感需求。而这种曲折、漫长、浩瀚、兴盛、和谐的情境，若用传统的写实手法，如平面媒体等来表现，显然缺乏调动和激活的力量。

其四，以南宁国际民歌艺术节为例

节日主要经历了三个重要变革，一是时间上没有固守春季的三月三，而是大跨度地移至符合国际节庆时段的深秋举办；二是将民间情歌对唱的散点式无规则个人行为，由政府统领集汇到面向世界展演的宏阔舞台；三是把纯粹少数民族的民歌节事，嬗变为融合不同肤色的恢宏交响。

由此不难看出，古今文化资源的纵向借助，中外演艺形式的横向衔接，历史镜像与现代气息的入情运筹，既满足了民族、民俗、民间对原生态存蓄的渴求，又体现了通过变革焕发出的生机与活力。

其五，以德国杜塞尔多夫狂欢节为例

中外节庆都有不断演变和递升的话题。德国狂欢节经过750多年的演绎，这个结束斋戒的宗教节日已发生本质变化，成为充满都市风情的欢庆大典。"让大家都来欢乐"成为节日今天的调性，浓郁的宗教色彩已让位于激情欢动的旅游旨趣。

对于许多至今仍困惑于"To be, or not to be"的节庆承办者而言，这个节日的变革之举具有生动的启发意义。

节庆是传统文化的优质载体，是民族共同的精神库存，是守护民族、民间和民俗文化的根脉，是我们的本分、本质、本能。因为没有扎实传统根基的民族，其生存和发展的前景必定渺茫而无望。当然还必须勇于承认，不是每一项传统都是优秀的，不是每一种文化都有必要传承，不是每一个节事都能焕发青春的激昂。先进文化替代落后文化是历史的必然，活脱的节庆淘汰消沉的节事也未必遗憾。新的时代赋予节庆全新的视角，让我们在放眼未来的辽阔视域中，融涵古今，精于传承；并蓄中外，勇于碰撞，共赢节庆发展璀璨的明天！

时间 2010年4月2日
地点 中国·青岛
事由 首届胶州湾论坛

叩问现实 抉择未来
↘ ——青岛李沧节庆资源梳理与战略走向

146

改革开放带来的物质积累和社会进步，为中国新兴节庆活动的创生打开迅速膨胀的空间。据统计，国内现有节庆活动1万多个，节庆活动的题材纷纭、类型繁多：既有历史文化的，又有时尚流行的；既有特色物产的，又有自然风光的；既有借助有形资产来膨化的，又有以无形资产为依托来兴事的。天上地下，人间神域,衣食住行,无所不包。毫无疑问，节庆在提升区域形象、促进经济发展和弘扬特色文化等方面，起到凡俗事物不可替代的作用，越来越受到举办地政府的重视。与此同时，众多节会活动也共同构成喜忧参半、绚烂和泛滥同在、绩优和堪忧并存的节庆现状。所以，本文不限于对一个城区和一个节庆的评价，而是力图以宽泛的时代背景和辽远的历史景深为比照，来考量李沧区节庆活动的现实意义和长远价值，进而探求更加符合李沧文化特性、形象塑造和发展需求的节庆功能定位和战略走向。

一、李沧区节庆的创生背景和简要轨迹

10年前的千禧年和世纪之交等重要历史节点的叠加涌现，使2000年前后成为国内造节运动的巅峰时段，现今国内有30%左右的知名节庆都在那时创生，如上海国际艺术节、宜昌三峡旅游节和中国青岛海洋节等。当时的情形是：某个城市或区域若没有大型主题节庆活动，便是发展理念的缺失、城市精神的缺失、人气商气的缺失。所以，当时的李沧近乎在匆忙中加入造节大军的行列，在对发展指向未经深入研讨和反复权衡的前提下，速定了节日的名称和内容。

10年来，李沧区对节庆做了不懈的探索：从1999年承办全国梅花展（及后来每年绽放的梅花节），到2000年创办社区文化节；从2002年赏花会飘香吐芳，到2006年民俗节铿锵登场；以及年年上演的李沧之春

民间艺术节等，这些节会都为城区的文化形象增添了色彩，也为经济社会发展做出了贡献。但客观坦诚地评价，放在全市或更大的节会舞台上纵横比较，无论赏花会还是民俗节，无论社区文化节还是民间艺术节，其特质形象还不够鲜明，品牌价值也比较单薄——节日缺少鲜明的地域性和标志性，缺少公众的广泛认同和积极响应，面对未来也存在规划的模糊和蓄力的不足。

二、李沧区现有节庆活动的优势与不足

李沧区现有发育节庆的资源大致分为三类，一是赏花类，二是购物类，三是民俗类。

（一）赏花类

通常，发育节日的资源要么稀缺，要么优质。比如青岛啤酒，曾经是岛城的标志性物产，是许多市民和游客都心仪的商品。虽然现在啤酒不再稀缺，但青岛生产啤酒的历史在中国最早，青岛啤酒也是国际上知名度最高的啤酒品牌之一；以啤酒作为主题发育的啤酒节是国内创办最早和规模最大的酒类节事活动，被誉为堪与德国慕尼黑啤酒节媲美的亚洲最具影响的啤酒盛会。正是这些足以自豪的"之最"，形成了这个节日发育资源的稀缺和发展态势的优化，而这种稀缺和优化也决定了它今天的美誉度和影响力。

李沧区的赏花资源有四片可圈可点：十梅庵的梅花、戴家北山的杜鹃、睡莲世界的荷莲和桃园的万亩桃花，但就品种的稀缺性和游客的抵达性而言，基本不具备独有或最佳的优势。再者，赏花活动在青岛普及而惯常，如胶南杜鹃花会、崂山枯桃花会、中山公园樱花会等，这些节会作为文化事件或庆典盛事，除中山公园樱花会外，都缺少纪念性和特殊意义。国内以"赏花"为主题的节日更是多达400余个，如我省的菏泽牡丹节，河南的洛阳牡丹花会、江苏的南京梅花节等，无论规模和声势都在青岛的赏花类节会之上。

所以，李沧赏花会创办后的多届运筹中，经历了不断反思和意欲另起炉灶的过程——一直伴随着来自周边不断兴起的赏花类节会的压力，也无法避免国内其他知名节会的挑战。赏花会在2006年出现转向实属无奈之选。首先是加个"拖斗"——与民俗文化节联袂举办，进而将"赏花"从节名中隐退。赏花板块基本置于节日的框架之外，直到2008年"赏花会"这个名称不复存在。

147

"赏花"作为节日标题和板块内容淡出公众视野或许有四点内因：一是，赏花情趣无法构成盛大的消费气场。单纯的赏花仅以观赏、赞美和留恋引发精神层面的愉悦，很难形成从精神到物质的整体链接和全程消费，也难以引起时尚一族的关注和参与；二是，把赏花作为节日主题很难与李沧现今的发展使命相对接。虽然赏花有一定的参与性，但参与者的年龄结构不尽合理。以中老年人群为主体，其消费能力和消费形式都与当今倡导的体验经济关系不大；三是，赏花会本身也缺少现代娱乐精神的渗入，多是民间习俗和平民情结的延展。前几届都是靠大型开幕式文艺晚会来支撑，往往虎头蛇尾，后续乏力。而那个华丽的开场，又能给李沧留下什么深刻的文化痕迹和发展功效？四是，李沧区虽有诸多游玩赏花的去处，却没有形成大规模的栽培、展销和交易渠道，缺少像崂山枯桃和城阳海都那样的大型花卉交易市场。去过昆明的游客都对其发达的花卉产业留存难忘的印象，并不在于园林苗圃中的花朵开得多么灿烂，而是花卉市场发达，花店随处可见，产品行销国内和东亚、西亚的许多国家。

（二）购物类

李沧区的购物优势主要由"李村大集"这个极具历史惯性的核心吸引物引发。同时，作为青岛四大商圈——北部商圈，也拥有极高的购物聚集效应。统计表明，去年"十一"黄金周我市商品零售额最高的正是李村商圈。但如此繁荣的商业现象背后支撑的并非宜人的商业环境和精细的商业文化，其粗放的业态也不利于作为节日的优质资源来培育。具体表现在：

其一，李沧区虽不乏商业设施，购物也是李沧的传统优势，但其商业形态和运营模式存在明显不足，概括为"六有六缺"：一是有旺盛的人气和商气，但缺少休闲购物的宽松感；二是有逛店的目的性和满足感，但缺少消费的想象力；三是有原发性和自需性消费行为，但缺少外来旅游购物体系的梳理和建立；四是有商业促销甚至联合促销之举，但缺少依托节庆平台提升商业品质的整体优势；五是有传统经商文化的承继，但缺少现代经营理念的革新和时尚商业元素的注入；六是有为数众多的商业企业和商业设施，但缺少"城市综合体"这样的现代商业概念和形制的引进。所以，在纯粹的买卖行为之间，人们看到的必然是拥挤、局促、忙碌、点钱拿货、来去匆匆，既没有休闲购物的氛围，也缺少旅游价值的体现。

其二，2009年是青岛商战激烈的一年，15家商业巨头在岛城显赫亮相，青岛商业零售面积在一年之内增加了1/3。曾有过美好传说和商业神奇的李沧商圈，如果仍维持原有的规模和形态，就有被挤兑和边缘化的可能。李村商圈应明显地感觉到压力的存在，摆脱重负的有效方式便是内外双力齐发。对内加快提升商业设施的层级，引进像市北万达广场、城阳宝龙广场等具有"城市综合体"特性的大项目，产生消费的强势拉动作用；对外强化旅游商品和休闲购物元素的添加，积极吸引外来人群的光顾。

其三，李沧在商品方面虽说应有尽有、体系庞杂，可谓"一站式购物"，但专业市场明显缺失，尚未形成即墨服装批发市场、城阳农产品批发市场的专业优势。即使有茶叶市场等较为专业的市场存在，也多半是中低端的拼凑，有多少懂茶、爱茶和玩味茶道的人，在这

个市场常年购买和消费。而且，随着城阳和即墨市场引力的增强，极有可能将李沧置于"通道"和"过渡带"的尴尬境地。

如果将庸常的商业行为升值为特质的商业文化，尤其是依托节庆来锻造商业文化，就会呈现

完全不同的情景。如上海的新天地和日本的六本木等，既有节日火爆的繁盛情势，又有常态的商业兴旺景象。所以，李沧商圈的改造不能仅靠硬件的升级，还要通过主题鲜明的新兴节庆加以整合和打造。就目前的商业形态和资源蓄积而言，李沧尚不具备举办大型购物类节庆的条件，虽然"购物"可以作为节庆链条上的重要一环。

（三）民俗类

优秀的民俗文化是罕物也是瑰宝，虽然它的由来多半与农耕文明甚或短缺经济有关，但在李沧这个尚未高度城市化的特殊区域里，应当给予它滋养和传承的空间。现实是，李沧民俗文化的根基不甚强硕，以民俗作为引爆节庆的燃点缺少全社会的响应力度。况且，从涵养和发展的眼光来看，不是所有的民俗都有被盘活的必要和被传播的价值，也不是所有的民俗都能形成真正具有传承意义的文化。所以，要继承和弘扬的民俗必须是优秀的，有商业养护和升值前景的。具体分析：

一是李沧区的民俗文化未呈现稀缺性，蕴蓄量也明显不足，即使有少量遗存，其典型意义也不强。例如在取材和立意上，与市北萝卜会、四方糖球会有相同和类似的精神轨迹，资源的撞车和空间的逼仄，削弱了李沧节庆的个性特征和应有之魅。再者，与周戈庄祭海节和崂山非物质文化遗产节相比，其民俗文化也缺少鲜明的特征性和强大的感召力。

二是民俗文化的遗迹和设施不多，也不具有标志性和独占性，缺少民俗博物馆和常年展演的民俗活动。如始建于民国的明真观，虽每年都安排民俗文化节的活动，但毕竟形单影只、热闹一阵，形不成旺盛香火与商业聚合同现的繁盛情形。即使有百余年历史的李村大集存在，但它终究是巨大的商业载体，而不是可观的文化平台。

三是民俗文化节曾经与央视的"梨园擂台"等媒体合作，本届民俗节也设置了灯谜竞猜、风筝放飞等活动，但这些活动确有"杂烩"之感，缺少专属性和归属性的体现和体验。东拼西凑的文化符号很难入木三分地植根李沧，外来捧场的民俗元素也不会沉淀出自己的文化记忆和民俗结晶，相反会在看似热闹的场景中自我虚无，淡化对自身文化使命的敏感和责任。

四是民俗文化通常是回望的产物，是向历史纵深的索取，具有"土、老、

陈、旧"的征象。以民俗文化造节兴事，缺少向前拓进的激情和鲜明的时代感，其节奏和态势很难与当前区域发展的整体诉求相吻合，既无力撑起节日面向未来的宏阔框架，也难以尽快形成规模、做大做强。

综上所述不难看出，李沧节庆所依托的赏花、购物和民俗资源，的确存在比较优势不强和增长能级不够的现状。而李沧区眼下刚好处在协力拥湾发展、打造生态商都、迎办世园盛会和烘托蓝色经济的恢宏现实中，当全面鼎新和快速提升的序曲奏响之时，节庆活动——这一充满形象感染力和经济拉动力的特殊载体，该扮演怎样的角色？是继续沿用既往的题材，在"赏花"和"民俗"之间渴求本土小众情结的维系，还是追求与李沧大发展的主旋律协调并进——创办个性凸显、魅力独具的节日，并使之既富含文化特质又助力经济发展。这是必须从战略高度加以审视和考量的重大命题，需要尽快给出符合科学发展——无悔当今也无愧未来的答案。

三、李沧区民俗文化功能的增值性考量

如果必须选择民俗文化作为主线来培育李沧的节庆，也应该给它增值增量的丰富空间，以便拓展出市场希求和公众期盼的美好前景，应从以下三方面着手提升它的内涵和外延。

一是让民俗文化成为休闲生活的载体。休闲作为生存状态中的精神生活方式之一，与人类自身如影相随。随着物

质生活水平的提高，人们会拥有更多的空闲时间，民间的许多娱乐休闲方式也被激活，各种民俗会吸引并引领公众寻求文化体验和休闲放松。从节庆与休闲的关系看，休闲应是节庆的民俗活动内容之一，许多节庆本来就带有休闲活动，同时以其特殊的有利条件和多姿多彩的民俗内容吸引参与者。从休闲对节庆的影响来说，休闲体验能吸引更多的人参加节庆活动，使传统民俗节庆焕发新的活力，并促使新的节庆及新的节庆民俗不断发展。

民俗文化节的创办，为李沧和青岛的民俗文化提供了展演的舞台，也赢得多方喝彩。但其整体效能却稍嫌不足——节日似乎是为自身而办，社会综合功能的体现较弱，尤其未能释放出强大的休闲功能。具体表现为：节日体现官方驱动意愿多，表达民众需求少；不乏一时的热烈场景，缺少公众的持续关注。演员表演结束就走人，戏台演完戏

就拆掉，节日闭幕就没了声响。基本无关乎旅游，大致未增进购物，与赏花的花期也往往失之交臂。民俗民俗，与民相伴，生活凡俗。节日既是由休闲意愿

而生，也是对休闲生活的回赠，所谓"佳节倍觉短，休闲是常态"，面向未来的民俗节，应当在休闲功夫上再开新篇，让更多的人不仅为了节日的热闹红火而乐，更为寻求适宜的休闲生活方式而来。

二是让民俗文化物化为常态性的商品。节庆活动自有时限，而其物化和繁衍的产品当恒久延绵。近几届民俗文化节可能更多对节日本身的关注，节日的延后和持续效应犹显不足，至少没能开发出系列专属的民俗产品。以广州民俗文化节为例，它有大量承载民俗文化的器物已转化为民俗休闲旅游商品用于销售，从吃的，到用的；从好玩的，到纪念的，许多都不是发生在节日期间的购买行为，而是平日消费与节日消费一脉相承、长年不断。

再如，四方糖球会造就的高家糖球，不仅在糖球会期间一展风采，在奥帆中心和啤酒节等重要活动场所也常见其身影。另如，即使不在慕尼黑啤酒节期间，到慕尼黑、巴伐利亚甚至整个德国，许多商店都可方便地买到啤酒节上常见的各类酒具和马匹饰物。然而，李沧民俗文化节期间，人们很难购得特有的心仪之物；落幕之后，更难觅到节日的踪影——既没有系列的衍生品为它无声地传播价值，也缺少节日

附加值和关联效应的体现。

三是让民俗文化绽放悦众的娱乐功能。新兴节庆的最大魅惑体现在娱乐功能的充分释放，而中国的传统节庆包括部分现今的民俗节庆则表现得比较内敛，过多的礼道和讲究反而让节日备感束缚、举步维艰。其实，民俗休闲活动中的娱乐是积极健康的生活态度，一种对活动的愉悦感受和审美体验产生互动回应的生活方式。李沧民俗文化节中也不乏娱乐和体验活动——放飞风筝、够级大赛等，但总体上缺少随性、普适性和融入性。比如演出时观众和演员的界限十分分明，歌之、舞之、诵读之，都是演员的事；视之、听之、旁观之，则是

观众的事。

真情的娱乐易于在互动中达到至高境界，而"被娱乐"总有不自然的勉强和尴尬。笔者曾建议在节日闭幕之夜安排具有狂欢意味的假面舞会，当场受到主办方的质疑，认为参节者缺少娱乐的动机和情趣。这种先入为主、主观臆断的态度，必然影响参与者对节日开放性的理解和全身心的投入。再比如够级大赛，原本是老沧口一带纯民间发明的纸牌游戏，玩的人多了就想将之规范以便赛有所依。当官方或半官方将它整合成正规比赛时，它的娱乐精神就大打折扣——正规的赛制赛规反而窒息了它的娱乐性。所以，当年人人都会玩一手的群体娱乐"够级"，现今的地盘已大大让位于没被划为比赛项目的"保皇"。

所以，不能简单地为了传统而传统，为了民俗而民俗，一切纯正的事物都会随着时间的流转而发生嬗变，单一的表达更会在新生代渐为主流的今天失却推崇。内涵忠于而不形式囿于，创造感动而不随意盲动，应是对待民俗娱乐的正确态度。

四、李沧区节庆活动战略性思考的归纳

综合上述思辨和剖析，尝试提出以下李沧区节庆活动的战略定位与框架设想。

（一）把握"世园盛会"题材 创办高立点的节庆

2014年世界园艺博览会的成功申办，使市区北部的李沧分量陡增。相

信，在青岛既往历史和今后相当一段时期，世园会将创造青岛大型展会的多项之最：国际化水准和规格最高，占地和布展规模最大，参加国家和地区最多，筹备和举办时间最长，接待国内外游客最广……这些"之最"的集中涌现，为李沧开启了与世界对话的难得机遇和重要平台。因为，世园会既是

园艺的展演之所，也是科技的展示舞台，还是文化的交流盛会和生态文明的优化示范之地。即使世园会落幕后，整个园区依然是青岛市区最大的休闲单体，并可形成长期性和高收益的旅游吸引物。

所以，世园会本身就是李沧和青岛最大也最具影响的节会，相对于这个巨大的时空载体和持续震撼，一切过往的节庆都会黯然失色，成了低当量的小打小闹。无须踏破铁鞋，也不必众里寻他，因为世园会已然为李沧节会的主题之选提供了最佳的机缘和依傍。以世园会为纵深背景和辽阔前景创意的节庆，既能体现时代强音的高昂播扬，又有现实需求的生动卖点，还可顺势长效地预支未来。

初步设想，这个节日的名称应为"中国·李沧生态园艺节"。节日由生态园艺之旅、休闲购物之旅、民俗文化之旅三大特色板块构成。其节日名称和内涵设置拥有较好的继承性、较高的涵

盖性和较强的统领性。因为，它既有回首又有展望，既有对先前民俗文化和赏花习俗的历史性关照，又有对未来愿景的倾情企盼；既考虑了发达的商业业态这个既定现实，又预设了拓展生态旅游的理想天地。同时，园艺节的名称有较强的识别性，未与他人有重复或相似之嫌，至少目前国内"园艺节"的提法甚为鲜见。

"园艺节"在举办时间上安排在每年的3月下旬至5月上旬为宜。其一，与市民和游客踏青赏花的时节相合拍，与李沧域内的主要花期相吻合；其二，与未来世园会的开幕之日相衔接，能够起到为世园会倒计时和预热升温的积极作用；其三，与"五一"黄金周在时间上重叠，有利于集中购物氛围的形成；其四，举办时间较长，易于扩大节日的时空容量，有利于形成对市民和游客出行休闲行为的影响。

（二）紧扣"生态商都"内涵 营造休闲购物环境

追求生态和低碳生活方式是当今人类社会的共同诉求，李沧区在自己的节庆中旗帜鲜明地标榜生态，本身就具有

153

很强的责任意识和进步意义，至少在青岛的节庆行列中还缺少以生态为调性的节日。所以，世园会在生态商都举办是"门当户对"，有益于吸引外来目光的聚焦；公众在生态商都购物是明智之选，有利于休闲购物环境的营造。

节日在名称中加入"生态"二字，本身就意在强化生态商都的地位和作用，且有四大亮点支撑：一是李村河是青岛市区最重要河流，被亲切地誉为"母亲河"，目前正在进行的治理将还原和提升"母亲"的姣好形貌，使其呈现更加生态的姿容，而加入生态旨趣的渲染，可以使一个盛大的节日与一条秀美的河流有机地形成和谐的征象；二是与"生态商都"和"生态商住区"的大概念相吻合，易于调动公众的美好联想；三是为世园会的举办营造了前置性氛围，也是对青岛和李沧生态环境再上水平的期望，通过融入生态内涵的节日标题，有助于人们对"园艺节"和"世园会"的关联期盼；四是可以修正和消弭长期以来对李沧城区环境的不良印象，增加生态商都的亲和力和园艺节的参与性。

（三）围绕"拥湾枢纽"定位 架构开放节庆空间

李沧位于我市七个行政区的近中央地带。在近景版图上，李沧是市区通向市郊和省内各地的重要门户——是青岛火车北站的坐落之区、首条地铁的贯穿之地、跨海大桥的东向入口，第三条东西

快速路也将横贯其境。这里必将形成人流、物流、财流、信息流和文化流的强势聚集。在远景构架中，李沧区依循青岛"环湾保护，拥湾发展"的规划蓝图，做出"拥湾枢纽"的高定位，在空间布局上为自己赢得大开放、大连通、大节点和大发展的先机。

一个"陆、海、地、桥"通道立体交叉，"山、河、海、城"风貌兼而有之，商、文、教、旅事业日益繁盛的新城区，必须以大气魄、大手笔和大运筹，创生高开放度、高吸纳力和高融合性的节庆活动；也完全具备构建中国北方旅游商品集散中心的潜在实力，成为休闲经济日渐兴盛大背景下，青岛旅游新干线的购物终端，进而与拥湾枢纽的

打造相协调，与生态商都的隆起相匹配，与世园盛会的迎办相衔接，与蓝色经济的兴起相呼应。这既是李沧创新节庆当有的雄浑气势，也是本文意欲达到的理想之境。

2010年李沧将迈过创办主题节庆的十年之槛，十年磨一剑，必当更锋利。在倡导创造和创新的时代氛围引领下，只要能积极借助以往积淀的多重优势，砥砺开掘定位准确的办节资源，倾力注入面向未来的丰富内涵，科学把握大型活动的运作规律，李沧的节庆必定会开创全新的局面，拥有灿烂的明天！

155

比对见差距 跨越须扬弃

↘——秦皇岛提升节庆和发展旅游的思考

题外话：一个曾经的梦想

儿时记忆中的秦皇岛已声名显赫，一是源自毛泽东著名诗句"秦皇岛外打渔船，一片汪洋都不见"，二是源自家父20世纪50年代的几帧照片——在山海关和望夫石等景点的留影。这两个源头曾给我以辽远的想象，也由此产生意欲前往的冲动。在那个充满豪迈诗情的光辉年代，作为红色接班人的一辈难免会有寻访伟人足迹和践行英雄壮举的情结。往事越千年，如今，儿时的怀想距千年尚远，但秦皇岛之梦已恍若隔世。随着岁月和年龄的递增，原先的冲动和想象日渐稀薄，以至于去不去秦皇岛已不再是希冀或遗憾。

言归正传。对于一座城市或一个城区的旅游和节庆策划，首先要完成的是"深入"和"跳出"这两个动作。由于时间和精力的原因，"深入"是无从谈起了，但"跳出"必须要实现——跳出海港区，跳出秦皇岛，跳出既有的观念羁绊和模式藩篱，甚至跳出旅游和节庆的边界去探求。因此，本文不是立论严谨的学术报告，也不是学养深厚的理论文章，而是从事旅游规划工作十余年，并

积蓄20年办节履历的经验之谈，是外乡人对秦皇岛旅游节庆纵横恣肆的思考和海阔天空的点评，是有感于秦皇岛节庆和旅游需要鼎新变革的主旨演讲，是未经实地考察和充分切磋便草拟的诸多策划构想。其中，有学理分析，也有实证比较；有宏观论述，也有个人感慨，自然难免有粗陋之见和谬悖之言，权当是另类的"参考消息"。

一、城与城的比较——生发启迪

秦皇岛与青岛有太多的相同或相似之处。

就地理位置而言，都是中国北方的沿海城市；就曾经的起点而言，百余年前都是零星散落的渔村；就城市形貌而言，都是山海城一体的半岛城市；就历史渊源而言，都有秦皇汉武的造访和徐福东渡的传说；就近代历史而言，都有被西方列强侵占或殖民的经历；就政策

About Festivals and Celebrations

的赋予而言，都是改革开放后第一批沿海开放城市；就港口与城市的关系而言，都是以港兴市且都有现代化的亿吨大港；就避暑度假而言，都是几代党和国家领导人疗养消夏的常选之地；就未来发展趋向而言，都将旅游作为主导产业加以扶持和培育；甚至，在人们口语的快速发音中，秦皇岛和青岛彼此都能产生亲切的混淆……当然，经过百年来的风雨洗礼，尤其是改革开放30多年的发展，两座城市也呈现出许多不同甚或差异。

从城市硬件和宏观数字方面考量，青岛的地域面积为10654平方千米，秦皇岛为7812平方千米，2009年末青岛的人口762.92余万，秦皇岛为280余万；青岛是行使副省级经济管理权限的计划单列城市，秦皇岛是直属河北的省辖地级市。2009年青岛的GDP为4890.33亿元，秦皇岛为877.01亿元；青岛的地方财政收入为377亿元，秦皇岛为114.6亿元；青岛的外贸进出口总额为439.9亿美元，秦皇岛为33.16亿美元；青岛港货物吞吐量超过3亿吨，集装箱超过1000万标箱，秦皇岛分

别为2.46亿吨，33万标箱。

从旅游和节会收益数字方面考量，截至2009年末青岛三星级以上酒店157家，秦皇岛为34家；2009年青岛共接待国内外游客4000万人次，秦皇岛为1660.8万人次；旅游收入青岛为489亿元，秦皇岛为96.06亿元。

2009年青岛共举办节庆会展活动177项，其中较大规模的节庆50余个、会展近90个，会展的衍生收入157亿元。以2007年的啤酒节为例，16天的节日发生在啤酒城中的直接消费为6.23亿元，对青岛经济的拉动33.06亿元，一举超过"五一"和"十一"两个旅游黄金周对青岛经济的贡献。据统计，2009年秦皇岛共举办节庆会展活动9项，旅游收入96.06亿元。

从城市软实力的打造方面考量，一是城市品牌的认知度不同。现代品牌学揭示，城市价值最终体现为城市品牌，因为城市品牌是城市价值最大化的集中体现，代表城市能够为全体社会成员带来的最大收益。如果说资源禀赋决定了城市竞争的比较优势，那么城市的品牌和价值才是城市竞争比较优势的核心。近十年来青岛创生了一系列在国内外有影响的城市形象和文化推展的载体，如帆船之都、音乐之岛、影视之城等，而秦皇岛在城市品牌外向度的推介上还难尽人意，至少在媒体层面上还缺少曝光率和认知度较高的标志性品牌成果。

二是企业品牌的抵达性不同。青岛有海尔、海信、青岛啤酒、双星、澳柯

玛等一批知名企业，而秦皇岛却鲜有为外人所熟知的产品或品牌。那些曾经国字号的四大摇篮——现代旅游、平板玻璃、桥梁工业、体育明星的摇篮，是否还能成功续写往日的辉煌？举个现实的例子，有多少青岛人正在使用来自秦皇

岛的产品，又有多少秦皇岛人从未使用青岛的品牌？答案不言自明。

三是节庆影响力和创收不同。如青岛的啤酒节、海洋节、小提琴节、时装周等节庆，都已成为城市形象的名片和文化使命的代言。其中知名度最高的啤酒节，在20世纪90年代中期，国家旅游局向境外推介的中国节庆活动中位列前三名。2006至2009年，在亚洲会展节事年会的评比中，啤酒节连续四年蝉联中国十大节庆活动之首，被业界誉为堪与慕尼黑啤酒节媲美的亚洲最大的啤酒盛会。在不久前（1月16日）人民网对国内节庆活动的海选中，青岛国际啤酒节经600万网民投票，荣登十大节庆的榜首。

尽管，我们知道国内的许多评奖活动都掺杂水分，也多有虚浮，但所有能让人眼前一亮的评奖"高地"，啤酒节几乎都要去占据。因为任何奖项都可能让啤酒节升值，任何评选都无法让啤酒

节逊色，有时考虑更多的不是含金量，而是"眼球量"。在一个浮躁炫动、眼球至上的时代，对节庆的评价主要来自媒体和公众关注力的强弱。相形之下，秦皇岛的节庆活动在国内的节庆评奖中获得怎样的荣誉目前还不得而知。

四是旅游经济发展势能不同。主要体现在旅游大项目的引进太少且组团化发展不够。或许，由于多年来秦皇岛对关系国计民生的硬设施倾力较大，而对文化和旅游等软产业的关注和投入相对不足。从三产的结构和比例可以明显看出这一点。与此同时，青岛却成批地引进超大型的旅游项目及相关产业。如游艇会、海上嘉年华、欧洲大饭店、温泉国际会展度假城、港中旅海泉湾度假城、宝龙广场、国际工艺品城、极地海洋世界、现代艺术中心和青岛大剧院等。以青岛的县级市即墨的温泉镇为例，近三年来该镇共引进内外资旅游项目33个，其中过亿元旅游大项目18个，总资金近300亿。上述大项目少则十几亿、多达上百亿，落成和投入运营后，将为青岛蓄积今后二三十年旅游业持续发展的势能。

其实，秦皇岛和青岛都有良好的文化背景作为支撑，都依托辽阔的经济发展腹地，都身处相似的政策优化环境，都具有明显的奋力前行动因，但在沿海开放城市有形无形的竞争和比较中，人们却看到青岛的多项经济指标排名始终靠前，而秦皇岛的位置则有所下滑。当然，城市体量、人口基数和工业基础等先天因素决定了两市的差距，但如果与新加坡、澳门、东莞和

萧山相比，便顿失"倚小卖小"的借口。在弹丸之地创造经济起飞奇迹的案例比比皆是，国内国外、内地沿海都不乏其例。秦皇岛何以身处当今的境地，根源或许在于观念的迟滞保守和对机遇把握能力之不足。

为此，提出超越旅游和节庆范畴的几点建议。

鉴于"海洋"和"港口"是秦皇岛经济社会发展依托的两大抓手，其宏观战略取向应是：以发展战略性新兴产业为切入点，强力推进涉海经济和海洋产业的发展；加快实施通冀跨辽的港口集群发展模式，形成跨区域自由贸易区的格局；有效强化城市清洁生产体系建设，在环渤海经济圈竖立绿色GDP的标杆；加快完善城市品牌价值链的运行体系，增强城市竞争的软实力。

具体建议如下：

（1）在倡导生态文明和低碳经济的今天，秦皇岛和海港区在产业结构调整的指导思想上，要加快转向"做精一产，优化二产和倾力三产"。相信秦皇岛和海港区的决策者也早有此意。

（2）在城市形象塑造和对外宣传推介上，要分清主次、讲求策略，在形而上适当弱化制造业、港口贸易、能源输出大港等概念，至少在宣传的调性上，要大幅提升旅游和现代服务业的声响。

（3）在节庆活动的创设上，要选择既能涵养城市特色文化，又能推拉旅游经济的题材加以培育，务求聚众性好、消费性强、影响力大，而不是怀旧性好、参与者少，虽历尽艰辛却播而未远。

二、节与节的权衡——适度扬弃

（一）弃之由

当前，海港区正处在"旅游立市"的积极探求和恢宏交响中，当全面鼎新和快速提升的序曲奏鸣之时，节庆活动——这一充满形象感召力和经济拉动力的特殊载体，该扮演怎样的角色？是继续沿用既往的题材，在"望海""求仙""祈福"之间渴求本土小众情结的维系，还是追求与秦皇岛大发展的主旋

律协调共鸣，绽放出不同凡响的精彩？这是必须从战略高度加以审视和考量的时代命题，也是办节人的使命和责任，需要尽快给出符合科学发展——无悔当今也无愧未来的答案。

时下，文化形象的张扬及相应的产业兴盛，已成为城市或城区之间竞争的重要筹码。国内有上海的海派和新潮文化，锻造出中国最大时尚之都的美誉，与之匹配的有电影节、艺术节等；杭州借助天堂之美的经典意韵，演绎出江南休闲之都的优雅，与之匹配的有西博会、休博会等。所以，现实中的节庆常常作为执政理念、区域精神和发展指向的最好载体或形象代言，被广泛而频繁地借以"载道"。

节庆是物质抑或精神收获的伴生物，改革开放为中国创造了丰衣足食的现实，于是节庆活动雨后春笋般地涌现。尤其2000年前后，在世纪之交的重要历史节点上，国内目前节庆有1/3都创办于那个时段。当时的情形是，一个城市或区域若没有自己主题性的大型节庆，便是发展理念的缺失，城市精神的缺失，文气、人气和商气的缺失。所以，大家确乎是在匆忙之中加入了造节的行列，速定了节日的名称和主旨，未经深入研讨和反复权衡。求仙节源于1992年的"望海大会"，定名于2004年，2007年新增"主城区发展论坛"，其创办和更名的动机不

详，也不敢妄加评说。

人类学家特纳曾说："节日是人类发明的最大的仪式，仪式不仅是对社会需要的回应，更是人类创造意义的行为。"所以，海港区十余年来创生的系列节庆活动是社会需要的产物，在探求的进程中出现修正、整合甚或更替都实属正常，既符合节庆活动发展的普遍规律，也能从中彰显社会进步的印记。比如，青岛海洋节的名称也经历了一变再变，由青岛海之情旅游节和海洋节联袂举办，变为中国青岛海洋节，再变为中国青岛国际海洋文化节；再如，大连近年来弱化服装节改办啤酒节，因为啤酒似乎更符合大连人的精神气质与消费喜好。允许多向探索甚或走弯路本身，是社会宽容和进步的象征。

秦皇岛三区四县共有各类节庆活动约7个，这些节日通过十余年的举办，都为秦皇岛拓展了影响，积淀了声誉。但毋庸讳言，无论求仙节还是荷花节，其品牌价值还比较单薄——节日缺少鲜明的地域性和标志性，也缺少公众广泛的认同和响应，最多是具有一定区域影响的

地方节庆活动。当然，指出这些不足并非妄自菲薄，也无意否定先前的有益探索，只想依循适度"扬弃"的思辨，积极地解析和应对节庆在新形势下必须回答的课题。

首先，从资源上剖析——

通常，发育节日的资源要么稀缺，要么优质，但稀缺的不一定优质，优质的不一定稀缺。从这个意义上讲，求仙节确实把握了资源的稀缺性，但没有实现资源的优质化。因为秦皇"求仙"作为2000多年前的重大历史事件，或许为秦皇岛所独有，但"求仙"的现代意义和对当今生活的影响早已云消雾散，而且还具有无法规避的负面效应。

其次，从名称上解析——

这样几个关键词需要反思和揣摩一下："秦皇""望海""求仙"。

1."秦皇"与"秦皇岛"之别。"秦皇"二字具有强烈的覆盖性和统摄力，是充满霸气和引力的表述，从传播学的原理出发，这正是节庆活动所需要的关键词。但作为节名似乎不应该缺失"岛"字，缺了便消解了节日的现世和现实意义。因为"岛"字既是想象力之

源，也可让节日的具体行为踏实落地。再者，节日不是为"秦皇"所办，而是为秦皇岛这座城市兴办。"岛"是诉求的主体，"秦皇"是借用的客体，主体与客体都不能偏废。

其实，青岛作为地名只具唯美的意味，秦皇岛之名除了美感还透着伟岸——历史的厚重与想象的丰沛。秦皇岛作为地名和节名优越感十足，本无可非议，其独一性和悠远感也是上苍赋予这座城市最神奇、最特质的背景资源。但去掉"岛"字后再与"望海"和"求仙"联袂，生成节日名称——秦皇望海求仙节，就隐含着些许自嘲和反讽的意味，因为它在内置上无法自圆其说。

2."望海"与"望洋"之析。"望海"的用意很好，但要向反义上引申，"望海"即"望洋"，难免会产生望洋兴叹的虚空联想。纵使"栏杆拍遍"，毕竟只能寻获"无人会，登临意"的慨叹、蹉跎和失落之感。所以，望海的意境甚好，但作为节名似当慎用。

3."求仙"与"求是"之辨。"求仙"是一种与时代精神有较大反差的悖论。

一是有悖于共产党人源自国际歌中就倡导的理念——"从来就没有救世主，也不靠神仙皇帝"。而嬴政既是皇帝，也在此大兴求仙之举，他老人家当年孜孜以求的神仙境遇，与我们今天的健康生活方式有什么必然联系，与当今人们追求愉悦的旅游体验有何关涉？

二是秦始皇的求仙长生之地与暴病

驾崩之地都在河北境内，相距不过几百里，如此之近的时空却决定了千古一帝由生到死的命运落差，这是深具嘲讽意味的悖论，使"求仙未得道、望海余空叹"成了令人心寒的千古笑谈！

三是更加深刻的历史悖论。秦始皇虽派三千童男童女东渡以求长生不老之药，但却在自己掌权不久便开始修筑旷古未有之巨大陵墓，说明他本人根本不信万寿无疆之说。秦王之所以能征服六国，一统天下，足以说明他是伟大的唯物主义者，至少是朴素的唯物主义者，是实事求是的杰出政治家，是一个懂得生死轮回是自然规律的人。否则，他又何故派兵追杀方士卢生、侯生之流（因为这些装神弄鬼之人往往扮演神仙的化身和神灵的代言），何故焚书坑儒四百余人留下千古骂名？何故能无坚不摧、百战百胜，完成一扫六合的征战和一统

华夏的霸业？因为在生死攸关的战场上，绝没有半点求神弄鬼之事可以折腾，只有务实的策略和求是的攻略可以速强取胜和平定天下。

所以说，秦始皇求仙是假，震慑是真。东巡的目的有二：第一，做给他的对手看。比如，齐国作为春秋五霸之首，是最后一个为秦所灭的国家。所以，齐人对暴秦有着强烈的反抗心理（比如田横及五百义士集体殉国的壮举，惊天地，泣鬼神，也只有齐国之人才有如此惊世骇俗之举）。秦始皇在所谓的求仙之路上并不是微服私访，而是威服四方。车辚辚，马萧萧，浩浩荡荡、气势汹涌，使潜在的对手从阵势上和心理上折服于他。

第二，做给他的臣民看。试图制造"吾将不朽"的神奇以延续秦帝国的一世、二世乃至万世之梦。设想，假若徐福东渡真的能够采得仙药而归，秦始皇也依旧不可能长生不老，这一点至少始皇帝再清楚不过。秦始皇是依靠武力取胜他国，派徐福东渡只是为了让建立不久的皇朝子民们继续信服和膜拜于他。徐福和卢生之辈都明白的道理，一代圣明的君主却走向了痴迷？其实，徐福没能求得仙药回来，才正中秦始皇的下怀。试想，若真的捧药而归，且服用照死，岂不又是个莫大的反讽和悖论。

四是从字面本意看"求仙"二字也存有虚无和缥缈之嫌。因为求仙是几乎无法体味的情境，也是难以身心愉悦的感受，是过于传说化和想象化的事物，

城市,让生活更美好
Better City, Better Life

是少有感知性和体验性的行为。在理念上古旧而乏善可陈，在操作上神秘而清幽密闭，在传播上含混而无法昌明。所以，这个节日在价值取向上缺乏时尚气质和娱乐精神的体现，无法提供鲜活的生动和超凡的感动。为此，建议最好不用"求仙"二字，亦不可迷恋，借用时下流行的一句话——哥只是个传说。

五是求仙节在态势和取向上是向后看而不是向前看，是向历史深处的索取而不是向未来的预支，所以，很难赋予现代旅游的意涵，也难以实现体验经济的价值。求仙本身蕴含着"沧桑"和"老旧"之意，意味着超现实的不可实现之意，其结果可能会落得类似"哥吃的不是面，是寂寞"那样淡然的结局。

六是暴君形象对公众心理潜在的负面影响。在秦始皇拥有赫赫战功和浩浩伟绩的同时，毕竟也有焚书坑儒、滥杀无辜、横征暴敛的劣迹相伴。虽然我们不能苛求和指责历史人物的修为，但毕竟像古罗马的暴君尼禄一样，用他们的形象作为城市精神的标志物显得不可思议，以他们的名字和他们荒诞不经的行为办节，本身就很敏感，也会引起质疑，至少难以赢得普遍的好感。

最后，从主题上明析——

有影响力的节日不能缺少响亮的主题，比如"青岛与世界干杯"，高度凝练和形象张扬了青岛国际啤酒节的典型特征——通过举杯畅饮达到与世界对话与交流的畅快。再如"城市，让生活更美好"，轻松而游刃地表达了上海世博会对未来美好生活的向往和追求。又如"回家"，成为全世界雅典奥运会参与者和观赏者一致认可的奥林匹克精神的经典回归。

海港区的节庆也需要与之匹配的主题，求仙节现在采用的"绿色 健康 和谐发展"不是不好，而是平淡，甚或平庸，拿到任何一个节日使用也不为错，因为它太共性、太概括、太空泛、太不个性凸显，太不亲和与具体。其实，主题不一定要浸染政治色彩和张扬时代意气，也不一定非要立意高远、想象奇拔、语势惊人，关键是要新鲜、贴切、轻巧。不知现在秦皇岛旅游的主题语确定的是哪句，"幸福海岸 避暑胜地"较为贴切。围绕这一主题的旅游产品可以考虑的概念设计如下：

（1）秦皇望海求仙之地；

（2）长城雄关入海胜景；

163

（3）海滨消夏度假天堂；

（4）国际会议中心城市；

（5）千古碣石遗篇赏读；

（6）特色滨海湿地观鸟；

（7）海岸沙漠风光览胜；

（8）万顷碧海激情扬帆；

（9）时尚节庆动感欢娱；

（10）征战岁月红色追忆。

（二）扬之理

匆匆扫描和粗粗梳理百年之城秦皇岛，从初始摇篮中成长至今的事物，遍享美誉且魅惑不减的仍属旅游，尤其是避暑消夏之旅。纵观秦皇岛旅游业九十年的发展，可用三句话来概括：时间上最早兴起，发展中相对沉寂，向未来渴求突破。

要么第一或最早，要么独领风骚：

——建起中国第一条旅游铁路支线，开通中国第一条旅游航线，出现中国第一张旅游招贴画；

——20世纪30年代闲居此地的外国人接近总人口的1/4，是中国最早成规模的疗养度假地和东亚第一的避暑胜地；

——中国第一个承办海上帆船大型国际赛事的城市，中国北方第一家野生动物园落成之地；

——1979年中央决定将北戴河的官方度假设施转拨为旅游接待设施，是国内业界改革开放政策最早的受益者；

——1984年成立市旅游局，在全国由地辖市转省辖城市中位列首席……

25年前的1985年，清华大学经济管理学院将当时秦皇岛的基本状况概括为"地位重要，基础落后，优势突出，劣势明显，环境优美，隐患存在"。如今四分之一个世纪的光阴过去了，秦皇岛经济社会无疑发生了天翻地覆的巨变，但如果我们拉长镜头与其他城市纵横比较，不难发现秦皇岛的比较优势并不明显，甚至，许多当时所下的结论，如今依旧在困惑和烦扰着秦皇岛人。

当今的秦皇岛和海港区，文化产业已见雏形，旅游概念呼唤鼎新，创意经济亟待崛起。在倡导原创和创新的时代潮涌中，秦皇岛和海港区的文化产业和旅游经济急需破题，迫切需要创办个性鲜明、特色独具的节日，并使之既富含文化特质，又助力经济发展；既有对历史和传统的关照，又有对未来空间的预支和预留。由此，与旅游立市的打造相协调，与旅游产业的隆起相匹配，与旅游经济的兴起相呼应。这既是秦皇岛和海港区创新节庆当有的雄浑气魄，也是本策划意欲达到的理想之境。

以下尝试提出适合秦皇岛开展的节庆和相关活动及简要的优势分析，供各

位参考。

1.中国·秦皇岛消夏避暑节。优势：秦皇岛旅游资源丰沛，产品呈现多样，但最不可替代和最具核心竞争力的是——避暑，相信所有外来的目光和判断都会锁定在这个常识性的概念上。节日一步到位地挑明秦皇岛作为现当代中国最佳避暑地的名分，对盛夏时节的中外旅游者将会产生强大的引力。节日将以避暑为主线，以度假休憩、健身养生、徜徉生态、长城观景和回望历史五大特色板块构成。主要吸引京津唐一带高端避暑度假客和国内其他城市的中端旅游者。

2.中国·秦皇岛海港艺术节。优势：海港艺术节不是为港口办的节，也不单为海港区而办，而是以港口为由头和平台，将秦皇岛三区四县的优势资源加以整合，同时将国内十大港口城市，甚或邀请国外友好港口城市共聚秦城。不同的港口城市有不同的文化背景和发

节日的兴办有利于促进港口和临港经济的发展，有利于实现秦皇岛和海港区实现更高层次的开放。

3.秦皇岛国际帆船节。优势：秦皇岛开展帆船运动很早，风力条件也比青岛好，从1981年始先后承办包括全国锦标赛和亚运会在内的诸多帆船帆板重大赛事。因此，在这里举办一个帆船节或帆船周完全具备条件，至少国内目前还没有以帆船为主题的节日。此项节事应侧重与世界高点对接，比如中日韩三国帆船拉力赛等，让东北亚和世界的目光再次聚焦秦皇岛。

4.秦皇岛生态旅游节。优势：秦皇岛拥有总面积约5万平方千米的典型滨海湿地（含内陆湖沼泽地和河流沼泽地）。其中，北戴河区的沿海湿地、昌黎县的滦河口湿地和黄金海岸湿地被列入"中国重要湿地名录"。域内森林和湿地面积大，地貌形态多样，海水水质优良，生态系统完备，既有国内著名的

展诉求，所以海港艺术节不仅是艺术的展演，更有文化的交流、理念的碰撞。

观鸟胜地，也有国家级海洋类型自然保护区及国家地质公园、国家级自然保护

区等生态资源储备。凡此种种，为兴办生态旅游节提供了成熟的条件。

5.秦皇岛长城风情节。优势：长城在秦皇岛域内断续500余里，许多景致迥别于北京的八达岭和慕田峪长城——或高耸雄浑，或蜿蜒婀娜，或探波弄潮，将山、海、城、关、台连为一体，呈现着不同的形貌和姿色，应当说颇具风情感和观赏性。加之其文物遗存丰厚，历史传说众多，自然不乏引燃旅游的看点。若由此发育成别具一格的节日，当会有较大的增长潜力。

6.秦皇岛沙滩文化节或亚洲沙雕大展。优势：细密绵软的海岸沙滩是秦皇岛旅游的一大优势，但缺少一个规模可观、影响力大的沙雕节事。这个节日至少可以与舟山的沙雕节相媲美，形成国内一南一北最具影响的沙雕盛事。目前，中国北方可能只有青岛和海阳的沙雕节小有名声，还没有知名度高、参与度广的大型沙雕节。所以，拿沙雕来说事做节或许能塑造一片新意。

7.山海情怀旅游实景剧。优势：作为旅游产品的重要补充和提升形式，旅游实景剧正方兴未艾。不能低估一台戏对一座城市的影响，正如《印象刘三姐》之于阳朔，《宋城千古情》之于杭州。应整合已有的两台戏（《海誓·南戴河》《海上升明月》），倾力打造一台以天开海岳为创意之源的实景剧。至少，国内目前还没有以大海为背景的恢宏巨制，以秦皇岛的山海形胜之美，该剧的隆重推出具有十分抢眼的首发效应。

需要补充说明，这篇策划虽与求仙节唱了许多反调，但并不等于全盘否定求仙节。尽管这个节在外观传达上确有虚无的意味，但若在实质上填充丰富而诱人的内涵，仍是可以改造续办的。最近才看到第七届的方案，感觉借助网络优势和央视平台的想法都很好。不过应注意"网惠而实不至"的现象，网络在宣传推广方面长处多多，但引致实际消费的能力往往有限。

三、术与略的差异——解析运作

所谓"术"即战术，属于旅游节庆运作技术层面的范畴，而"略"则是从城市战略的高度对节日加以定性和定论。做大节庆只具有战术意义，而做强城市则关乎战略目的。

（一）市场之力与行政之力

近年来，"政府主导、企业参与、市场运作"的提法，已成为国内节庆活动的标准模式。然而，由于背景、性质、内涵、功能、定位、创办时间、操作水平和成熟度的不同，节日的运作方式也存在千差万别。所以，不能简单地用"市场运作"对节日进行"一刀切"的模式要求。没来秦皇岛之前，就听说办节经费是一件难缠的事，其实这也是国内节庆业界共性的问题。

其一，节庆活动的基本属性是社会公益性，其成功体现在对公众利益的普遍关照，其业态定性应为"事业"而非"产业"。至少在节日创办之初或之后的相当一段时期内，它不可能迅速成长为高产的"经济作物"，但依然会作为一项长远的事业，由政府亲力亲为地加以培育和奖掖。

其二，节与节不同，不是每个节日都可以按照市场运作的方式令其茁壮成长。比如，宁波服装节和大连服装节就是在不同的产业背景条件下发育的节日。显然，宁波的服装产业基础远非大连所能比拟。所以大连必须以政府扶持的形式对服装节给予财力投入，而宁波则由

雅戈尔和杉杉等知名服装企业作为投资主体，财政方面的压力几乎为零。

其三，一座城市或城区，用几百万或几千万的费用来为自己做形象推介，应是最划算的广告投入。所以，大连投资服装节的目的不单为提振服装产业，而是为了张扬城市形象。再如，萨尔茨堡艺术节，每年政府投入4000多万欧元，也不仅为振兴音乐产业，而是播扬奥地利作为音乐国度举世闻名的美好声誉，引发全世界崇尚艺术和热爱音乐的人们纷纷前往。

其四，对文化、旅游和节庆的投入，其产出率或产出效能要远高于对其他行业的投入，世界各地发展旅游和文化事业有无数例证。就近的例子，青岛近年对茶产业基础设施的投入比重，正逐年向茶文化建设倾斜和加大。不久前刚谢幕的青岛赛茶会，就是以茶文化来包装茶产业的成功尝试。市政府为之投入300万加以扶持，依靠文化的力量来博弈市场，正向作用十分明显，既赢得崂山茶卖点的大幅提升，也博得广大茶农的积极响应。

其五，应该用"算大账""积远效"的形式来对待节庆活动。通过持续不断地投入，产生一批有影响的文化、艺术和旅游事件，来放大形象、传播声誉、增添人气、凝聚商气，进而让土地升值、房产增值，共同创造海港区的"地热"现象。例如澳大利亚面向全球推出所谓世界上最幸

167

福的工作岗位，便是以不同凡响的创意
将大堡礁的旅游价值推介给四海游人。

综上所述，海港区目前的节日尚没
有成熟和强大到如青岛啤酒节和上海艺
术节一般，在产业支撑单薄和节日声名
稍弱之时，对所办的节日不应强令其过
早接受市场的考验，而应以政府导向性
地财力投入为主，使其加快成长、尽早
强硕。

同时，应当对节日的目标加以阶段
性分析和考量，至少在未来的三五届
中，海港区的节日应着力实现——推进城
区新形象的塑造，扩大新城区的开放性
宣传，实现社会公众和外来人群对海港
的新认识、新评价、新推崇。其实，节
庆活动不能仅限于对某一产业的推动，
至少应将公众利益诉求摆在办节的首
位。而且，节日的社会效益应当是显性
和直接的追求，而经济收益则应是隐形
的、间接的。例如，青岛举办啤酒节的
目的从来就不曾囿于一个企业的一种产
品，也不是一味将节日本身做大做强，
而是传承城市特质文化、强化城市性格
塑造和加快对外开放水平，进而综合
性、整体全方位地拉动旅游经济和相关
产业的快速发展。

另外，应当考虑多元融资办节。比
如，青岛市每年文化产业扶持资金5000
万，节庆会展扶持资金7000万，估计秦
皇岛市和河北省每年的扶持资金和旅游
促销费用也不是小数，应通过积极的公
关和灵活的概念整合，让上述费用更多
地为海港区所用。

（二）文化之力和娱乐之力

文化之力即核心竞争力，是一座城
市软实力的最高表现形式。刘易斯·芒
福德说："城市是文化的容器。"我
说："节日是文化最好的载体。"在对
待节日和旅游的态度上，我更倾向于
"文化运作"这个概念，而不轻易苟同
"市场运作"的笼统提法。北京大学的
叶朗教授认为：可以用三种方式来影响

他人，第一种方式是强制性的威胁，第
二种方式是诱惑，第三种方式是吸引。
根据国外学者的研究，软实力在很大程
度上要依靠文化产业，而旅游业的核心
价值也体现在资源的个性和文化的异样

上。换言之，是文化的差异性决定了旅游的吸引力。

当今世界能与美国的影响力比肩的国家还没有，这是由超级大国的实力地位所决定，而这一实力不仅体现在政治、经济和军事影响力上，还有与之匹配或并驾齐驱的文化影响力。美国如果只有华尔街、硅谷、底特律、西雅图，仅有发达的金融业、IT产业、汽车制造业、航天制造业以及军事威慑力，那还只是简单意义上的美国。正因为有了好莱坞、百老汇、迪士尼等标志着它软实力的"业态"，才是完整意义上的美国，才是对世界施展强大影响力的美国。世界上有许多电影与音乐的评奖，然而美国每年的奥斯卡电影评奖与格莱美音乐评奖，最能吸引全球的眼球，电视转播覆盖数十亿观众群，成为引领风向与潮流的活动，成为标志性的品牌活动。

好莱坞的电影大片一旦发行，动辄十几亿乃至几十亿美元票房，连电影的策源地法国等欧洲国家也难以望其项背。它的《时代周刊》评选、CNN新闻等，都在世界范围产生影响力——文化与娱乐之力的组合就是其软实力的生动体现。

相比之下，自然有一连串友善的问号产生：如果不提秦皇游访的旧闻，当今的秦皇岛有哪一种旅游吸引物及其模式、哪一个轰轰烈烈的文化事件能引起世人的特别关注和欣赏？秦皇岛旅游所依托的文化资源有哪些得以保鲜和升值了？尤其是当文化成为产业并为旅游服务的今天，这里曾经拥有的文化优势哪些得到了商业模式的烘托和养护？节庆活动的终极目的是创造感动，求仙节感动了谁？感动了秦皇本人，感动了历史，还是感动了未来，感动了市民和外来游客？秦皇游访固然彪炳史册，但这座城市的包装与宣传，不可总是"倚老卖老"，也不能将历史作为唯一的诉求。比如古都西安，不仅有大唐芙蓉园的华美追忆、动人实景剧《长恨歌》的千古慨叹，更有欧亚经济论坛风云际会的滔滔宏论，2011年世界园艺博览会的熠熠生辉，现代发达航天工业的翩翩追梦……所以，秦皇岛需要创生新形象，即使像青岛港金牌工人许振超、化名的公益天使"微尘"，也是城市推陈出新的形象代言。

文化就是力量，娱乐就是需求。人类已进入由单纯物质消费向文化消费过渡的快速通道，而文化消费不能缺少现代娱乐精神的渗入。现代旅游节庆很重要的一点便是娱乐内容的填充和欢庆氛围的营造，只有赋予旅游节庆以文化的脊力和娱乐的情愫，才能够长期稳定地给一座城市带来持久丰厚的物质回报，也才能系统有效地影响和满足人们精神需求的最大化。

四、让历史告诉未来

今天，以构架桥梁工程著称的秦皇岛，能否为旅游兴市架构一座更加开放的观念之桥？以平板玻璃闻名中外的秦皇岛，能否在透视他人之长的同时也能照见自身之短？曾生产中国第一瓶干红葡萄酒的秦皇岛，能否酿造出陶醉天下的曼妙之旅和热烈节庆……维吉尔说过，"一个民族经典的过去正是它璀璨的未来"。我们可以依仗历史，但绝不是只能靠海吃海，因为传统留下的东西再丰厚，也有坐吃海枯的一天。我们必须对接未来，纵有万千艰难，也要以"换了人间"的勇气奋力向前！只要我们能积极借助以往积淀的多重优势，砥砺开掘定位准确的办节资源，倾力注入面向未来的丰富内涵，科学把握大型活动的运作规律，海港的节庆必定会开创全新的局面。人们企盼的历史之花将绽放多彩文韵，人们希冀的旅游新篇将赢得八方喝彩，人们期待的"旅游立市"将提早变为现实！

时间 *2010年11月25日*
地点 *中国·北京*
事由 *北京大学政府文化研究中心研讨会*

啤酒与圣人

——孔子文化节方案读后感言

据考证，啤酒源自4000多年前的两河流域，滋润和欢娱了那里辛勤劳作的人们。孔圣人诞生在2500多年前的东方古国，砥砺周游，遍尝冷暖，却始终与啤酒无缘，因为这种风行世界的饮品在20世纪初叶才登陆华夏。以"啤酒与圣人"命题本文，既是展读方案、望史兴叹的心境之选，也是面对孔子文化节几近完美展演的心迹表露，更有畅今怀古、今古互动的调侃成分。

一、圣人面前 岂容搬弄

世界上以千年为计数单位敬奉的名人不多。仔细想来，那些不可一世的征服者，锻造历史的政治家，还有假借上苍之名的真命天子，在时间和空间的重重过滤之后，要么形象日渐模糊、褒贬不一，要么早已身名俱裂、灰飞烟灭。

只有文化圣人的光芒可以轻易洞穿岁月的雾霭，照耀中华民族2000多年的精神轨迹。期间，虽有反复，亦有诋毁，但文明之光的播撒从未中断，且已光耀世界。

已举办了近30年的孔子文化节，无论指导思想，还是主旨取向；无论内容设置，还是表现形式；无论本地居民，还是外地游客；无论专家学者，还是平头百姓，大都交口赞誉，几无瑕疵可见。所以，在一个成熟的节庆面前说三道四，犹如圣人面前卖《三字经》，确乎勉为其难。但研讨会主办方的"锦囊"命题横亘在前，不得不强词夺理地指摘一番。

二、两处短板 值得商榷

一是节日的主题"游孔子故里、品孔府家宴、观儒乡风情、学圣人智慧"，确有冗长和过于周全之嫌，亦不符合节庆活动对外传达信息的从简原则。举例说明，青岛国际啤酒节的

About Festivals and Celebrations

主题"青岛与世界干杯",虽寥寥几字,却将一个节日和一座城市与世界热切交融的渴望和盘托出,简短而不失力道。上海世博会的"城市,让生活更美好",也是以平实精练的语言,将世博的理念点睛表述。雅典奥运会的主题"回家",更是以亲切和轻巧的凡俗用语,明示了古代和现代奥运会都始于雅典这一事实。孔子文化节的主题更像宣传口号,面面俱到的陈述往往指向纷纭、魅力消减。

为何主题字数偏多?或许是主办方赋予节日太多的功能承载,靠节日这个"大筐"装进所有的想象和增长。让节日既是文化的盛会,也是旅游的盛会;既是学界的盛会,也是百姓的盛会;既有祭孔大典,又有平民百姓的吃喝玩乐……所以,必须找一串大而全的表达形式。其实,孔子文化节

至上和终极的诉求,是对千古流韵的儒学之尊崇,首先要实现文化气势的强劲和张扬,其他的商贸展示和消费行为,都是这个宏大节日必然产生的附加效应。

二是节中添加了不少经贸展会活动,有些尚算切题,有些并不相干,弱化了文化盛会应有的气度。比如,"专利高新技术产品博览会""山东服装家纺国际博览会",这些展会有多大影响?收益怎样?与五项文化活动捆绑是否恰当?青岛的啤酒节也曾以板块众多、活动频繁而标榜,历经20届磨砺后,已约化为饮酒狂欢、嘉年华娱乐狂欢、演艺狂欢三大主体活动,使节日回归到它的本质和本色——创造感动、愉悦大众、营造和谐。

三、反弹琵琶 音色更美

作为礼仪之邦,至少齐鲁大地应是儒学精神广为传播之地,仅在曲阜造势似不利于播扬。应通过节日这一特殊载体,让文化之光由一隅撒播开来,省内其他城市节庆活动的舞台都可承接文明的释放。比如,泰山的登山节和青岛的啤酒节,就曾邀请祭孔大典仪式做表演。或许因为想象力不够辽远和文化自信感稍显不足,困厄了颇具传经布道特性的文化之旅。这点还真得学2000年前的孔丘,14年历尽艰辛的游历和游说,终于成就了万世师表的尊贵和儒学儒教这一文化极品。再比如,孔府家宴也不应满足一届一地的红火,而应作为振兴鲁菜的先锋挺进四方,但眼下至少在青岛尚未见到"鲁菜源头"的踪迹。办节就应像盱眙龙虾节那般主动、滚动和轰动,虽然没去过盱眙的人不少,可没吃过或没听说盱眙龙虾的人不多,青岛就

有十几处盱眙龙虾的专卖店，使"喝啤酒、吃龙虾"成为一时风尚。

再者，当今节庆应在尊严和谨严之外，注入必要的大众娱乐精神，让更多不懂儒学、不尊儒教和缺少圣人智慧的普通人也能参与其中，因为许多旅游者并非出于仰慕神圣和深谙儒家学理才造访曲阜。应当给足普通游客消费这个节日的理由，而且是持续消费。某种程度

上，多使其在师道尊严之余绽放一些寻常人等的微笑，是这个节日消减神圣和沉闷，进而赢取激奋和欢乐的关键所在，因为节日毕竟不是纪念日。

啤酒是舶来品，本无文化可言，是现实主义的代言，直通人的性情欲望；儒学源自本土，厚重不失精湛，是理想主义的化身，开合着人类的精神命脉。所以，即令啤酒及其引爆的消费狂放恣

About Festivals and Celebrations

肆、豪饮不绝，它仍属追求物质享乐的
聚众行为。而2000年前出生的先哲，只
需独闻韶乐，便可"三月不知肉味"，
实现了精神世界的大快朵颐，将酒肉堆
砌的物欲瞬间化解得索然无味。

时 间 *2010年11月25日*
地 点 *中国·北京*
事 由 *北京大学政府文化*
研究中心研讨会

文化蓄力　节庆发力

——中国（无锡）吴文化节活动方案评析

一、文化自信与持久耐力

以悠久的传统文化为基点，发育现代大型节庆活动确有不小难度，需有耐住寂寞、持之以恒的勇气。因为文化尤其是续存一地的传统文化，常常是局部的小系统循环，很难放之四海为大众所欣赏和接纳，很难转化为推动经济社会发展的生产力，很难擢升为吸引外来目光和赢得广泛参与的现实价值。若想做强做大，既需要在时间上一以贯之，也需要在空间上不断开拓。

近30年来，"文化搭台经济唱戏"作为国内广泛接受的办节逻辑，已成共识。但问题是，没有文化支撑的经济舞动，有多少美感和耐性？又怎能摆脱"经济巨擘、文化侏儒"的怪相？国内许多以特色物产催生的节日，都缺失了文化的助力，虽号称高度商业化和市

化，但舞着舞着就步履蹒跚、踪迹难觅。所以，无锡的难能可贵在于坚实的文化底蕴和坚定的文化自信，并以此持续不断地膨化"以文兴市、和谐发展"的理想，使地方经济成为特色文化的忠实"粉丝"，而不是相反。

二、深度发掘与娱乐走势

如果把吴文化节定义为现代城市节庆活动，就要既考虑传承弘扬，又思量是否有必要对传统文化进行深度发掘，以免产生有悖新兴节庆理念的副作用，甚至陷入文化综合征的怪圈，消减或阻碍节日面向未来拓进的力度。一个节日的价值取向，不是唯历史而推崇，唯传统而敬重，它更需要让吴文化的传统魅力释放出现代光芒，照耀当今的社会生活。因为吴文化的感染力来自历史深处，是一城一池一市一地的区域文化，有能力解读和体味它的肯定是小众。而且这种文化绵延几千年至今，已不具有攻城略地、广为发散的实力，其终极渊薮或许只限于文化认同、学术探究和教化功能。例如源远流长的茶文化，没有使中国茶在世界市场高人一等，反倒深陷"面积第一，产量第二，出口第三，

176

创汇第四"的尴尬境地。英国不产茶却拥有立顿品牌，且这个单一品牌的销量几乎等同于中国8万家茶企的总量。当文化的动力和文化的羁绊同时左右着现实时，应当做出清醒和理性的判断，我们缺失的正是与现代市场接轨的营销意识，包括广义和狭义的文化营销意识。

所以，吴文化不应在缠绵遗产情结的同时，又为自己预留面向未来的遗憾。在不失传统情韵的前提下，也不妨来个华丽转身。首先是引发更多的现实功能，其次是引入更多的娱乐精神，最终引致更多的消费行为。比如总共10项主体活动，论坛和研讨会就占两项，如果每年都有类似的研讨，会不会重复到无所建树，甚至无话可说？至少与近期中央关于减少各类论坛的指示精神相悖。

三、文化现实与产业取向

方案通篇未有"文化产业"概念，可谓只见树木，不见森林。通常，文化的先进性和可持续性往往以能否形成产业来衡量，如不能以产业的形式来维系和光大，则可能走向困局。方案中所见的大多是表演和演出活动，还看不出上下游产业链条的清晰轮廓。其实，舞剧《茉莉花》和锡剧《珍珠塔》未必不能走出"锡"境、做大做强。例如，青岛的啤酒节为克服"一时热闹、全年冷清"，拟将"啤酒嘉年华"活动既融于节日之中，又独立运营于节外，在进行全新整合提升后，有选择地在国内部分城市巡回展演（类似《刘老根大舞台》）。同时，与国内知名电视媒体合作，包装推出面向国内外的赛事"酒王争霸"（类似《星光大道》等选秀活动）。凡此种种，目的都是想以产业的形式对啤酒节和培育它的城市形成持续不断的回报。

四、节日名称与空泛题材

吴文化节已成功举办5届，且声名斐然，但因国内节名冠以"文化"者数以千计，尤其是旅游文化节和茶文化节，所以议论一番实有必要。怪就怪在，凡是高调呼喊文化的地方，往往不是文化缺失就是文化衰微。文化的振兴不是靠强调"文化"二字就得以畅行。综观国内外一流节庆，鲜有在节名中标榜"文化"字样的，巴西狂欢节、慕尼黑十月节、洛杉矶玫瑰节，都未以"文化"二字冠之，却都以鲜明的文化特征闻名于世。所以，应当寻求更直接、更具象、更生动、更简洁的名称，比如

"啤酒节"要优于"啤酒文化节",因为加上"文化"二字后反而模糊了节日的鲜活。就是说吴文化应在无形中体现,让人们在无形中感受吴文化的魅力。

再者,"吴文化节"从名称上与现代生活旨趣之间亦有隔阂。因为,吴文化需要人物的具体化和展演的生动化。比如孔子文化节,孔子是可感知、可追捧的具体人物,且是万世师表、精神永驻的先哲。而泰伯只有传说,比较缥缈,虽然可敬却遥不可及。如此比较,徐霞客旅游节似更具题材上的竞争力和感召力。

五、主题锤炼与细节打造

节日的主题"传承吴地文明、彰显文化底蕴、打造文化名城、建设文明无锡",太长且几度重复,24个字里"文明"重复两遍,"文化"重复两次。能否约化为"承吴地文化 建文明无锡"?因为主题属标志性用语,应遵循从简原则。

佳节未度底气短,只读方案难建言;网上查看又觉浅,空发议论离题远;只待临阵一席谈,短兵相接尽开颜;不曾浸染吴文化,纸上得来已陶然;贤仁礼让千古颂,流风遗韵永相传。

时间 2012年2月26日
地点 中国·淄博
事由 临淄齐文化旅游节研讨会

拓展创新 制胜未来

——临淄齐文化旅游节市场运作探析

179

齐鲁大地,佳节甚众;礼仪之邦,盛事频仍。万世师表的孔子文化节、孟子故乡的中华母亲节、滕州的国际墨子文化节……几乎全景演绎了春秋战国之际华夏文明的繁盛景象。诸葛亮文化旅游节、王羲之书圣文化节、孙子国际文化节等展开的历史性穿越,大致享誉中国古代文化圈和智慧圈的半壁河山。

临淄齐文化旅游节创办稍晚,现已历经8届,在国内声名渐起,其亮点和特色自不待言。笔者仅就节日的市场运作和宣传促销可能存在的缺憾提出建议。

一、节日理念诉求的拓展

毫无疑问,齐文化旅游节的立节之本是传统文化,失却这个深厚的资源节日就无以生成。但必须正视这样的现实:如何让传统文化更具时代精神和经济意义,如何使节日被更多当今的消费者所喜爱和追捧,如何

造就与文化产业和旅游休闲紧密关联的利益之链,这是摆在所有以"文化"冠名之节面前的共同课题。为此,需要很好地厘清节庆的属性和特质,盘活节庆的有效成分和优质资源,梳理节庆与市场的依存度以及"哺育"与"反哺"的关系,需要明晰"传统"与"现代","内向"与"外向"的关系,在理念上寻求更符合现今消费大众和旅游人群的习性,这是节日能否进行高水准市场化运作的重要前提之一。

(一)让"哺育"与"反哺"互动

首先,要对"政府主导、企业参与、市场运作"这句盛行于业界的办节指导思想,进行再认识、再澄清和再反思。其次,不能所有的节庆都一概而论,都必须按同样的运作方式来操办。不同类型的节庆,适宜在什么阶段、按什么节奏推向市场,这是个十分学术,也非常务实的问题。文化类的节庆通常都需要较长期的培育才能结出正果,这与文化产业发展的特殊规律有关,也与文化产品孕育生成和营销推广的独特模式有关。比如,眼下齐文化旅游节还缺少直接用于公众消费的物化产品,而啤

酒节的产品化特征从诞生之日就十分鲜明——过节不能没酒，喝酒就要付钱。现在，许多国外啤酒把青岛作为登陆中国市场的桥头堡，将啤酒节作为探寻中国消费者喜好的试金石。

一般而言，文化的产品化路径都比较漫长，所以不能指望这类节日短时间就产生强大的市场回报，青岛的啤酒节也是在十届之后才实现政府财政的零投入。即使国际上知名度很高的节日也不见得全是市场运作，比如西班牙奔牛节和迪拜购物节等，每年也是靠政府财力的哺育，才结出让世人惊艳的丰硕成果。当然，政府对节庆的投入不仅是单纯的财政拨款行为，可以是预借资金节后归还，可以是吸收社会资金入股的公司实体化运作，可以设立奖励资金或发展基金，也可以是减免税费等不同形式的政策扶持。

（二）让"传统"与"现代"并举

从历届齐文化旅游节的主要活动内容看，它是个高度"传统"的节日。比如第8届，共设置29项活动，其中21项与传统文化和民俗习性有关。前几届这种倾向就更加明显，大多是书画展出、戏曲展演和论坛研讨活动。这就要求决策者在定位和取向上，不能让节日过于依赖传统的情境，也不能让人们年复一年地聆听历史的回声，而应多设置和引进一些真正具有现代娱乐精神和时尚消费情趣的活动。以此，消减节庆主旨和形态的审美疲劳，提升节日的市场关注度和响应力。

（三）让"内向"与"外向"合力

齐文化旅游节一直以来都比较"内向"，以第七届为例，共设置21项活动，其中"内向"型活动共16项，占绝对多数，"外向"型的活动则较少。节日在开放度方面似乎显得底气不足、动势不够，这或许会妨碍公众兴奋点的形成和市场影响力的打造。这与青岛的啤酒节反差较大，啤酒节三大板块活动都有强烈的"外向"态势：啤酒品饮板块——91%的参节品牌是国外知名啤酒；演艺板块——50%是国外表演团队；嘉年华娱乐板块——70%以上的大型设备由欧陆引进。

21世纪已不再是单纯的知识消费时代，而是倡导情感消费的新时代，作为节日尤其如此。齐文化博大精深，但却让普通百姓望而却步；齐文化高高在上令人仰望，但大众还是习惯于平视而不是仰望，因为仰望易于疲劳，而平视便于观赏。这就需要节日放低身价、贴近民众，让人们有事可做、有情可动、有物可购，有难忘可回味。

临淄是古代足球的发源地，齐文化旅游节的标志就是

180

盘带足球奋勇向前的人物形象，可见足球在这个城市和这个节庆中的优势地位。在这里建足球博物馆可谓名正言顺，

联系，对临淄未来的旅游也有开发前景，我们不能让现代人总是观看藏于地下2000多年的马匹尸骨，而要让静态

但博物馆毕竟略显静态，如能邀请那些有实力、有特色的足球队来表演或比赛，就可动态化地营造传统足球之城的现代气息。例如，可邀请香港影视明星足球队与中国女足，展开趣味十足的PK。再比如，不一定非要举办正规的足球赛事，在娱乐至上的时代，对于头顶球、脚颠球一类带有娱乐性质的玩法，可将其吉尼斯世界纪录的保持者应邀请到临淄参加活动，相关的纪录便可在这里创生。足球毕竟是世界第一运动，可以设法将国际足联的官方活动吸引到临淄举办，比如抽签分组和颁奖等。

通过参观殉马坑、车马馆这些历史遗迹，以及千古传诵的田忌赛马故事，笔者以为，临淄两个最具发掘和传承价值的项目，一是蹴鞠，一是马文化。能否把马文化再张扬一下？要么设置五洲马苑，汇聚天下名马供游人参观；要么成立马术俱乐部，这是当今城市人非常推崇的一种休闲方式。旅游本身就是创意经济的产物，马与临淄的过去有必然

的参观变为动态的欣赏。

齐国当年之兴盛源于开放的胸襟，源于不拘一格、广纳良言、尽揽人才。在中国历史上，只有盛唐800年可与之相比。但后期的保守和不思进取竟让它日渐衰落。今天人们对节庆的态度也应该是开放、豁达和包容的。他山之石可以攻玉，它节之长足可借鉴。这就存在向前看还是向后看的问题，向后看临淄永远因齐文化而底气十足，向前看可能因方向不明而难迈大步。还是要坚定不移地向前看，因为齐国之强盛毕竟是一段美好往事，如今早已烟消云散，时过境迁。所以，不可能真正复原和复活齐文化，需要激活的是齐文化的有效成分，通过实施文化再造让齐文化焕发新的生命力。

新兴节庆活动的显著特点是，一旦登上历史舞台，就不再独有、独乐和独享，而是自然而然地演化成公共产品——力争为世人所关注，积极与全球共分享。同时，也要接受横向的检验和挑

181

剔，这种横向的比较是客观存在，自身可以不比，但他人会自然而然地去比较。因此，在确保传统文化不失本色和原味的前提下，必须强化节日的开放理念和现代意识，把更多地吸引外来目光的关注和公众广泛的参与作为努力方向，这是节日市场化运作的重要基础和必备条件。

二、节日市场观念的拓展

（一）改小营销为大运作

说到节日的市场化运作，人们往往会将目光锁定节日本身，仅利用节日自身的资源来博弈宏大的市场。其实，市场运作是个纵横上下、联通内外、关乎远近的大概念。比如，不同的经营理念会产生不同的运营效果，不同的活动性质会产生不同的市场感应，不同的营销观念会带来不同的盈利水平。尽管，节庆的本质属性是非营利性的社会公益活动。

节庆营销不是一城一池之事，而应放宽招徕视域、延长推介半径。比如，临淄距青岛不到两小时车程，在青岛却很少闻听这个节日律动的气息。青岛作为山东最大的旅游市场，啤酒节作为国内最知名的节庆之一，利用这些平台产生互动是非常诱人和高效的。临淄完全可以借助啤酒节近400万的人流，来扩大自己节日的横向知名度。两个节日在文化演艺、纪念品开发、餐饮联袂及宣传推介等方面，都有充裕的交流与合作空间。再者，积极参加国内业界的评选也是一条捷径，业内的口碑是节庆扬名的初始点和基准点。所以，齐文化旅游节的市场运作完全可以通过嫁接和联手的举措，让节日更快地引起世人关注。

（二）变小产出为大回报

节日本身能够产生的经济效益终究有限，节日的最大效能恰恰是拉动和次生作用，既有相关的商业收益，也有间接的社会效益。比如，青岛的啤酒节每年在节日场地上发生的费用约6亿元左右，而对青岛旅游市场和相关产业的拉动近50亿元。我们每年投入1000多万元用于节日的活动筹办和宣传促销，产出的是无以估价的口碑和盛誉，何止是"千万级"资财的概念。

换言之，啤酒节以最生动和最廉价的广告让一座城市名扬四海，这是最经济和最划算的投入产出之比。所以，不能以偏狭的观点看待节日的市场运作，不能用一个节或一项活动的盈利与否，作为评判节庆优劣的尺度，而应以相关产业、文化事业、社会和谐以及城市的整体收益，作为通盘的大指标来考量，这才是经营城市的宏阔预期和优化核算。当年红火张扬的大连服装节，并非为自己的服装产业摇旗呐喊，而是在彰显崇尚美好的城市精神和热爱生活的市民情趣。

三、节日活动设置的拓展

（一）减量升质 去繁加魅

齐文化旅游节在活动总量上可能需要"瘦身"，在特色方面则需要"补壮"，这样有利于节日凸显特色、提升魅力。青岛的啤酒节在第八届举办之时，有十多个板块100多项活动，但随着节日逐渐成熟，枝枝蔓蔓越砍越少，现在已约化为三大特色活动：饮酒狂欢、嘉年华狂欢、演艺狂欢。其实，节日越单纯就越有吸引力。齐文化旅游节的活动较为庞杂，若将近30项活动削减为十几项，或许可以让公众的注意力更集中一点，释放的消费力更大一些。

（二）拾遗补阙 平添特色

齐文化旅游节的活动设置似有欠缺，比如餐饮类的活动很少涉及。俗话说"民以食为天"，我说"节以吃为先"，吃吃喝喝是中国人过节的必选项目，既是传统的春节、元宵节、端午节和中秋节的主项，也是当今青岛的啤酒节、盱眙的龙虾节等知名节庆的偏好。

仔细梳理国内新兴节庆的成功者不难发现，以吃喝为由头的节庆占了很大比重，比如，在前三届"节庆中华十佳奖"上榜的名单中，近四成与饮食文化有关。西藏雪顿节看似与之无关，却是藏民们喝酸奶的节日；浙江象山开渔节的实质也是为了子孙的餐桌上，不能断了海鲜、少了鱼吃。

综观齐文化旅游节，似乎还缺少能够引人垂涎、大快朵颐的项目。淄博的特色小吃不少，像卤汁羊肉、博山豆腐箱、周村烧饼、博山酥锅等，这些特色餐饮经过包装提升后，完全可以成为人们参节的主要诱因，也可作为节日市场化运作的辅助手段。

四、节日微观层面的拓展

所谓微观层面，就是具体运作上的招数，包括举办时间、门票收入、广告赞助、摊位出租、纪念品销售等方面的收益。市场运作要因地制宜、因节而异，为此希望有更加细节化的磋商，有针对性地进行微观层面的解读，并由此构建系统的、操作性较强的市场化运作方案，进而更好地对接和释放齐文化旅游节的市场能量。

就办节时间而言，齐文化旅游节前8届平均举办时长5天，似乎短了一点。青

183

岛的啤酒节前21届平均时长15.3天，节日的投入和产出要靠时间来平衡，用拉长时间来扩充消费的容量。啤酒节早上9点开城，夜里11点打烊，每天14个小时的经营，自然有盈利空间拓展的考量。

就节日名称而言，齐文化旅游节虽有博大精深之意，却也难免有些空泛和虚浮，不够具体可感，也缺少一些亲和力，不如豆腐、火锅、龙虾来得那么直接，给公众一步到位的联想。另外，文化旅游节或旅游文化节全国有400多个，在名称上缺少新意和个性，不利于吸引眼球。齐文化作为旅游资源、产品和线路似乎更可取，作为节日名称还缺少足够的爆发力。所以"足球娱乐节"或"世界休闲足球大会"可能更有卖点和吸引力。但这些名字也存在短板，因为当今中国足球骂名不绝、人人诟病，太给两2000年前的八辈祖宗们丢人，必然影响到节日的感召力。

就节日歌曲而言，办了8届创作了6首歌曲，效率够高的，但有点太容易"移情别恋"了。国内其他节庆活动也有此通病，都没有把节歌唱响唱亮。为此建议最好选定一首，并不断加以提炼和强化，总的原则是简练，可以重复性多一点，如德国慕尼黑啤酒节的饮酒歌、电视连续剧《水浒传》的好汉歌。

就广告赞助而言，更要因节而异，青岛有海尔、海信、双星、青啤这些可以提供百姓终端消费的品牌，但淄博却是齐鲁石化一股独大，所以要区分市场，区别对待。

就节日主题而言，不应过于追求大而全、虚而妄，"国际"二字可不要，不提这两个字未必就不"国际"，提了这两个字也未必真"国际"。洛杉矶玫瑰花节未提"国际"二字，却是非常国际化的超大节庆。博鳌论坛也未冠以"国际"，却是亚太首脑的风云际会。

就办节体制而言，应更多发挥旅游部门作用，由其牵头做一些推广和体验性活动，对节日的转型可能更加有益。

节庆的市场运作是个具有普遍意义的话题，也是国内诸多大型活动的未解之题。所以，上述建言有的是专指齐文化旅游节，有些是泛指其他存有市场运作困惑的节日。

About Festivals and Celebrations

时间 *2012年3月24日*
地点 中国·淮南
事由 中国豆腐文化节研讨会

感悟 感染 感动

——中国豆腐文化节欢乐营造与市场运作

欢乐营造与市场运作是当今节庆的共同话题甚或集体焦虑。本文试从两方面展开探讨：一是节日民众欢乐氛围的营造，二是节日市场化运作的递进。其中，有观点的交叉、辨析的交汇和主旨的交融，要义是将民众欢乐与市场挂钩，将节日旨趣与民众需求牵连，进而更加本质化地解读节日的功能和消解办节人的焦虑。

一、节日民众欢乐氛围的营造

日常生活中，豆腐是国人喜爱的食品之一，大席小宴上，常有豆腐美陈其间。豆腐不仅从果腹、营养和健康的功效上很难被替代，从文化的意义上分析，豆腐能持续2000年而不衰，既上升到"国粹""龙脑"和"风靡全球"的高度上，又普适至亿万大众、凡俗百姓的餐桌，确有几分神奇色彩。除了茶叶，泱泱中华没有一种食品能持有如此的高度和广度。就与城市的关系而言，一种物产、一个节日与一座城市有如此深厚的关联，在国内也十分鲜见。因为现今靠一鳞半爪的资源、生编硬造的传说和牵强附会的炒作，来创办节庆活动的例证太多，多到已经无法吊人胃口，

而是令人反胃。由豆腐及相应文化资源发育的节日则植根千年，传承经久，惠及天下，所以淮南豆腐节在营造欢乐、取悦于民的功能实现上，具备了天然的普及优势和广博的群众基础。

如果豆腐节的欢乐氛围营造可以作为探讨的话题，那也必定是当今国内节庆活动的共性话题，也是一个涉及历史深层的话题。众所周知，汉族在宋代以前也是能歌善舞的民族，唐代的踏歌，能在长安街上连唱带跳三天而不息，这在白居易的诗中有很生动的描写。到了宋代发生了变化，主要原因是理学的兴起。"存天理，灭人欲"成为社会的主流意识，钳制了人们的思想；宗族规章制度的完备，加大了行为的约束。长此以往，汉唐时代张扬的个性有所改变，由喜欢狂歌劲舞转而低吟浅唱，甚或少

舞鲜唱。

1000多年过去的今天，汉民族在各种规制谨严的调教之下，几乎失去了"狂一把"的劲头，由内而外的歌与舞、欢与庆的衰微自然难免。人们早已适应了事理、条理、道理、法理、天理，而对放怀、放量、放歌、放情、放纵的节庆时态，已经从心理到肢体产生了排拒性。幸而有了改革开放和思想解放的大潮，各地兴起的节庆活动本身就是对千年桎梏的挣脱，无论豆腐节还是其他节庆，都肩负着激活僵化、释放性情的历史重任。

问题的关键是，我们正处在一个自觉与不自觉地被置于纵横参照和比较的时代，节庆也正在习惯通过愉悦感官来决定兴衰荣辱。新兴节庆活动的显著特点是，一旦登上了展演舞台，就不再属于自己独有、独乐和独享，就自

然而然地演化成公共产品——为世人所关注，与外界共分享。同时，也要接受多向度的检验和挑剔，这种比较是客观存在，自身可以不比，但别人会自然而然地去比较，就像人们总把青岛的啤酒节与慕尼黑啤酒节进行比较一样，很容易把豆腐节与啤酒节、龙虾节这类节日进行对比。或许，豆腐节在色彩营造和气氛渲染方面，自觉不如上述两个节日来得火爆动感、酣畅淋漓，而差异的形成可能在于对人性需求火候的把握，以及能否调制出丰富的感性色彩。

（一）借助感性 营造情趣

21世纪是情感消费时代，而不是简单的知识消费时代，节庆活动尤其如此。在大力倡导文化产业的今天，概念的文化也要通过具体可感的形式——或潜移默化，或生动诱人——来诠释其本质的深奥与恒久。节庆作为城市最好的情感营销方式，也正在被国内外的许多城市广泛采用，这就是当今节事频仍、庆典不断的主要原因。

豆腐文化源远流长，但让普通百姓去理论化地解读它似有难度；豆腐文化令人仰望，但一般公众更习惯于平视而不是仰望，因为仰望易于疲劳，而平视便于观赏。这就需要节日放下身价、贴近民众，让人们有事可做、有情可动、有物可购，有难忘可回味。传统节日在理念上更多依托信仰和文化，而新兴节庆则更倚重感官和性情，包括视觉传达、听觉放送、味觉品尝、触觉感受。俄罗斯学者巴赫金这样形容狂欢节的特性：是平民按照笑的原则组织的第二生活，是正常时空规律的颠倒和人际秩序的错置。人与人不分彼此，相互平等，不拘形迹，来往自如，展现了自身存在的自由形式。笔者的概括更为简洁："节庆是人类精神的返祖现象。"生理的返祖意味着生活在今天的人，出现长出尾巴或体毛过长等异常现象，一些随

着进化被淘汰的器官和组织又死灰复燃。而精神返祖，就是节庆时态的反日常、不规则、非理性的狂态表达和初始性情的恣肆展演。

没有在豆腐节期间身临其境，只通过文字材料和照片、视频的观赏来感受淮南的节日，感觉这个节日有欢乐，少欢动；有兴致，少兴奋；有释放，少狂放，在情感消费需求和公众欲望指向方面，还有不小的拓展空间。淮南豆腐节植根于历史深处，不乏文化濡染，但它不是一般意义上的传统节庆，所以要细细反刍和节节审视：在视觉上是否存在审美疲劳？在听觉上是否多为老生常谈？在味觉上是否口感单一？在触觉上是否缺少弹性？以开幕式大型晚会为例，年年举办自然难有创新，如果每年都经历一场编创搜肠、节目拼凑、推票

吃力和赞助艰辛，而最终落得个"弃之可惜"或退化为"节日融资手段"的结局，就会有违节日创办的初衷和本意——营造欢乐、感动大众、构建和谐。

其实，世界上知名的节庆绝少通过晚会为自己开场，就是央视春晚和奥斯卡颁奖晚会，其收视率和公众评价也每况愈下。国内各地习惯选择大型晚会拉开节日序幕，已经构成了典型的中国特色，它潜在地反映出节日文化自信的游移和人气指数的缺失。所以，应该创意更具淮南特色、豆腐特性和地方独有的专属仪式，使之固化成为令世人翘首企盼的经典瞬间。像慕尼黑啤酒节开启第一桶啤酒的仪式，西班牙奔牛节点燃礼炮开城放牛的标志性节点，都具有深刻、典型和不可复制的个性意义。再例如淮南子论坛，也很难年年发掘新意，届届都有收获，因为毕竟是个永远议不透也议不到头的深邃话题，无论深度还是高度，都决定了它需要足够的间歇，进行观点的咀嚼与消化和成果的沉淀与阐发。

由此，想到广东佛冈豆腐节虽然名气不大，但狂气不小；规模一般，却历史久远。节中相互掷打豆腐的行为，十分原始、形态粗俗，尽管曾被媒体诟病，但带有本真情趣的做派和娱乐至上的精神，是它独特的节庆美学基调，成为学者和公众聚焦的缘由。笔者并非一味倡导狂乱，而是狂而不乱、激情有

序。节日不是平日，在特定时段和特定场合无须控制和不必逆转的情绪释放，是节日有别于平日的显著标志。德国人向以斯文和严谨著称，平日做人处事规矩到近乎古板，但是节日的热力引燃了他们。慕尼黑啤酒节的诸多场景甚至可以用有伤风化来形容，但节后的状态迅速恢复到日常的"循规蹈矩"，成功实现了感性与理性之间的快速穿越，其节日形态嬗变和公众角色转换恰到好处，对我们具有较大的启发和借鉴意义。

（二）精简约化　去繁加魅

豆腐节在活动总量上可能需要"瘦身"，在特色方面则需要"补壮"，这样有利于节日凸显特色、提升魅力。先说精简。第十九届豆腐文化节的总体方案显示，共设置14项活动，直接与豆腐及品尝豆腐相关的只有3项，这个比例明显偏低。像房地产展示交易会、中华奇石展之类的活动，与淮南豆腐无关，与豆腐节的主旨无涉，既没有令人垂涎的鲜美口感，也没有引人入胜的必然联想，确有拉郎配的捆绑之感，易于造成节日形象的散化。许多活动作为节日的外围延展可以保留，但不能分散人们对节日视听的聚焦。所以，要处理好节日形态单纯与内容设置丰富的关系，协调好关键性活动与配合性活动的关系。既不能传统迷失、文化走样，也不能墨守成规、尽失活力；既不要以量取胜、弱化品质，也不要把持内核、阻却外延。其实，节日越单纯就越具魅惑和吸引力，比如巴西狂欢节，就是桑巴盛情的

展演；西班牙番茄节，纯系不伤筋动骨的打闹，未附加任何经济动因，也看不到无关的展会活动相携出台。豆腐文化节的活动仍要精简，若将十几项活动削减为三五项，或许可以让公众的注意力更集中一点，释放的消费力再大一些。

就活动的分量而言，与豆腐相关和与味觉相连的如豆腐菜肴烹饪大赛、豆腐美食文化周和豆制品名特优产品展销会，这类活动作为节日的主流应尽可能得到凸显。同时，可以像成都的"万人品茶"，盱眙的"万人龙虾宴"活动，可以增设"万人豆腐宴"活动，倾力打造公众美食的狂欢盛宴。

（三）"内向"聚功　"外向"发力

在确保传统文化不失本色和原味的前提下，应对节日的开放办节理念和现代纳客意识加以探求，把更多吸引外来目光的关注和外地游客的参与，作为节日再上台阶的努力方向。今天，豆腐节已经拥有18届的成功经历，当它将要展演19度精彩的当口，仍将在座的各位专

家请来共议发展大计，本身就是开放办节理念的具体体现，袒露了兼收并蓄的胸襟，昭示着节日宏远的前景。要知道，国内经历七年之痒和难以为继的节庆比比皆是，当人们为中国上万个节庆总量的扩容和泛滥忧虑时，最需要乱云飞渡中的从容观变。豆腐节筋骨健硕、膂力过人，即使风雨如晦，当是弱者隐去；面向光明未来，自信强者更强。

一直以来，豆腐节的宣传造势比较"外向"，而活动设置却"内向"明显。以第十八届为例，共11项活动，其中"内向"型活动9项，占绝对多数。节日在开放方面似乎底气不足、动势不够，这或许会妨碍公众兴奋点的形成和市场影响力的打造。这与青岛的啤酒节反差较大，啤酒节三大板块活动都有强烈的"外向"态势：啤酒品饮——91%的参节品牌是国外知名啤酒；演艺活动——近半是国外表演团队；嘉年华娱乐——60%以上的大型设备引自境外。

当然，外向的活动既包括外国也包括外地。豆腐节与国外的日韩有过一些合作，欧美的交流也有拓展的必要，豆腐是风靡世界的产品，淮南是古今豆腐的故乡，不会缺少艳羡的目光和追慕的人群，也不应只限于理论层面的探讨，更应在对外贸易上实现突破。再比如，青岛的啤酒节一直力图在菜系上实现突破，正在开发系

列啤酒佐餐食品——啤酒伴侣。德国的烤肠、肘子、酸菜和土豆泥，不太适合中国人，而豆腐类食品想必更受欢迎。啤酒是舶来品，豆腐是中国造，一中一洋，土洋结合，当是一南一北、两大节庆联袂追求的最佳合作境界。

20世纪80年代，美国著名的《经济展望》杂志曾宣称："未来十年，最成功、最有市场潜力的并非是汽车、电视机或电子产品，而是中国的豆腐。"这句话可能是当时外媒对中国豆腐最有分量的前景预设和由衷褒奖。作为遐迩闻名的豆腐之乡，淮南完全具备乘势而上的底蕴积淀和外向拓展的路径优势。

二、节日市场化运作的递进

这里用"递进"二字的意思是，经过近20年盛名的积累和政府主导作用的发挥，豆腐节已取得较为成熟的运作经验，在当今中国节庆的行列里，豆腐节的市场化运作是佼佼者，大致做到了以节养节、收支平衡、略有盈余，这是国内绝大多数节庆难以企及的。值得探讨的是，如何在往届基础上使市场运作的水平再攀新高，如何让传统文化更具时代精神和经济意义，如何使节日被当今更多的消费者所喜爱和追捧，如何使豆腐文化的历史厚重与豆腐产品市场的轻

盈步伐协调并进，如何以节日之魅成就文化产业与旅游休闲关联紧密的利益之链，这是摆在淮南和中国所有渴求市场化运作节庆的共同课题。为此，有必要厘清节庆的不同属性和特质类型，盘活节庆的优质资源和有效成分，梳理节庆与市场的依存度及"哺育"与"反哺"的关系，在理念上寻求更符合现今消费大众和旅游人群的习性，这是节日能否进行高水准市场化运作的重要前提。

（一）办节观念的澄清与反思

首先，要明晰属性，再做计较。毫无疑问，豆腐文化节的立节之本是传统文化，失却这个深厚的根基节日就无以生成和发展。一般而言，依托传统文化培育的现代节庆，其市场化的道路都比较漫长，不能指望所有的节日短时间就产生强大的市场回报。因为我们正处在一心向前、怠于回首的特殊年代，整个社会都惬意于快捷的闪念、新鲜的体验和动态的把玩。豆腐作为商品早已遍及天下，豆腐文化却未能与天下共知共享。这就需要对自己的节日有足够的耐性和信心，一边张扬，一边沉潜；一边营造，一边坚守。允许人们拉长历史的焦距，长期而热切地观赏曾经的华美和如今的复兴。其实，20年后的今天，豆腐节已经呈现出夺目的艳丽，并正在迎接绽放璀璨的天时。

其次，要细分质地，依度造次。有必要对"政府主导、企业参与、市场运作"这句盛行于业界的办节指导思想，进行重新认识和再度反思。不能所有的节庆都一概而论，都必须按一种运作方式来操办。不同类型的节庆，适宜在什么阶段、按什么节奏推向市场，这是个十分学术，也非常务实的问题。有的节庆需要较长期的培育才能结出正果，这与产品的特性有关，也与该产品酝酿制作和传播营销的规律有关。青岛的啤酒节是在十届之后才实现政府财政的零投入，即使国际上知名度很高的节日也不见得全是市场运作，比如西班牙奔牛节和迪拜购物节，每年也是靠政府财力的力挺，才结出让世人惊艳的丰硕成果，而这一成果是对国家形象和城市利益最好的反哺。当今国内所有的强势节庆，无一例外都是政府强力推助的产物，或都有官方的无形之手在实施帮扶。豆腐节正处在走向成熟的关键时期，是否以全然的市场化作为节日升降荣辱的标尺，是个值得商榷的话题。比如，青岛举办了20多届的啤酒节，因场地改造搬迁，市区两级财政拨付1000多万予以资助扶持，这是节日途中提速和不断攀高的必由之举。当然，政府对节庆的投入不仅是单纯的财政拨款行为，可以是预借资金节后归还，可以是吸收社会资金入股的公司实体化运作，可以设立奖励资金或发展基金，也可以是减免税费等不同形式的政策性扶持。

再次，要长远谋划，以小搏大。说到节日的市场化运作，人们往往会将目光锁定节日本身，仅利用节日自身的资源来博弈宏大的市场。其实，市场运作是个纵横上下、联通内外、关乎远近的大概念。节庆的收益也不是简单的效益量化过程，它既有内核与外围之分，也有眼前与长远之分，还有单体与综合之分。比如，不同的经营理念会产生不同的运营效果，不同的活动性质会产生不同的市场感应，不同的营销观念会带来不同的盈利水平。尽管，节庆的本质属性是非营利性的社会公益活动。

可以肯定地说，节日本身能够产生的经济效益毕竟有限，节日的最大效能恰恰是拉动和次生作用，既有相关的商业收益，也有间接的社会效益。我们不能以偏狭的观点看待节日的市场运作，不能用一个节期或一项活动的盈利与否，作为评判节庆优劣的尺度，而应以相关产业、文化事业、社会和谐以及城市的整体收益，作为通盘的大指标来考量，这才是经营城市的宏阔预期和优化核算。当年红火张扬的大连服装节，并非为自己的服装产业摇旗呐喊，而是在彰显城市崇尚美好的诉求和市民热爱生活的情趣。

最后，要由内向外，鼎力扩张。一台戏不管你演得多好，基本是当地民众在捧场，很难引来外面世界的垂青。如果说青岛啤酒节和盱眙龙虾节在市场运作方面有什么成熟经验，第一点就是确立市场运作的大概念，比如在全国挂出盱眙龙虾招牌的酒店不下5万家，世界上还有4个国家与盱眙联手办节。青岛啤酒更是远销世界五大洲近80个国家和地区，啤酒节则以激情互动的形式在国内诸多城市登场，也吸引了日本、韩国、

美国的许多城市，纷纷争取与青岛联手在当地办节。当一种产品、一个节日与一座城市能够等量齐观地运筹和播扬，这本身就是市场运作的大手笔，显现着城市经营与商业营销和

谐相融的高超智慧。豆腐和豆腐节的地方性较强，似有一定的产品局限，至少在青岛的商店还未见大宗的豆腐产品铺货。期待它的运筹半径突破淮南和安徽，以更强的求索精神和辐射力度，将地方物产放大为中国特产，将一地美味转变为国民美食。

（二）微观层面的思量和拓进

所谓微观层面，就是具体运作上的招数，包括举办时间、门票收入、广告赞助、摊位出租、纪念品销售等方面的收益。市场运作要因地制宜、因节而异，为此希望有更多细节化的磋商，有针对性地进行微观层面的解析，并由此构建系统的、操作性较强的市场化运作方案，进而更大效应地对接和释放豆腐

代服务业的拉动。显然，豆腐节的主要功能并非定位在增富豆腐生产企业和经营业户，而是要通过豆腐放大淮南形象，增进对外交流，提升综合实力，诚如节日的宗旨——"和谐淮南　欢乐家园"。但现实是，许多听说过淮南豆腐节的人并未产生到此参节的强烈愿望，而来此参节的人们也没有太多的旅游兴致，原因是节日旅游功能的设定和趣味化参与的诱因还存有缺憾。

二是要做活节日的技术层面。处在市场的大环境中，不能孤立地看待节庆活动的经营，而应有更加灵活的经济处置手段。比如，通过成立所属的专业公司来消化和处理棘手的业务提成问题。再比如，通过门票总包、广告买断、场地拍卖、摊位招标等方式，放大节日的市场效能，减小政府的出资办节的压力。

文化节的市场能量。

一是要拓宽节日的拉动领域。外围探看，淮南豆腐节属物产类节庆，是比较典型的富民节。目前提供的材料中，反映节日与相关产业的架构关系不够翔实，例如，对餐饮业的拉动、食品加工业的拉动、豆腐生产过程中每个环节的拉动，尤为重要的是对旅游观光业及现

2011年，豆腐节经历18届成人之礼；2013年，节日将迎来20岁华诞喜庆。如今，淮南豆腐节不仅有拉动经济、造福一方的重任，还要从食品安全的高度，竖起让百姓放心的绿色标杆。同时，节日还肩负着捍卫国粹，使中国豆腐走向世界的神圣使命。相信一个声名鹊起、享誉华夏的丰美佳节，将以民

生为导向，以幸福为归宿，创造更多感
悟传统、感染民众和感动市场的力量，
为世人倾心激赏，为吾辈持久难忘！

时间 2013年1月12日
地点 中国·扬中
事由 江苏扬中节庆研讨会

竞合中凸显优势与作为
——扬中河豚节未来路径之选

一个连续举办了9届的知名节庆，正面临周边一哄而起的竞争；一场看似愈演愈烈的无序竞争，只能促使扬中河豚节的快速提升和更加圆满。竞争是客观存在和普遍规律，扬中在新年伊始即邀请业界专家来此谋划，本身就是尊重客观规律的好征兆，也是节日在新起点再获新升腾的象征。本文将围绕"三从四得"展开，这个"三从四得"不是封建传统糟粕的幽魂再现，而是由一道江鲜美味引发的美感联想，再由这种联想生发出对江南佳节的美誉赏读。

一、"三从"之论
（一）从困惑中发掘话题

困惑来自两个向度，一是源于扬中自身及其发育节日所依托的物产——河豚带来的困惑。比如，关于节日模式的创新、同类甚至同名节日的追仿；再比如，关于国际化和世界影响的诉求等。其实对外来者而言，这个节日最大的困惑也是最大的纠结在于，美味与剧毒之间抉择。因为国家曾明令禁止食用河豚，现在也仅是有限放开，其他国家对河豚的食用也有明确的法规约束，这必然会对公众消费河豚产生一定的心理影响，为节日大规模的推介和传播带来天然障碍，也为节日蓬勃向上、做大做强设置了若隐若现的法理屏障。所以，对扬中河豚节的全面发育和整体弘扬，决不会一蹴而就，甚至不是十届八届就可完美呈现。主办方需要足够的耐心和悉心的培育，才能使之逐步走向成熟，为远近称道，令世人向往。

另一个困惑的向度源自业内的公共话题和集体困顿，比如国内一万多个节庆活动中，有近40个啤酒节，200多个茶类节事，400多个旅游节庆，这些节日从形式到内容多是相互抄袭，彼此模仿，特色难显，个性尽失，简直一派节庆乱象。纷扰了节庆的旅游市场，流失了宝贵的文化资源，混淆了鲜明的区域形象。更不可思议的是，面对如此纷乱的景象，竟没有任何一级政府出面干预，甚至找不到相应的主管部门牵头整饬。所以，扬中面对的困局也是我们共同的话题。

（二）从比较中彰显优势

节日尤其当今兴办的节庆活动，大都不具有学术价值和理论求索的必要，既没有专属的文化内涵对之加以定性区分，也没有严谨的科学指标对之加以规范界定，更没有所谓的核心知识产权对它予以涵养保护。举例说，巴西狂欢节、威尼斯狂欢节、诺丁山狂欢节，三者存在明显的借鉴和效仿，甚至发生在跨国越洋、不远万里的时空之间。这些节日只有外形服饰、音乐节奏和行为习性上的差异，没有精神层面上质的区别，人们看到的都是载歌载舞、欢天喜地的热烈表象。再如，河豚的营养价值和鲜美程度也不太可能因相距不足百里，就有品质和口感的明显差异。所以，许多地方的物产类节庆都极易中枪，不管站着还是躺着，也不管大闸蟹、龙虾，或是河豚。这也说明，现在国内节与节之间的竞争越来越白热化和去理性化。因此，应当在相对科学和基本合理的前提下端正对节庆的态度，按照是否符合四个特定原则来权衡和掌控

节日的方向，即特定时间、特定地点、特定主题和特定人群。从"特定"的意义上讲，扬中河豚节具备了天时地利人和的多重优势。

首先是特定时间的天时之优。在创办时间上，扬中领先于周边同题材的节庆。靖江的江鲜美食节2007年始作兴办，海安的河豚节2010年迟来开张，这两个节不但创办时间晚，而且节名还在飘忽不定中分合几度，到现在也没个标准说法。更重要的是，扬中河豚节已到十年大庆的重要节点，这个节点本身就蕴含着成熟和圆满。2007年与2004、2010在时间概念上的绝对差距不大，但对欲想后来居上者而言的相对差距着实不小。为此，在十年庆典来临之际，要大张旗鼓地凸显十届的丰硕与深厚，用领先一步、契机无限的时间概念，应对竞争对手晚来的短板和迟到的劣势。具体而言，可以通过发行个性化邮票，邀请餐饮、文化、旅游业界名人座谈，国内知名节庆同贺，举办"回眸&回味"——扬中河豚节十年图片展等方式，将十年之庆做得红红火火。

其次是特定地点的地利之优。与海安、靖江相比，扬中临江且地处江之上游，不仅在江鲜资源上具有上流居优的意涵，在文化成分上也有先天优势，正所谓"君子恶居下流"。再者，河豚饮

195

食文化伴随三国时六朝定都建康而兴，在上述三地中扬中距离省会南京最近，受河豚饮食文化的影响自然源远流长、根基牢实。从现实交通条件的因素分析，这里的旅游抵达性更好，游客进出往返更加便利。

最后是特定人群的人和之优。主要体现在：一是政府的重视程度很高，先后投入5000余万元，建起近20家渔业科技示范园区和开发生产基地；二是当地百姓养殖河豚的兴趣浓厚，现每年河豚养殖收益超过亿元；三是人们对品食河豚有共同喜好，年食用量竟达千吨以上；四是对本土的河豚文化认同广泛，已形成饮食风俗和传统势力；五是产业集群优势明显，扬中已是华东最大的江鲜水产交易中心和全国河豚交易集散地。由此构筑起：特有物产——特定人群——特别喜好——特殊产业——特色节庆的完整链条，而这一链条的内筋正是人和蓄积优势的充分体现。

（三）从宏观中拓展前景

如果可以放达眼量希求风物更长，则应加大对河豚美食节或江鲜美食节的整合力度，使之形成对外的统一形象与合力优势。虽然海安、靖江和扬中分属三市，但都属地江苏，且都位于长江沿岸或隔江不远，三者相距不足百里。古诗云"我住长江头，君住长江尾，日日思君不见君，共饮一江水"，如此之遥尚能彼此呼应、千里传情，今天的人们更当以丰沛的想象力和文化的共融性来架构节日。例如，长江三峡国际旅游节，原先也是重庆和宜昌两地各说各话，都在每年一届打造自己的旅游节，现在已改为渝鄂两地交替举办，即2010年在重庆举办，2011年在湖北宜昌举办。节日在如此之大的时空跨度上流转往复，并没有造成节日的失色丢分，举办地还得到适度喘息与合理休整，节日起伏的节奏也更趋合理。真可谓一张一弛、各得其所，成就了"同在长江、共享三峡"的意愿。

由此提出大胆的设想，河豚节能否三地轮流举办，或主场轮流坐庄？河豚虽然扬中美，但毕竟不是本地的独一资源，也没有专属的产权概念，既然"鲜鲜同味"，为何不能"美美与共"。所以，应当积极探讨和锐意创新办节模

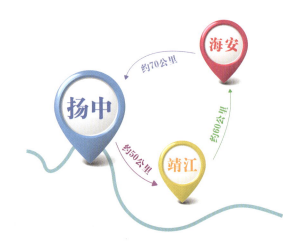

式，以更加开放的姿态，来实现河豚资源共沾、江鲜利益共享、节庆竞合共赢的美好愿景。

同时，还要考虑集合优势，比如除了河豚，还可并入更多的旅游休闲资源吸引游人来此，不仅一饱口福，还可饱尝耳福之趣、眼福之乐等。只要与感受和体验相关的项目，都可在节日期间捆绑推出，青岛的啤酒节每年吸引300万之众前往，不仅依托节日本身的强大引力，还在于盛夏八月恰是青岛避暑的天堂之季，更有红瓦绿树、碧海蓝天的环境衬托，当这些体验性消费元素叠加在一起，一个节日的成功就不难预见。

二、"四得"之析

（一）得本土者蓄底蕴

大凡成功的节庆无一不是以当地民众的热切响应为主要支点，即便国际化程度极高的慕尼黑啤酒节，至少65%以上的参节者都来自慕尼黑或巴伐利亚；青岛的啤酒节也是市民对啤酒的百年忠诚、对节日数十年如一日的热爱，才成就了其声势和美名。虽然扬中河豚节为了"外向型"做出不俗的业绩，但对国际化的过于热衷或许不是长远之选。例如，邀请外国驻华使节及夫人到当地过节，或多或少有作秀之嫌。国际化本身没有争议，但国内许多节庆为了追求国际化而展开的比拼，就显得不那么本分和自然。中国的节日真的需要拉郎配般地邀请洋面孔来增加实力和卖点吗？通过不同肤色的点缀果真能够提升一个地方节庆的文化实力抑或国际范儿吗？此

中的苦涩味道不需专家细究，办节人自是心知肚明、体味深刻。

当然这不是扬中的个别现象，改革开放三十年来形成的惯性思维，使人们对国际化产生了普遍的曲解和误会，至少在节日这一特殊领域，未必非要提升到放眼世界的高度来评判，不一定把国际化氛围作为衡量节庆优劣的必要指标，本土化才是其成功的标志和前提。相信，如果扬中河豚节拥有了醇厚的本土底色和丰实的文化内涵，形成了独特的江鲜烹制传统又得到当地百姓的深情拥戴，许多国内外游客都会刮目相待、不请自来。

（二）得品牌者聚强势

在鱼龙混杂、泥沙俱下的混战中，品牌的鲜亮与否尤为重要。扬中河豚节创办至今，匆忙前行途中虽累积性地形成一定的品牌价值，但还未及从战略层面考量节日的基本定位和长远走向，也没有细致探究节日的品牌化发展之路，至少从目前提供的资料和网上都看不到品牌建设的相关信息。比如基础性工作中

的CIS框架，包括节日的理念、行为和识别系统的建立还比较初级。具体说，节日的名称、节徽、吉祥物、主题语、节歌、节服、专属纪念品及其关联的产品特性等，其中，有些是属于知识产权范畴的，有些则可直接申请地理证明商标加以保护。国内许多知名节庆的名称、节徽和主题等都已注册，任何抄袭或挪用之举都会被定性为侵权。扬中河豚节之所以处在效仿的围剿之中，与自身的产权意识淡薄、战略高度不够不无关系。

问题不仅是对节日有无保护性的手段和措施，而是正在使用的各类元素品味怎样、有无缺失。比如，笔者查询了河豚节前9届的主题口号，只得到第九届的"扩大国际河豚文化交流"一句，而这句还真的略显空泛、魅惑不足，缺少鲜明的个性和与外界的应和力，还不如"东西南北中，江鲜在扬中"来得畅快大气。再如，询问前几届接待外来游客人数和节日效益数据，均告不详，这就为从统计学的角度做好节日的品牌规划留下缺憾。还有，节日的纪念品没有形成专属或系列，节日的特定产品——河豚餐饮

业，对外扩张的步伐也没有像盱眙那样，龙虾店在大江南北攻城略地、安营扎寨，既推销了产品，赢取了经济收益；也拓展了城市形象，播扬了地方名声。

（三）得草根者赢口碑

民以食为天，节中尤其然。在中国的传统节日中都可以找到某种特定食品的身影，而且肯定是万民共享的食物，比如春节的饺子、中秋的月饼。所以，高端和显赫不应成为以食物膨化的节日的正常现象，在满足应景之作和官方接待的前提下，应更多考虑如何让节日还俗，这个俗指的是民间之俗、民生之俗、民众之俗，这样既符合当前中央关于节俭办事的精神，也符合节日长远发展的要求。《舌尖上的中国》最大的启

发是，不靠南北大餐和珍馐美馔撑画面，更少见达官贵人和名流显赫来捧场，大饱眼福和令人垂涎的多是各地的特色小吃，是流水席或大排档的比拼展现。如此，刚好满足了百姓对凡俗食物的盎然兴味，只有这样才能吊足公众胃口，走进寻常人家。

翻看扬中河豚节方案的活动内容安

排，大多是比较官方的活动事项；从主办方提供的照片看，也多是开幕盛景和国际友人欣然参与以及隆重宴会上摆设的美味佳肴。若能使河豚成为百姓餐桌上的寻常食物，若能在对外宣传中多采用"草根"们欢喜参节的镜头，或许可以为节日注入更多平实镜像和情感说服力。在这方面，广州美食节的饕餮情态、盱眙的万人龙虾宴和海安的万人河豚宴可以借鉴，毕竟满足适应大众的口腹之欲，避免贵族化的自闭倾向，是节日生机无限和可持续的根由所在。

（四）得定力者恒久远

对前9届分析得知，河豚节进程中的变数较大而定力稍差。比如活动的数量从最初的6项增加到11项，后又减至5项。节日经过9届的举办应当大致确定板

块及内容，而不应过多过频地起起伏伏。还以慕尼黑啤酒节为例，200多年的历史，在举办模式上几无创新，在活动内容上更无添加，照样吸引八方游人慕名前往。事实证明，经过内容和形态约化处置的节日，要比不受约束、放任扩张的节日更有吸引力和竞争力。正像诗人顾城说的那样，"人生需要重复，重

复是路"。

扬中也当如此，河豚节可能也面临着"减肥"的问题。一是在时间上要尽可能再浓缩一下，动辄一两个月的节期很容易松弛节日的爆发力；二是在活动内容上，不一定非要十几项才有圆满和丰富感，西班牙奔牛节正是简单到"与牛竞逐"的奔跑行为，才吸引了数万来自世界各地的游客乘兴而来。从这个意义上讲，节日越简短或越单纯，就越容易被外来的目光关注和聚焦。拖沓和冗长无法让节日产生与时间长度相应的口碑效应。有的时候，减法比加法更有说服力，所谓简约不简单，魅力不缩水。

2013年是扬中河豚节十届大庆之年，也是省园博会在此隆重举办的年份，处在收获喜悦的重要时段和创新提升的关键节点，扬中当有适度的反思与清醒的自检，不能因为信步太远，就遗忘了起点的心愿，何况竞争的压力从未衰减，节日的使命永无终点。若有如此心境和眼界，河豚节必将以宽广浩荡的胸怀和富有活力的创意，赢得扬中百姓喜爱，博取八方游人青睐，让"中国河豚岛"的美誉由此广为传扬，让扬中河豚节尽早确立在国内节庆之林中的应有地位。

199

时间 2013年9月12日
地点 中国·上海
事由 上海师范大学
旅游学院演讲

节须有节

——国内新兴节庆乱象之析

200

节日自古即张扬之事，张扬的声色、张扬的吃喝、张扬的姿态、张扬的场景，但张扬归张扬，大抵还要节俭行事，绝少奢靡之举。其实，古时的节日数亦不少，但多由农耕文明衍生而来，多为民间大众自发所为，所以多半仅具符号性的象征意义。辛劳个一年半载的人们，会循着耕种与收获的节律或四时八节之需，兴办些要么自娱自乐、要么聚合人气的欢喜之事，既是对辛苦劳作的消解，也是对疲惫身心的酬谢，更是人与自然和谐与共、张弛有度的有机休整。所以，逢年过节张灯结彩、鸣鞭放炮、打打牙祭，实属寻常且绝少铺张。

本文观点锁定的对象，是近30年来国内各地涌现的新兴节日，大到省部级和大中城市主办的活动，小到县乡镇村举办的节日，还有各行各业推出的节庆展会，林林总总、各呈姿彩、不一而足。从题材上看，既有向历史深处掘取资源的，也有借助传统文化来培育的；既有依托旅游资源创办的，也有以特色物产为由头打造的；既有以宣介城市形象为主旨的，也有以弘扬产业优势为抓手兴办的。时至今日，新兴节日的总数难以确证，有人称一万个左右，有的说早已过万，业内的研究者也难言其详。颇为费解的是，这一万多个新兴节日竟是在无总体规划、无行业主管、无系统归属和几近放任的状态下，自由消长、无序生灭。某个中等城市有十几个节日司空见惯，就是尚处贫困的县乡办三五个节日也不意外。如果以一万作为基数除以365天，现在国内平均每天上演的节日近30个，至少在形势上达到节节相连、喜庆不断，你方未罢我登场的繁盛程度。

引人深思的是，节日现已被统称为"节庆"，显然注入了更多庆贺和欢动的色彩，也说明节日在内涵和形式上都向着浮华与功利急剧嬗变，至少正在失却本义中的淳朴与虔敬。然而，很多正在轰轰烈烈举办的节庆取材相同、主旨含混、内容空洞、形式近似，使节庆在看似热烈的舞动中，呈现着纷纭的乱象和走向的迷失。问题的关键在于，现实生活中真有那么多值得大庆特庆的欢喜之事？节庆对推动经济社会发展的作用是否被过度夸大？举办节庆到底是官的需求还是民的意愿？那些被办节的人们的真实心境又是怎样？可以肯定，不少大张旗鼓、声名显赫的节日，都倚仗官方背景或得力公费撑腰，这必然加大政府的财政负担。在这个不缺少人为营造喜庆佳节的时代，在社会性泛化的浮躁借助政府办节大行其道的今天，太缺少对节庆沸腾景象的清醒质疑和整体反思——既包括对奥运和世博等超大型活动事后余波的反刍，也包括对传统和民族节日被随意演变加码的忖量，当然，更多的是对新兴节庆泛滥滋生和资财耗损的警醒。

一、政绩冲动　好大喜功

在世界级大型节会的舞台上，中国是后来者。改革开放打开国人的视野，强国之后自然会产生与他国争辉的想法，以图从物质和精神两个层面证明自己的强大与富足（1988年汉城和1992年巴塞罗那承办奥运会也受这种驱动）。进入21世纪后，中国在短短几年时间连续高强度地申办并承办了奥运会和世博会，

已无可争辩地证明了国家的综合实力与国际地位。然而，这两个顶级盛会在带来国家意志和民众心愿冲顶的同时，也留下颇值商榷的憾事。比如，执政理念与国民心态已很难还原到舒缓的境地，争强求大已成为习惯性的思维方式和行为路径。近年来不少城市频秀肌肉、爆闪亮点，竞相争办世界园艺博览会（世园会）就是明证。由于此会的级别低于奥运会和世博会，且能满足城市营销的张力之需，又是自身财力大体可以支撑的，所以成了各地竞逐的对象。尽管20世纪90年代末昆明就已率先举办，按说新鲜劲早该过去，但此后却一发不可收拾。2006年沈阳接上了，2011年西安又步尘，2014年青岛再接手，2016年还将花开唐山。上述城市有的连基本民生问题都没妥善解决，却喜好追逐花团锦簇的况味和太平盛世的景象。

其实，世园会在境外已很难接续，许多国家和城市唯恐避之不及，却幸运地在中国找到延续"生机"的热土，并且接力式的轮番举办。那些热衷承办的城市往往将世园会作为宏大政绩，要么写进党代会报告，要么列为政府工作的

重中之重。而且，还全民动员式地提出"举全省之力、汇全民之智"一类高度政治化的口号，并将之升格美化为"巨大的制度优势"。

在政治功利和发展幻想的双重驱动下，某些城市如风车骑士般地扮演着拯救他人的角色，自以为营造了展演城市实力和形象的灿烂秀场，实则充当了烫手山芋的接手，而在持续"烫手"的背后，必然是一笔笔庞大的资金支出。一是筹办过程中为追求不断出彩而上马的项目，需要不计成本地追加财力投入；二是后世园时代园区大片土地的再利用多半没有着落，成批的园艺设施设备也大多闲置、形同弃用，有的园址甚至成了游人罕至的失乐园。当然，世园会只是现实中的鲜明一例，还有许多级别相等或不及的这会那会、这展那展、这节那节，在申办和策展之初往往仅凭凸显政绩的一时冲动，缺少成本测算与产出效益的长远考量，筹办过程及展会过后，必然造成难以细数的惊人浪费。

相对偏远地区的少数民族节日，在好大喜功的造节运动中也难于幸免。例如西南某少数民族聚集地区，自古即有三月三歌圩的民俗活动，是以对歌为主体的节日性聚会，也是情窦初开的少男少女放歌抒怀、表达爱意的方式。这原本是民间自发的一己情怀，最多是乡里乡亲相约而聚的族

人唱和，却非要来个政府主办的翻新巨变——花巨资搭建光焰华美的舞台，邀四海歌星竞演狂歌劲舞。殊不知，人们最想欣赏的不是舞台化的民歌节，恰是青山绿水间原生态的歌与舞、情与调。而当地民众在席卷式的潮涌中，甚至来不及发出叹息，就被裹挟着走进新时代的风尚，以致含混和忘却了歌圩的初始之意。当然，除了民族文化和乡风民俗的折损，每年都在加码的办节经费也不能不令人咋舌。

二、无视资源 强求欢颜

如果以洛阳牡丹花会和哈尔滨冰雪节等最初一批节会创办时间算起，国内的新兴节庆大致走过30年的风雨历程。30年来节庆创生势头迅猛，而今早已遍布大江南北，现今仍无节庆活动的城市和县乡，往往自感非常寂寞和太没面子，也会被外界视为没有活力或比较另类。平心而论，不是所有的新兴节庆都不当举办，也并非节庆数量的膨胀引发担忧，焦点是许多节庆的文化质量、娱乐情趣和旅游价值，以及可持续举办的能力难言乐观，尤其创办的随意而为和不菲损耗让人痛惜！

一般而言，办节须依托优质的文化资源或雄厚的产业优势，最好这种资源具有稀缺性，优势具有不可复制性。例

如，国内最知名的啤酒产自青岛，百年的生产历史和行销全球的传奇经历，使啤酒已成为城市形象的代言。依托这等底蕴，青岛于1991年创办了啤酒节，且迅速成长为亚洲最大的啤酒盛会。但20多年过去后，人们不难发现国内竟有40多个有名有姓的啤酒节，甚至那些根本不生产啤酒的城市，也以啤酒为介质无厘头地发酵着引以为豪的节日。再如，江苏盱眙因举办多届龙虾节而名声大噪，远在江西的瑞昌却邯郸学步般地热切追仿，虽然此地既远离鄱阳湖也不产龙虾，却耗资600多万打造鄱阳湖龙虾节。不幸的是，节中发生集体食物中毒事件，结果把"节日"办成"劫日"，将节庆"造势"演化成节庆"肇事"。至于600万的慷慨花费是否算作打了水漂，自然没有下文也无人追究。

更加令人匪夷所思的是，由于许多地方不甘寂寞地创办，不加考量地蛮干，不计前景地推展，眼下国内声势不小的茶文化节竟有200多个，各类叫得出名的旅游文化节也不下400个。当然，因缺少文化根基，又违背市场规律，常有节庆在欢腾几年后便中途夭折，但总量仍在快速递增的现实昭示，不会后继乏"节"，反而会越办越多，越多越乱，越乱越办。眼下，"生命在于运动，城市在于活动"被生拼硬凑成时尚热词，为了办节而办节，为了热闹而办节，甚或为了当权者的个人喜好而办节，已是较为普遍的社会现象。

放眼世界可知，那些顶级名城也未

曾频繁上演万众云集的节会，甚至举不出它们有什么像样的大节，但照样发展得有声有色、实力超群，比如纽约、巴黎和东京等。因此，国内许多新兴节庆压根就不是珍惜历史资源和文化传统的真实产物，

也算不上承继和延展产业优势的必由之选。相反，执政理念虚脱、文化指向恍惚和经济底气不足，导致了节庆乱象丛生的现实。所以，才有了那么多不顾及资源禀赋、发展水平和民众需求而造节的滥情抒发，才有了那么多节庆领域中频现的无中生有、以假乱真、浮华虚妄和轻掷资财。还是拿茶说事，位列世界茶市老大的立顿，以单打独斗赢天下，其销售额竟超过中国8万家茶企销售收入

总和，但从未听说立顿靠大办节庆获取傲人的业绩。由此确信，节日并非万能，也不是一办就灵，对文化资源的涵养和产业优势的播扬，不能单靠节日这个抓手，更需要扎实的基础功夫，耐心的事业砥砺。

产生无视资源优劣、强求节庆欢颜的另一原因是，许多地方误读了节日的本源精神，将普通的商品促销行为误作节日的特殊形态。不管有没有文化底蕴，也不论缺不缺欢乐元素，宁可糟糕，不能不搞，聊胜于无，有节就好。"Festival"有比较严谨的定义，不是所有的活动都被称作节日。联合国教科文组织定义"节日是文化的空间"，所以，任何漠视文化理想和人伦情味，只将节日作为简单工具使用的行为，即使不是亵渎，至少也算无知。

节日损耗之巨的"生动"典型，当属逢节便有的开幕式大型晚会。两个多小时的视听体验，动辄千万元的资金投入，养肥了一批批走穴的艺人，助长了各地演艺场馆的扩容。尽管多数节庆除了一台晚会，几无圈点之处，可偏有人不改歌星崇拜，晚会依赖成瘾，花着纳税人的钱买气场、赚眼球、造红火。值得深究的不仅是晚会糟践多少银两，而是光焰四射的背后，节庆已是举办地政府讨巧各方的公关行为，成为贵族化倾向滋长蔓延的"幸福"土壤。因为应邀前来参节的宾客，不仅可以白看一场豪华大戏，还要出席丰盛的公款盛宴，享用免费的高档酒店，领取馈赠的特色礼品……何乐而不乘兴前往？

三、热衷攀比 争抢无序

节庆之热与攀比有关，节庆之乱则源自争抢。比如，攀附名人和争抢出处，既有帝王将相故里之争，也有文人墨客原籍之争，还有更多起源处和发祥地之争。眼前即有：四省五地争"炎帝故里"，三省四地争"貂蝉故里"，多省多地争"端午发祥"；还有夜郎古国遗址何处之争，徐福东渡出海求仙处之争，等等。活的死的、天上地下、人间鬼蜮、神话传说……凡故纸堆里能搜出一鳞半爪的人与物，都成了争抢对象和创办节庆的"宝贵"资源。例如，河南鲁山、山西和顺和山东沂源的"牛郎织女约会地"之争，真实用意在于，本地乃七夕节的正宗源头。攀比的事例更多，且看山东一省，曲阜办了孔子文化节后，邹城的孟子、滕州的墨子和广饶

的孙子等先贤也纷纷登场，相会于新兴节庆的舞台之上。以诸葛亮的名义办节，不仅其故乡山东临沂有，湖北襄阳、河南南阳和陕西汉中都有。2002年浙江宁海首办徐霞客开游节，徐霞客故乡的江苏无锡如鲠在喉，于2006年创办了徐霞客国际旅游节，不但规模更大，还冠以"国际"二字，算是挽回了些许颜面。

上述"之争"和"攀比"危害有二：一是通过大办节庆并不惜血本地投入宣传，其滥用文化资源和靠声势压事实的做法，会干扰本属学术研讨范畴的事物，模糊今人和后人辨识历史真相的清晰度。二是不光节日本身的消耗，为了巩固所谓的文化地位和资源优势，更大的支出是对文化景观和遗址公园的巨额投入，少则几十亿，多达上百亿。例如，号称孙悟空老家的江苏某市，破费40亿打造西游记公园；湖南某地为佐证

自己是炎帝故里，投资百亿打造全球华人炎帝文化景观中心。这些横空出世的大手笔，不管来自财政公帑，还是招商引资，都是不敢恭维的豪迈之举，都有假文化名义的炒作之嫌。因为"打造"一词意味正在发生高速堆砌的行为，是从来就不该与文化结缘的词汇，道理在于文化不能速成，文化实力也不会三五年就生成厚重。同理，节庆魅力须靠岁月打磨才能润泽艳丽，如春节和中秋，没个千百年的积韵和传承，也难现普天同庆的超凡盛景。

再比如，新兴节庆也热衷排座次，同一题材的节日非要争个高低贵贱，似有"文革"遗风和大跃进心态作祟。江苏某地，相距不到百里办着三个与河豚相关的节日，且每年都要在创意和规模上较量比拼，还要借助媒体的力量覆盖对手的影响，把正宗产地和最美河鲜之说攒为己有。某地因苹果久负盛名办了苹果节，并被授予"××苹果之乡"的牌匾，另一相距不远的苹果产地闻讯心切，不是将功力用在培植技术和工艺改良上，而是在办节和夺牌上迅速跟进。山东乐陵因盛产小枣而办节，相邻的无棣也有植枣传统，在办节上当然不甘示弱，并极具创意地造出"乐陵小枣无棣产"的奇妙说法。加之，近几年各类节庆评奖层出不穷，花钱买奖项、争排名也屡见不鲜，自会助燃节庆之间的争逐愈演愈烈。上述种种攀比乱象和争抢沸扬，除了引起视听混乱，必会加大各地办节的财力投入。

岁末年初龙蛇交替之际，在上下一致倡导节俭的情势下，反对舌尖上的浪费，厅堂餐桌上的奢侈受到遏制；少放烟花爆竹，生活环境和空气质量获得改善。由此放言，当为"高烧不退"的新兴节庆服剂猛药，使之尽快冷静下来，因为节须有节，办节当节。首先是总量之节，没必要处处都有节日，事事聚众欢庆；其次是耗时之节，无须逢节就十天半月，乃至一两个月；再次是内容之节，少费心去请高官大腕，多寻思还节于民；再次是形式之节，别总求花样出彩翻新，重点在惠及百姓；最后是机构之节，削减办节常设机构，节省冗员的薪水之耗。

　　节须有节，中国是节庆大国，但不是节庆强国，国内新兴节庆的文化竞争力和经济营利性，远不及洛杉矶玫瑰节和慕尼黑啤酒节等西方大节。尤其，华夏大地尚有以千万计的人口生活在贫困线下，节若不节，就是对国情的不晓和对民生的漠视。

　　节须有节，如日月运行之节律，似万物兴衰之节拍。故当顺应天时、契合地利、汲取民意，疏密有致地创生，从简慎行地操办。因为节日并非当今造物，它的灵秀源于山水启悟，它的淳情来自凡俗民间，它的恢宏承接地广天阔，它的风范上溯千古流韵。

节夫从黄炎

About Festivals and Celebrations

　　此书两度欲出而未出。一是2008年深秋空闲，自觉专业积累已较厚实，也曾赴国内多地参节研讨，辛勤积攒文论近30篇，若成书至少不会散佚；二是2011年早春得暇，深感从业20年整，年岁也半百有余，萌生退意之际，欲将专著面世，以免　　以求终无所获。之所以两度放弃，概因研酌深度尚浅，学术成色不足，羞于示人并自慰。眼下又生出书之念，缘起创办一处公益书吧，拟作退休后的精神居所。既如此，便鼓起勇气，不避寒酸，以书作礼，于开张之日赠予友朋。

　　时下，节庆之热已不似从前，业界萧条也日甚一日，需读此书者必少之又少，故此，正是出版良机。一则浮躁沉寂之后，便于检讨书中观点；二则虽有不智之论，恰好反映过往实情——那些年，那些节，那些感动，那些叹惜。不管真诚，还是虚夸；不管红火，还是作秀。

　　我素与时代话不投机，更不想违心求得机缘，所以，不合时宜的话想说便说，有违时令的书该出就出。话不投机，书不逢时，他人尽可不读不议，甚至不理不睬，于我，反倒图个心清耳净。

　　截稿恰逢世界读书日，此书今日付梓，算是巧合，抑或是天意，权作对我半生爱节、一心著述的回报。

2017年4月23日